ちくま学芸文庫

人智学・心智学・霊智学

ルドルフ・シュタイナー
高橋 巖 訳

筑摩書房

Rudolf Steiner
Anthroposophie, Psychosophie, Pneumatosophie
Dornach 1931

目次

III

人智学・心智学・霊智学

I　人智学

人智学　第一講　人智学と神智学並びに人間学との関係――人間の諸感覚

ベルリン　一九〇九年十月二十三日

私たちの神智学協会は、このベルリンの地でも、他の地域でも、今大きな拡がりを示しています。ここ数年間、私たちは神智学の取り上げるあらゆる分野について多くの内容を学んできました。それらは見霊的研究の非常に高次の領域から得たものでしたから、私たちは今、この精神潮流を理論的にどう基礎づけたらいいのか、という真剣な、そして当然の要求を感じています。感じるべきである、と言った方が適切かも知れませんが。

私たちのドイツ支部は、設立されてから七年が経ち、今、私たち協会員でこの総会をひらいておりますが、この総会の場こそ、私たちの運動のより確かな理論的な基礎づけを行うのにふさわしいところだと思います。ですから、「人智学」について、今日から四回、そのために必要な話をしようと思います。

ヨハネ福音書についてのカッセルでの講義、ヒエラルキアについてのデュッセルドルフでの講義、ルカ福音書についてのバーゼルでの講義、東洋神智学についてのミュンヒェンでの講義、これらの連続講義はすべて、霊的な研究の高次の領域から、めったに手のとどくことのない霊的な真理を取り出してきて、そして私たちの手のとどくものにする機会を私たちに与えてくれました。私たちの学んできた神智学は、少くともその一部分は、霊的認識の高い山頂にまで登っていったことの成果だったのです。

私たちがこの世の出来事の推移を少しずつでも周期として感じとれるようになったら、私たちがこれまで行ってきた七年間の活動も、そのより深い現実が本当に見えてくるでしょう。

私たちが設立したドイツ支部の第一回総会の行われた同じ日に、私は別の聴衆——その中に神智学者はごくわずかしかいませんでした——の前で、「人智学の一章」とも名づけた連続講義を行いました[註]。それは人智学による歴史考察の試みでした。それから最初の七年周期が経った今、ふたたび連続講義を通して、もっと包括的な意味で、「人智学とは何か」について考察するのは、決して偶然ではないのです。

註——一九〇二年十月二十日のこと。ちょうどその日に、ベルリンのアナーキスト系のグループ「来るべき人たち」のために三回目の講義を行った。それは「ツァラトゥストラからニーチェまで。——最古の東洋の時代から現在までの世界観による人類の発展史、または人智学」と題された連続講義だった。

はじめに、人智学とは何かを、比較を通して明らかにしてみようと思います。或る地域を観察するとき、そこに拡がる村々、森、水の流れ、道などを一つひとつ辿りながら見て廻ることができますが、その場合はどこにいても、広い地域のごくわずかな部分だけが眼に入ります。一方、山頂に立って、その高みから地域全体を展望するときには、肉眼では一つひとつの部分がただ漠然としか見えていませんが、しかし全体を概観することができます。日常における通常の生活経験や科学認識と神智学の認識との間には、それに似た関係があります。通常の認識は、事実世界の中を一つひとつたずねていきます。神智学は高い山頂に登ることで展望するのですが、しかし展望した何かを詳しく見ようとするには、特別の手段を用いなければなりません。その際用いられるべき特別の手段については、私の著書『いかにして超感覚的世界の認識を獲得するか』［ちくま学芸文庫］でも論じられています。そこでは、何事をも曖昧にすることなく、理想の山頂にまで登っていくことがどのようにして可能なのかが述べられています。

さて、これは以上の比較から直接出てくることなのですが、上と下の二つに加えて、さらに第三の可能性もあるのです。下にいるときには、一つひとつの事物が眼の前に見えています。しかし大きな展望は得られません。そして、上にあるものを下から見上げます。上にいるときには、自分の頭の上には神々しい青空しかありません。すべてが下に見えます。そして第三に、その中間にいるときの私たちは、何かを下に見、何かを上に見、そしてその両方を比較することができます。

もちろん、どんな比較も、一面的なものでしかありませんが、神智学と人智学との違いを知っていただくための比喩として、こう申し上げたのです。神智学は山頂に立ちますが、人智学は山腹に立って、上を見上げたり、下を見下ろしたりします。明らかに立っている場所と観点とが違うのです。けれども、次のことを考慮するときには、この比較はもはや役に立ちません。神智学に没頭しますと、人間的な見方を超えて、低次の自己から高次の自己へ高まり、そして高次の自己の器官で見ることを学ぶのですから。

神智学の立脚点である山頂は、人間を超えており、一方、通常の人の認識対象は人間の足の下にあります。ですから、人間自身は自然界と霊界の中間に立っていると言えます。上なるものが人間の中に入り込みますと、人間は霊に充たされた存在になります。しかし人間は、自分の上に仰ぎ見る霊の山頂から出発するのではありません。山頂は自分の上にあるのです。そして、単なる自然は自分の下に横たわって、下から人間の中に働きかけてきます。

神智学は、例えば私の著書『いかにして超感覚的世界の認識を獲得するか』に述べられているような認識手段を用いないなら、私たちを人間的なものから遊離させて、身近かなものを認識する可能性を失わせてしまいかねません。私たちはもはや足もとの現実が見えなくなる危険にさらされます。もちろん、正しい手段を用いて、高次の認識器官を発達させるなら、そんなことにはなりません。それどころか、そのとき神智学を通して、神が人間の中で語り始めるのです。ですから次の言葉が、神智学の本来の定義なのです。――「あなたの中の神に語らせなさい。そのとき神があなたに世界について語る内容こそが神智学なのだ。」

一方、人智学を性格づけるには、次のように言わなければなりません。――「あなたを神と自然の中間に位置づけなさい。あなたを超越し、あなたの中に上から光を投げかけているものについて、そして下からあなたの中に働きかけてくるものについて、人間に語らせなさい。そうすればあなたは、人智学という、人間の語る叡智を手に入れる。」

人間の語るこの叡智は、神智学のすべての分野のための重要な支点と鍵になることができるはずです。皆さんが神智学を受け容れたあとで行うべき何よりも大切なことは、人智学という、このたしかな拠点を求め、それを手に入れることなのです。ですから、できるだけ急いで、先ずこの連続講義の中で人智学の概要を示すことができるようにしたいと思います。

以上に述べたことは、学問の歴史の中でもあとづけることができます。例えば、今どこの書店でもその入門書を手に入れることができますが、「人類学」という学問があります。現在盛んなこの学問は、単に人間だけではなく、人間に属するすべて、人間が自然の中で経験することのできるすべて、人間を理解するために必要なすべてを扱います。

この学問は事物のもとを歩き廻るフィールドワークから出発します。その学問そのものがまったく下にあって、ひとつからひとつへと移ります。その研究の仕方は、顕微鏡の助けをかり、感覚を働かせて人間的なものを考察するのです。人類学と呼ばれるこの学問は、こんにちの社会の殆んどのところで、人間についての唯一の学問と見做されています。その立脚点は人間能力以下のところに置かれて、人間の研究能力のすべてが用いられていませんから、いわば大地にへばりついたままなので、人生の緊急の謎には、答えを与えることができません。

どうぞこの人類学と神智学とを対比して下さい。神智学は至高の高みに昇って、人生のもっとも緊急の問いに答えを見出そうとします。皆さんも経験されたことと思いますが、ゆっくりしたテンポで神智学に関わろうとしない人たちがいます。私たちがここ数年間に述べてきたすべてには見向きもしないで、つい人類学の立場に留まったままで、神智学を空気みたいな思想であり、土台のまったくない建造物のようなものだと性急に思ってしまいます。ですから魂が一段一段、人生から人生へと上昇していくことを洞察できず、人間と宇宙の生成の目標を見通すこともできません。

いわば一番下の段に人類学があり、最上段の、多くの人にとって認識能力が失われているところに神智学があります。もしも山頂に登りたいと願いながら、『いかにして超感覚的世界の認識を獲得するか』に述べられている諸手段を用いる状態にないとき、神智学がどうなるかについては、それを示す歴史的な事例がひとつあります。それはドイツの優れた思想家ゾルガーの例です。彼は一七八〇年に生まれ、一八一九年に没しました。彼の思想はまったく神智学的でした。しかしゾルガーはどんな手段で至高の高みへ到ろうとしたでしょうか。哲学の概念という手段によってです。地味に乏しい、抽象的な概念によってなのです。

その立場は、周囲を見ようと山頂に登ったのに、望遠鏡を忘れて、下の様子がはっきり区別できないのに似ています。望遠鏡はこの場合、霊視、霊聴、霊的合一という、霊的な望遠鏡です。ゾルガーのような優れた思想家でも、不十分な手段しかもたずに山頂へ登ろうとしたのです。

人間の認識能力はこの山頂にまで達することがますますできなくなってきた、と長い間一般に感じられてきました。中世においても、人びとはそう感じ、そう告白しました。

近世の人びとも、もはや正直にそう告白しようとはしなくなりましたが、かつての人びとは、人間の能力で山頂に登ることができ、山頂から語ることができた、と感じていたのです。実際、古代には、そういう神智学が存在していたのですが、山頂で開示された事柄が或る時期から閉ざされてしまいました。認識の通常の手段では霊的な開示が受けられなくなったのです。それ故、この昔の神智学は神学になり、啓示はすでに終った、と見做すようになったのです。

こうして、通常の認識手段で一つひとつ事実を探求していく人類学と並んで、神学が現れました。神学は高みに立って見ることのできる事柄を知ろうとしますが、しかし通常の認識手段で得られる歴史上の伝承だけに、言い換えれば、かつて啓示されたものに、もはや新たに人間の魂に開示されることのない事柄だけに、信をおくのです。

人類学と神学は、中世全体を通じて、互いに相手を拒否することなく並んで存在しました。近世になっても、並び立っていましたが、別の形式をとるようになりました。近世になると、人類学の立場は神学を科学であるとは見做しません。皆さんが個々の部分に留まることなく、今述べた超感覚的な手段で頂上にまで登っていくのでしたら、ちょうど中世において神学のとなりに人類学を置いたように、神智学のとなりに人智学を置くことができます。

人智学を打ち立てる試みも、すでに近世にはなされていましたが、まったく不十分な、抽象的な哲学概念の手段を用いてそうしようとしました。十六世紀に試みられたその「人智学」を理解しようとするには、そもそも哲学とは何かを先ず理解しなければなりません。

そもそも哲学が何であるかを理解できるのは、こんにちでは神智学的、オカルト的な立場をとるときだけなのです。哲学者自身が哲学を理解できているとは限りません。哲学とは何でしょうか。哲学を理解するには、先ず歴史的に哲学の生成過程を考察しなければなりません。ひとつの例がそのことを明らかにしてくれます。古代には、いわゆる「秘儀」が、高次の精神生活を養成する場として存在しました。そこでの修行者たちは、みずからの能力を開発することによって、霊的な直観に導かれました。例えばエペソスにおける秘儀においては、エペソスの女神ディアナの秘密が探求され、修行者たちはその探求を通して霊界に眼を向けました。その秘儀の場で受けとられた事柄は、公開されうる限りは公開され、世間の人たちは、秘儀の場で直観されたものを、贈り物として受けとりました。高次の秘密を秘儀から伝授されたことを自覚している人たちもいました。たとえば偉大な賢者ヘラクレイトスはそのような人物でした。

エペソスの秘儀の場で見霊者たちが探求できた諸事実が、彼に伝えられました。そのとき伝えられた秘密、彼自身が或る部分はみずからの秘儀参入によって得た秘密を、彼は一般に理解できるような内容にして発表しました。ですから「暗い人」と言われたヘラクレイトスの教えを読むと、そこには何か深い意味が根底に存すること、この根源の教えの中には高次の世界の直接体験が見え隠れしていることが見えてきます。

次いでヘラクレイトスの後継者たちの時代になると、この人たちは、この伝えられた内容が高次の世界の直接体験に由来していることに、もはやまったく気づかなくなり、ひたすら知性に信頼をおき、単なる哲学的な知性でそこここに不確かなところを見つけると、それを正すことでよりよい哲学を創り出すことができると思うようになりました。このようにして、概念による思索が、世代から世代へと引き継がれていきました。こんにちの哲学は、古代の教えの遺産に他ならないのですが、ただそこから生命が抜き取られて、死んだ概念の骨格だけがあとにのこされているのです。こんにちの哲学者たちは、自分たちの概念の由来を意識していません。こんにちの哲学はしぼり取られた概念になり果てた古代叡智の遺産であり、抽象化なのです。もはや霊的な事柄を、文献に頼ることなく、自分自身の中から考え出すことのできるような哲学者は稀です。そうできるようになるには、高次の世界へ参入することが不可欠だからです。

十九世紀の哲学者たちも、こういうしぼり取られた哲学概念を用いて、「人智学」の基礎づけを試みています。人智学という言葉は、十九世紀にも用いられたことがありました。ロベルト・ツィンマーマンがひとつの「人智学」を書物にあらわしたのです。しかし、ゾルガーの神智学と同様、ツィンマーマンの人智学も不十分な手段によって創られました。彼は生命を吸いとられた抽象概念の糸で「人智学」という布を織り上げました。そこに見出せるものは、非常に抽象的で乾燥した、事柄の本質に触れようとしない概念の糸なのです。十九世紀において、外的な個別体験から成る人類学を超えて、人智学であろうとしたものが、乾燥した概念の糸で織り上げられたというのは、実に特徴的なことです。

神智学は今、霊的生活の現実を認識する手段を産み出すために、人智学と呼びうる人間認識を深めなければなりません。人智学は、中間の、人間的な立場に立って、人類学のように人間以下の立場に立たずに、霊的に世界を認識するのです。ゾルガーの神智学は、超人間的な立場に立っていますが、内容がありません。諸概念がただ人間を超えて飛翔していくだけなのです。私たちは、そのような概念の糸で織物を織るつもりはありません。ひたすら人間生活という現実に向き合おうとします。皆さんはこれから、私たちのよく知っている考察対象に出会うでしょう。しかしそれらの対象に別の視点から光を当てようと思います。それは見上げると共に見下ろす視点です。

人間がこれから行う考察のもっとも重要な対象です。人間存在の第一の構成部分は肉体です。神智学から学んだことをふまえて、この肉体を詳しく考察すると、それがどんなに複雑な存在であるかが分かります。そういう肉体についての認識内容を感情によって受け取ることができるために、次のことを考えていただきたいのです。人間の「肉体」は、非常に古い時代の所産です。これまで述べてきたように、肉体の最初の萌芽は、古土星紀に生じ、太陽紀、月紀、地球紀に更なる変化を遂げてきました。エーテル体は太陽紀に肉体に加わり、アストラル体は月紀に加わりました。人間本性のこれらの部分は進化の過程で絶えず変化を遂げてきました。心臓、腎臓、眼、耳などをもつ複雑極まりない人体は、長い進化の産物なのです。けれども、そのすべては、土星紀に極めて単純な形で萌芽として存在していました。それが数百万年を通して、繰り返して変化を遂げ、そして遂に現在の完成された、複雑な存在にまで進化することができたのです。現在の身体器官のどれか、心臓か肺を見てみますと、もしもあの宇宙進化への展望が持てなければ、それらの器官がどのようにして生じ、どのようにして形成されたのか、理解できません。現在の心臓や肺の形態は、もちろん土星紀にはまだまったく存在していませんでしたが、その時以来、それらは次第に現在の形をとるようになったのです。或る器官はより早く、別の器官はよりあとになって形成され、肉体に組み込まれました。

或る器官は、太陽紀にはじめて現れ、肉体に組み込まれたので、「太陽の器官」と呼ばれます。別の器官は、同様にして「月の器官」と呼ばれます。この人体という複雑な構成物がどのようにして生じたのか、現在どんな意味をもっているのかを理解しようとするなら、全宇宙を考察し、そこから諸概念を取り出してこなければならないのです。

以上は人体を神智学的に考察した場合です。人類学的に考察すると、どうなるでしょうか。人類学的に考察するときには、心臓をそれだけで考察し、胃をそれだけで考察します。どの臓器がより若く、どの臓器がより老いているのかはどうでもいいかのように、それらを互いに並べて研究します。発生の時期には注意を払いません。すべては個別のものとして並置されるのです。

神智学は至高の高みへ昇っていき、すべての個物を霊的に解明し、その生成過程を時間的に展望しようとします。人類学はまったく下に立ちどまり、個物を物質として空間内に位置づけて研究します。そして現在は、その考察が極端のところにまで達しているのです。すなわち、個々の細胞を並べて考察し、或る細胞組織が月紀に発生し、別の細胞組織が太陽紀に発生したことなど、どうでもいいかのようなのです。しかし個々の細胞組織はさまざまな時代に発生したのですが、その一つひとつを指摘することはできても、霊的な観点から考察するのでなければ、理解することはできないでしょう。このように、人類学はまったく下のところを歩き廻り、神智学は最高の頂に立ち続けます。

ところが、問題は更に複雑なのです。人間の心臓は、少くともその萌芽においては、古太陽紀に生じた最古の器官のひとつです。もちろん、現在のような心臓は、ずっと後に形成されたのですが。心臓の萌芽は、古太陽紀の支配的な作用力に従っていましたが、次の月紀の初期に、古い月が太陽とひとつになって現れたとき、更なる発展を遂げました。そして太陽が分離して外部から働きかけるようになりますと、心臓もその時からまったく別の進化を遂げ始め、太陽の作用を受けた心臓部分と月の作用を受けた心臓部分とに分けられるようになりました。次いでふたたび月は太陽とひとつになりました。地球紀になると、太陽はふたたび分離して、外からきびしい仕方で進化に働きかけます。次いで月も分離して、外から働きかけるようになります。こうしてこの古い器官は、更に新しい進化段階に達するのです。

そのように、人体の中では、さまざまな状況の下に、さまざまな力が働きかけていたのです。心臓は最古の器官のひとつですので、実際に太陽の部分と月の部分、第二の太陽の部分と第二の月の部分、そして地球紀以後には更に地球の部分までがあるのです。

宇宙が調和して互いに響き合うように、特定の身体器官への、または人体そのものへの宇宙からの関与が、互いに調和した響きを発し合うときには、人体は健康な状態にあります。ひとつの部分、例えば太陽の部分が、月の部分に較べてあまりに大きくなりすぎますと、その心臓は病気になります。その病気は、なんらかの事情で、月の部分の発達がおくれた結果なのです。人間のすべての病気は、こういうさまざまな関与が無秩序になり、不規則になった結果なのです。健康をとりもどすのは、調和がふたたび生じたときです。しかし、特定の器官へのさまざまな宇宙からの関与を知るには、ただそう語るだけではなく、この調和を実際に感じとり、調和を司る宇宙叡智を理解することができなければなりません。

実際、人体は極めて複雑な構成体です。これまでに述べたことからも、そのことを感じていただけたと思います。こういう要因のすべてを取り上げて、人間を宇宙全体から把握しようとするオカルト生理学、オカルト解剖学も可能なのです。そのような学問では、心臓、喉頭部、脳その他における太陽の部分と月の部分が問題になります。これらの部分が、現在の私たちの体内におけるように作用するようになったのは、土星紀から太陽紀、月紀、地球紀へいたる過程で生じたすべての経過が体内で結晶化し、ひとつにまとまったからなのです。現在の人体内部には、これらすべての部分が固まって存在しているのです。

さて、宇宙に眼を向けるのではなく、人間そのものに眼を向け、肉体、エーテル体、アストラル体、感覚魂、悟性魂、意識魂という現在の人間の組織の一つひとつを理解しようとするときのその理解の仕方を、人智学と呼ぶことができます。

人智学による認識は、一番下から出発して、徐々に至高の存在のところにまで登っていかなければなりません。人間にとって、もっとも下にあるのは、感覚的＝物質的な世界です。この世界は、感覚の働き並びに感覚的＝物質的な理解力の働きにとっての対象世界です。宇宙全体から出発して、外なる感覚的＝物質的な諸現象と宇宙との関連を考察するのが神智学的な考察方法ですが、人智学的な考察は、この感覚的＝物質的世界を生きる人間に眼を向けます。人間の感覚的＝物質的な側面を、感覚的存在である限りでの人間を、先ず考察するのですが、そこから始めて次にエーテル体、更にアストラル体並びにそれと結びついた自我を考察していくのです。

ですから物質的＝感覚的な世界を人智学的に考察するとき、私たちの関心は先ず第一に、人間の感覚に向けられます。人智学が物質界から出発するためには、先ず人間の諸感覚を取り上げなければなりません。物質的＝感覚的世界のことは、感覚によらなければ何も分かりません。人間を本当に認識するためには、感覚の考察から始めることがどんなに重要なことか、これから見ていこうと思います。私たちの第一章は感覚論なのです。その後で人間本性の一つひとつを考察していくつもりです。

さて、私たちが人智学徒として、人間の諸感覚を考察するとき、すぐに人類学の領域に立ち入ることになります。人智学は、感覚的な現実から出発しなければならないのですから。しかし、霊が上から働きかけてくることをふまえた上での感覚的な現実です。下で探究できるものだけを問題にする人類学がまさに人間の感覚を問題にするとき、すべてを一緒くたにして論じ、重要な事実を考察しようとはしません。重要な事実を正しく見るための指針が欠けているからです。事実の迷路を通り抜けるための導きの糸が欠けていたら、迷路の外に出ることができません。ギリシア神話では、テセウスのために、糸の玉がミノタウロスの迷宮から抜け出す導きをしてくれましたが、感覚の研究でも迷宮を導く糸玉を紡ぎ出せなければなりません。従来の人類学では、迷宮に留まり続けて、ミノタウロスのいけにえになってしまいかねません。ですから人智学は従来の外的な考察とは別の感覚論を提示しようとします。

とはいえ、現在の学問は、外的な諸事実に留まっている場合にも、これまでよりももっと根本的に、もっと深刻に、事柄を考察するようになってきました。それなのに、依然として人間の感覚が、触覚、嗅覚、味覚、聴覚、視覚の「五感」から成る、と語るのでは、陳腐としか言いようがありません。あとで述べるように、五つの感覚が感覚のすべてだと言うのでは、すべてが一緒くたにされてしまいます。現在の学問は、五つの感覚に加えて、更に三つの感覚を数え上げるようになってきました。しかし、もちろんそれだけでは、まだ十分ではありません。今日ははじめて、人智学的感覚論の最初の基礎づけを行うつもりですが、先ず感覚を一つひとつ、上に述べた導きの糸に従って、本当に意味があるような仕方で数え上げてみようと思います。

先ず問題になる最初の感覚は、生命感覚です。生命感覚も実際の感覚です。視覚を感覚と言えるのとまったく同じように、生命感覚を感覚と言えるのです。では何が生命感覚なのでしょうか。生体のすべてが秩序立っているときには感じられませんが、生体の何かが秩序を乱しているときに感じられる感覚です。人は外に色を知覚するように、内に疲労を知覚します。色や音のように、空腹感やのどのかわきを、または体のどこかに力が働くのを、内的に知覚します。何かが欠けていたり、うまく機能していなかったりするときにしか、通常はこういう知覚を体験しませんが、身体の自己知覚は、先ず生命感覚によって可能になるのです。生命感覚を通して、身体が全体として意識できるようになるのです。このような感覚を、視覚、聴覚、嗅覚などと同じように、顧慮しなければなりません。生命感覚を通して自分自身を内的に統一した身体であると意識するのでなければ、諸感覚相互の働きも理解できないでしょう。

第二の感覚は、私たちが手足を動かすときに感じとれる感覚です。私たちが手足を動かすとき、自分の運動を知覚できなかったら、人間として活動できないでしょう。機械は自分の動きを知覚しません。実際に感覚をもった生きものだけがそうできるのです。まばたきから足の歩みまで、自分の動きを知覚する感覚は、自己運動感覚です。

第三の感覚の存在は、上と下を区別するときのことを考えれば明らかになるでしょう。上下の違いが知覚できなくなったら、大変です。立っていることができず、すぐに倒れてしまいます。この感覚には、重要な役割をしている器官があります。それは内耳にある三半規管です。この器官が傷付きますと、方向感覚が失われます。動物界にも同じような、均衡を保つための器官があります。いわゆる耳石または平衡石という小さな石の形をしたものが特定の場所にあるとき、動物は均衡状態を保ちますが、そうでないと、よろけてしまいます。こういう均衡を保つための感覚が均衡感覚もしくは平衡感覚です。

人間は以上に数え上げた感覚で、自分自身の中の何かを知覚し、実感します。そこでこれから、人間の外へ出て、外界と人間の相互作用を考察してみましょう。外界との関係は、先ず外界の素材を知覚するところから始まります。このことは、素材を本当に自分の体とひとつにすることで可能になるのですが、私たちは先ずガス状の素材をそうするのです。ガス状の素材が、嗅覚の諸器官によって受けとられるとき、そのときはじめて外界との交流が始まるのです。物体は、ガス状の素材を送り出さなければ、においません。ばらの花はガス状の素材を送り出しているので、芳香をはなつのです。そのときの嗅覚が第四の感覚です。

第五の感覚が現れるのは、素材を知覚するだけではなく、素材の中に一歩ふみ込むときです。ですから、素材と一層深い関係に入るのです。液状の素材が私たちの味覚器官に達したときが、そのような場合です。そのときの私たちは、ただちに素材を知覚するのではなく、素材を先ず口内の液によって融かさなければなりません。そのとき、舌が素材との関係を知覚するのです。事物は、どんな素材であるかを私たちに告げるだけでなく、人体にどんな作用を及ぼすかをも告げ、それによって、人間と自然との間の相互関係が一層密接になります。それを可能にするのが第五の感覚である味覚です。

第六の感覚は、事物の本質をもっと深く示すことができます。そのときの事物は、味覚によるときよりも、より多くを語るのです。嗅覚の場合、人体は事物をあるがままに受けとります。味覚はもっと複雑になり、事物はその内面の何かをより以上に語り始めます。しかし、この第六の感覚の場合、何かが一定の仕方で光を反射するとき、それが色となって現れます。緑の光を反射する物体は、その内面を緑の光を通して示しているのです。事物の一番外側が嗅覚の中に示され、それよりももっと内的な本性が味覚によって知らされますが、視覚においては、事物の内奥の何かが明らかになるのです。これが第六の視覚の本質です。眼がすばらしい感覚器官であるのは、嗅覚や味覚よりもはるかに深く、事物の本性の中に入っていくことができるからなのです。視覚によって私たちは非常に独特の体験をします。例えば眼でばらの花の赤い色を見るとき、その花の内面が表面にまで現れます。私たちはただ表面を見るだけなのですが、その表面は内面によって条件づけられているので、或る程度まで内面を知ることができるのです。

氷のかたまりや熱い金属に手を触れたときの私たちは、事物の内面にもっと深く入っていきます。色の場合は、事物の表面で演じられるものだけを知覚するのですが、氷はその内奥までが冷えています。熱い鉄も、熱がその鉄という物体のすべてに浸透しています。ですから、熱さも冷たさも、事物の表面の状態を明らかにする視覚以上に、事物の内側を告げています。これが第七の熱感覚です。

問題をもっと先へ進めてみましょう。もっと事物の根底に深く達することのできる感覚があるでしょうか。熱感覚以上に事物の内面を詳しく知ることのできる感覚があるでしょうか。あります。それは事物が響きを発することで、その内面を示す際の感覚です。熱は事物の中でまったく均等にひろがっています。事物の伝える音響は、何かが均等にひろがっていることによってではなく、事物の内面を震動させることによって生じます。そうすることによって、内的な特性が現れるのです。事物の内面がどのように震動しているのか、聴覚によって知覚できます。聴覚は熱感覚よりももっと内的に、外界を知覚します。これが第八の感覚である聴覚です。事物をたたいて響きを発するようにしますと、その音響の中で事物の内面が現れるのです。響きを発するときの震動の種類によって、その内的本性の相違が明らかになり、事物の魂がそのとき私たちに向って語りかけるのです。

聴覚以上に高級な感覚はあるでしょうか。それを探求するには、今までよりもずっと用心深く、問題に向わなければなりません。感覚を別の何かと取り違えてしまいかねませんから。下にいて、すべてを同じように体験する通常の生活においては、例えば、模倣感覚とか秘密感覚とかという言い方をしますが、そういうときは、感覚という言葉を取り違えています。感覚とは、知性を伴うことなく、直接認識することのできる働きのことです。判断して認識する場合には、感覚とは言いません。判断力を働かせないときにしか、感覚とは言わないのです。色を知覚するときには、感覚を用います。二つの色を判断するときには、感覚を用いません。

この意味《ジン》で、――感覚《ジン》を意味《ジン》ととることは、すでに間違っているのですが――別の感覚があるでしょうか。あります。九番目の感覚があるのです。もちろん人間には或る種の知覚能力が他にもまだありますが、以上の立場から考えてみると、次にあげられる新しい感覚は、人智学を基礎づけるためには、特に重要な感覚なのです。それは判断の中に見出せる知覚能力です。言葉で人と意思の疎通をはかるときに見出せる感覚です。すなわち、言語で表現されたものを知覚する場合に、判断の働きだけでなく、感覚も働いているのです。この言語感覚が、第九の感覚です。

言語感覚も、視覚や嗅覚と同じ意味で、感覚の働きなのです。子どもは判断することを学ぶ以前に、すでに話をしています。同じ民族の成員は同じ言語で話をしているのに、判断は各人にまかされています。言語を通して感覚に語りかけるものは、各人の魂の働きを超えているのです。音声があれこれを意味していると知覚するときは、ただ聞いているだけではないのです。その場合に言語を感覚として知覚している感覚は、言語感覚という新しい感覚なのです。ですから子どもは、判断することを学ぶ以前に、語ったり、語られたことを理解したりできるのです。子どもは言語に即して、判断することを学びますが、生まれてからの数年間は、視覚や聴覚とまったく同じように、言語感覚が幼児の偉大な教師として働いているのです。感覚が知覚したことは、何も変えられません。それを否定することもできません。この点は、色の知覚の場合も、母音、子音という言葉のひびきの知覚の場合も、まったく同じです。言語感覚は、独自の感覚なのです。これが第九の感覚です。

十番目の感覚は、通常の人間生活にとっては、最高の感覚です。人はこの感覚によって、音声の表す概念が理解できるようになるのです。そのときのこの感覚の働きも他の感覚とまったく同じ意味で感覚の働きなのです。判断できるためには、概念を働かせなければなりませんが、そのためにはあらかじめ魂が概念を知覚できていなければなりません。魂は概念感覚を用いて、そうするのです。これが第十の感覚です。

しかし、皆さんは、触覚を忘れてはいないか、とおっしゃるでしょう。通常、触覚は熱感覚と一緒にされていますが、そうするのは、先程述べた導きの糸が持てなくなっているからです。もちろんはじめ触覚は、熱感覚として働きます。両者の間に特に区別はありません。両方とも皮膚で感じる感覚です。しかし、よく考えてみると、対象にさわってその表面を感じとるだけが触れることではないのです。眼で何かを探るときにも、触れています。鼻をくんくんさせるときも、嗅覚で触れています。熱感覚に到るまで、触れることは、四つから七つまでの複数の感覚に共通する特徴なのです。ですからそれらの感覚を、触れる感覚である、と言うことができます。

大雑把に言えば、嗅覚も味覚も視覚も熱感覚も、一種の触覚であると言えますが、しかし聴覚の場合になると、それを触覚と呼ぶ可能性は消えます。言語感覚、概念感覚になると、もっとその可能性がなくなります。この両感覚は、触れる感覚ではなく、理解する感覚なのです。触れる感覚の場合は表面に留まり、事物の中に深く入っていきませんが、熱感覚の場合は、事物の中にますます深く入っていき、そしてこれらの上部の諸感覚になると、事物の内部を直接理解しますので、「理解する感覚」と呼ぶことができるのです。

以上の考察をもう一度まとめてみると、嗅覚を取り上げる前に、私たちは、みずからの内面を示す三つの感覚を数えておく必要がありました。これらの感覚は、みずからの内面の中から情報を取り出します。次いで私たちは、先ず嗅覚によって、内の世界と外の世界の境界に到ります。そしてより高次の諸感覚によって、ますます外界の奥深くに達します。

それでは、その上にも、何かがあるでしょうか。数え上げたのは一部分にすぎません。その上にも、別な感覚が存在します。私たちは概念感覚から最初のアストラル感覚に上っていき、それから霊界に参入する諸感覚に到ります。

私たちは十一番目、十二番目、十三番目の感覚をも見つけることができるでしょう。まだ知られていないこの三つの感覚は、ここではただ言及するだけにしておきます。明日と明後日、物質界から霊界へ上っていくとき、それらについて詳しくお話しします。そのときは、概念の及ばぬ霊的生活の根底に深く入っていくことになるでしょう。概念は、一定のところで立ちどまってしまいます。高次の感覚が知覚するものは、概念の及ぶ範囲を超えています。においは自分の内面の前で立ちどまります。その内面にはなお三つの感覚がありました。概念の上にも三つの高次の感覚があり、私たちはそれらを通して霊界に入っていきます。そして下位の諸感覚で人体の中にもっと深く入っていきます。

しかし今日は以上の諸感覚に留まろうと思います。物質を知覚する感覚を数え上げて、物質の基礎づけを始めるのは、必要なことです。この基礎づけが忘れられてしまったので、学問は、哲学、認識論にいたるまで、問題を明確に区分できずにいるのです。「個々の感覚によって何を認識できるのか」――そう人はたずねますが、聴覚と視覚の間に区別を立てようとはしません。視覚が外界の魂の働きを開示する聴覚よりも、事物の本質に深く入っていかない、という事実を顧慮しないで、音波と光波を同じように扱っているのです。

私たちは、高次の三つの感覚、第十一、十二、十三感覚を通して、事物の霊的側面にも入っていきます。どの感覚も、事物の別の性質、別の本性を示しています。先ずこのことを顧慮しなければなりません。ですから、現代では視覚について、視覚と環境との関係について、多くの論文が特に物理学の問題として発表されていますが、それらははじめから感覚の本質とはまったく無関係なところで考察がなされています。いろいろの誤謬が感覚の本質を誤解することから生じています。このことを強調しておかなければならないのは、科学の教養書がここに取り上げる事柄をまったく顧慮していないからです。一般の教養書をいくら読んでも、感覚の内的本性に触れようとしない著者たちにしか出会えません。現在の立場に立つ科学は、そのような論述しかできないのです。なぜなら、正しい観点をいろいろ無視せざるをえないような仕方で、科学は進歩を遂げてきたからです。以上が、人智学の第一章、「私たちの感覚の真の本性について」で先ず申し上げておきたかったことです。

——第一講終り

人智学　第二講　人間の超感覚的な本性から諸感覚が生じる

ベルリン　一九〇九年十月二十五日

一昨日は、人間の感覚を人間本性と関連づけながら数え上げてみました。ただ数え上げただけに留まりましたが、感覚生理学が行っているような混同を避け、感覚相互の関連を明らかにしようと努めました。今日は、この諸感覚の本質を更に立入って考察しようと思います。人間本性を詳しく考察するのに、感覚という領域は、もっとも重要な分野に属しているのです。

先回は、生命感覚または生命知覚と呼びうる感覚から始めました。この生命感覚は、霊的には、何に基づいているのでしょうか。

この点をイメージできるようにするには、意識されることのない人体の根底にまで深く入っていかなければなりません。もちろん素描することしかできませんが、その際には先ず、肉体とエーテル体の独特な共同作業が問題になります。生命感覚の根底に何があるかを明らかにするには、この点を問題にしなければなりません。人間本性の土台をなす肉体とエーテル体との共同作業は、エーテル体とは異なる何かがエーテル体にいわば浸透することで生じます。この異なる何かとは、現在の人間がまだまったく意識できずにいるものなのですが、神智学的考察を通して、水が海綿に浸透するようにエーテル体に浸透するものが、遠い未来に発達する筈の霊人（アートマ）であることを知ることができます。

現在の人間は、霊人をまだ自分のものにしていません。霊人は、将来、周囲の霊界から賦与されるべき何かなのです。意識的には関与できないような仕方で、霊人が人間に与えられるようになる遥か遠い未来においてはじめて、人間は霊人を自分の中に発達させるでしょうが、現時点での霊人はまだエーテル体に浸透し始めている状態にあるのです。

ではエーテル体の中で、現在の霊人は何をしているのでしょうか。現在の人間は、霊人を自己固有のものにするまでには到っていません。まだ人間の中の超人的な本性に留まって、エーテル体を収縮させ、縮み上がらせているのです。もしも外界に適当な比喩を求めるとしたら、ふるえ上がるような冷たさがそれに当たるでしょう。

いつか将来、人間最高の本性となる筈のもの、現在はまだ成熟していないものが、人間を痙攣させるのです。エーテル体が縮み上がると、アストラル体がしぼり出されます。そしてエーテル体が縮むに応じて、肉体も緊張します。肉体の中に、ふるえるような緊張が走ります。それは海綿を握りしめるのに似ています。アストラル体は、いわば解放されて外にしぼり出されます。アストラル体のこの経過が、感情による快・不快の体験、喜び・悲しみの体験を生み、自分の中の生命感情、例えば自由の感情、力の感情、無力感をも生じさせるのです。

次に、自己運動感覚の場合にも、エーテル体の中に、現在の私たちがまだ意識的に所有していないものが働いています。エーテル体が、水を吸い取る海綿のように、生命霊（ブッディ）をみずからの中に浸透させているのです。エーテル体は、この生命霊をいつか自分の中から発達させるでしょうが、生命霊は現在、いわば暫定的に霊界から私たちに与えられているのです。

この生命霊は、霊人とは違う働きをします。静止した水のような均衡状態をエーテル体、更には肉体の中に生じさせるのですが、その結果、アストラル体の中にも均衡、バランスが生じます。その均衡が外から破られますと、自分でふたたび均衡を取りもどそうとします。私たちが運動を起こしますと、バランスを欠いた部分がふたたび均衡を取りもどします。例えば手を前にのばすと、のばした手と反対方向に、アストラルの流れが逆流します。人間の生体のあらゆる部分で、同じことが生じます。肉体の状態に変化が起こるときには常に、生体の中のアストラル体の流れが反対方向に動きます。まばたきにも、足の動きにも、そのことが生じます。自己運動感覚は、アストラル体の中で内的に体験されるこの調整過程を通して現れるのです。

更に均衡感覚になると、エーテル体に浸透することのできる第三の要素が問題になります。この第三の要素とは、霊我（マナス）のことですが、現在の人間は霊我をごくわずかながら、すでに意識し始めています。もちろん霊我を認識することは、現在の人間の重要な課題なのですから、霊我は生命霊と違った仕方でエーテル体に作用するのです。すなわち、霊我がエーテル体に延びていきますと、生命感覚の凍りつくような働きとは反対のことが生じます。霊我のエーテル体に対する作用は、熱が空間に流れ込むのに似ていて、熱の流れのようなものが、霊我からエーテル体の中に注ぎ込まれ、エーテル体をしなやかに延び拡げるのです。その結果、アストラル体も拡げられた状態で、しぼり出されたりはせず、延び拡がるエーテル体の中に留まり続けることができます。

生命感覚における感覚的知覚は、アストラル体が押し出されることによって生じますが、均衡感覚が生じるのは、エーテル体が延び拡がり、更にアストラル体も内的により多くの場所を占めることによるのです。その結果、アストラル体はますますその存在を拡げ、肉体もまた、どこかで延び拡がる可能性をもつようになります。肉体は霊人の作用で縮み上がり、生命霊の作用で均衡を獲得し、霊我の作用でのびやかになります。そのとき、同時にエーテル体も延び拡がり、一定の場所でその肉体を構成する成分に作用して、例えば耳の中の三半規管という、互いに直角に交わる管を空間の三次元に応じた形に形成するのです。この器官は、肉体の感覚素材のいわば拡がりに応じています。こういう器官が、実にさまざまな仕方で新しく形成されます。その見事な構成物は、内部から生み出されたというよりは、霊我によって外からのびやかにされ、圧迫を取り除かれて生じたのです。

アストラル体が、延び拡がり、外界と関係をもつようになりますと、この外界とも均衡を保たねばなりません。そうできませんと、まっすぐに立っていられず、転倒してしまいます。はじめの二つの感覚の場合には、そういうことは問題になりませんでしたが、均衡感覚の課題は、バランスをとることなのです。どこかへ向っていくとき、そうできるように、その方へ向っていきます。空間の三次元の中で、どこかへ向っていきます。そしてそうできるように、耳の中にあるあの三半規管は、三次元空間の三つの方向に対応して、互いに垂直に結び合っているのです。この器官が傷つけられますと、均衡感覚が機能しなくなり、人は方向を失い、めまいに襲われ、失神してしまいます。

動物の場合は、あまりにも早期に物質界に降りてしまったので、からだの物質成分が人間以上に硬化していますから、例えば耳石（平衡石）が生じます。それらの石は、均衡が維持できるように、必要な状態を保っています。

以上で内から外への順で、三つの感覚を取り上げました。最後に述べた均衡感覚は、内的な体験と外界の体験との丁度境界に立っています。ごく最近、感覚的事実だけに従っている現代の科学も以上の感覚三分野を問題にするようになりましたが、しかし、ここではっきり区別しておかなければならないのは、私たちの研究の成果と、現代科学の唯物的な思考の成果との違いです。現代の科学は、まさに感覚の分野で、迷宮を通っていくときの導きの糸をもたないために、人間の感覚器官と植物の器官との共通性さえ問題にして、植物が傾くときにも、耳石のような、小さな物体が位置を移動させることによって、一種の均衡を保っている。だから植物にも均衡感覚がある、というような奇妙な結論に達しています。しかしこういう論理は、すでに何度も例をあげて説明してきた観点に基づいています。

特定の植物は、昆虫が近づくとその虫を葉で包み込んでしまいます。ですから表面的に見ると、植物には植物なりの感覚があると思ってしまいます。しかし私は、同じことを見事にやってのける別の存在を知っています。その存在は、小さな動物をおびき寄せて、ぱくっとくわえてしまうのです。私の言う存在とは、ねずみ捕りのことです。人間の感覚を植物にもあてはめるなら、それと同じ理由でねずみ捕りにも感覚がある、と言うことができる筈です。しかしそう言うことは、均衡を保っている天秤を見て、天秤には均衡感覚がある、と言うのと同じくらい馬鹿げています。こういう間違った判断をするのは、思考が不十分だからです。そういう思考は十分な範囲にまで広がっていけません。事柄の本質に深く迫っていくことができないのです。

以上、三つの感覚を取り上げました。今日の科学は、それらの感覚にまで考察を進めていますが、神智学という導きの糸を用いることができなければ、決してそれらの感覚の本質を認識できないでしょう。これらの感覚が本質的に理解できたなら、科学は人体の構造そのものに深く眼を向け、人体がすでに述べた肉体とエーテル体との相互作用の影響下にあることに気がつくでしょうけれども、しかしそのためには、人間全体を神智学的に考察して、内部から理解することができなければならないのです。

さて、ここで嗅覚に眼を向けたいのですが、するとこういう疑問をお持ちになる方がいると思います。――「通常、感覚の中でも触覚はもっとも論じられる機会が多いのに、どうして触覚をはぶいたのか。」

感覚の問題のすべてを短い期間に講義しなければならないので、いろいろな問題を大急ぎで処理しなければなりませんが、そういうときにはいろいろと矛盾が生じてしまいます。

触覚を除いたのは、通常述べられているような意味での触覚は、生理学の空想の所産にすぎないからです。触覚そのものは、存在しません。なぜなら、一連の感覚のすべてが「触れる感覚」だからです。しかし「触れる感覚」そのものなどは、存在しません。触れるとは、一体どういうことなのでしょうか。或る対象を手に取ったときの「触れる感覚」は、均衡感覚で十分に説明がつきます。或る物体を押すと、その物体の均衡がくずれます。そして均衡感覚の内部で生じることしか起こりません。

同じことは、机の上を押して、机の上に敷いたビロードのカヴァーに筋をつけたときにも、言えます。押したことでそこに生じた痕跡は、私たち自身の中の均衡の変化を示しているのです。触覚は、このような均衡感覚が働いているところに、いつも認められるのです。

科学は、触覚について、まったく誤った見方を広めています。押すということの本質を何も考えないで、「押す」と言います。通常、誰でも「圧力」という言葉に何も疑問をもちません。しかし圧力は、神智学的に考察するなら、次の問いに結びついています。――「どんな妨害が均衡状態に加えられたのか。その結果、アストラル体はどんな調整をする必要があるのか。」

触覚の一部分である筈のこの圧迫感覚がどんなに誤解されているかは、次のように問うことからも見えてきます。――「どうして人は、巨大な気圧に圧迫されているのに、押しつぶされないのか。」

外からの圧迫であったなら、巨大な圧力が私たちの体にのしかかってくるでしょう。物理学の授業では、そういう疑問をもった若者に対して、次のような答えが返ってきます。――「圧力と、内から外へ働く反圧力とが、私たちの体の中で、同じ力で働いているので、互いに力を消し合っているのだ。」

つまり、人間の体内は、外気と同じように空気に充たされているので、外へ向っても外気と同じだけの圧力をかけているので、二つの大きな圧力が互いに働き合い、調整し合っているというのです。均衡状態が生じているので、押しつぶされずにいられるというのです。

けれども、先の若者が冴えた頭脳の持ち主だったら、次のような異議を申し立てるでしょう。――「水中深くまで潜り、まわりを水で取り巻かれていたとき、体内が水で充たされていなかったのに、押しつぶされなかったのはなぜですか。もしも私の体内が水で充たされていたら、私は水を飲みすぎて、死んでしまっていたでしょう。」

まったく外的、唯物的に判断しようとすると、こういう矛盾したことになります。本当は、圧力が私たちに働きかけるのは、極めて霊的な経過なのです。均衡が破られ、それを調整しなければならないときは、アストラル体の中にまでその作業が及びます。私たちの体が圧迫されると、均衡に変化が生じます。そうすると私たちがアストラル体を圧迫された部分に押し込み、そうすることで妨げられた均衡をもとに戻そうとします。それどころか、アストラル体に均衡を管理させます。圧迫されるところには、常にアストラル体の小さな瘤ができます。この調整する純アストラル的な作用が非常に強いので、外からの大気圧全体でさえも内から克服できるのです。ここでは文字通り、霊を手でつかむことができるのですが、ただそれに気がつかないだけなのです。

それでは嗅覚の場合は、何が生じるのでしょうか。嗅覚の場合には、意識魂そのものが生体をとらえるのです。「意識魂」は、においを体験したときに活動を始めます。アストラル体が生体の特定の場所にひろがるのではなく、外に向って働きかけ、生体の外に出ていくのです。においを嗅ぐとき、ガス状のものが鼻の粘膜に作用するのですが、その一方でアストラル体が外に出て、事物の方へ向っていき、自分の中で何かを体験するのではなく、外の事物から発するにおいを体験するのです。

味覚は、生体が悟性魂＝心情魂の働きを受けて生じます。味覚器官を通して、この魂がアストラル体の流れを舌の上の食べものと結びつけます。一方、嗅覚の場合は、アストラル体から意志の働きが流れ出るのです。心の内部に生きている意志衝動が流れ込むガス成分に向っていくのです。においの過程は、外から流れてくるガス成分から身をまもり、その成分を押しもどそうとする過程なのです。外から流れてくる成分は、霊的に見ると、ガス状の成分であるだけでなく――ガスそのものというようなものはマーヤであり、幻想であるにすぎません――それは外から流れてくる意志でもあるのです。そこに内からの意志と外からの意志の相互作用が生じます。その結果、意志と意志が相互に戦い合い、妨害し合います。ショーペンハウアーは、このことを予感し、その予感の上にひとつの意志哲学を打ち立てました。しかし意志の働きについての彼の説は、本来嗅覚にのみあてはまる説であって、他のすべての場合を、ただにおいの場合に則して解釈しているにすぎないのです。

嗅覚の場合、外に送り出されるものが意志であったように、味覚の場合は、外から流れ込んでくる養分に対して内から流れ出るものは感情の働きです。そして外から流れ込んでくるものも、感情の性質のものなのです。ですから、ものを味わうとき、感情と感情とが働き合うのです。そうでないと思わせているすべては、マーヤであり、外的なしるしにすぎません。味覚の場合は、感情の働きが感覚となって現れるので、好き、嫌い、おいしい、おいしくない等々と感じます。もちろん、感情そのものが働いているというよりは、感情と感情の相互作用が働いているのですけれども。

次の感覚は、視覚です。視覚の場合には、感覚魂がエーテル体に働きかけ、エーテル体の中に思考成分を生じさせています。そこに支配するのは、思考原則なのです。

感覚魂の中には、意識魂において自覚される思考の働きが含まれています。もちろん、その場合の思考内容は、まだ潜在意識に留まっていますけれども、目を通して流れ出るものも感覚魂の中の思考なのです。本当に思考成分が流れ出るのです。この思考成分は、嗅覚と味覚の場合に流れ出る意志成分、感情成分よりも、はるかに柔軟な性質を持っています。ですから、遠くまでその働きが及びます。人間の中から、思考成分となったアストラル体が外の事物の中に実際に流れ込むのです。ですから、光のエーテル波が眼の中に流れ込み、そしてその刺戟を受容したイメージが外に投影されるわけではないのです。もしそうだとしたら、この投影を配慮する誰かが眼の中に存在していなければならないはずです。しかしそのように投影する何ものかが眼の中にいるというのは、ひどい迷信なのです。自然に則していることを誇りにする科学は、この場合、グロテスクなほどの空想に助けられているのです。本当はアストラル体が、思考成分となって事物の方へ延びていくと、外のどこかで外なるアストラル成分の抵抗に出会うのです。外で演じられるアストラル成分とアストラル成分との争いは、事物を見たときに感知される色彩を生じさせます。色彩は、人間の内から流れ出るアストラル体と、外の事物のアストラル成分との出会いが生じる諸事物の境界に、内と外のアストラル体のぶつかり合うところに現れるのです。

感覚魂の中には潜在意識的に思考が存在しています。そしてその思考は悟性魂の中ではじめて表に現れ、意識魂においてはじめて自覚されます。事物を両眼で見るとき、事物は二つの印象となって現れますが、その二つは、はじめは意識化されずにいる思考の働きによって生み出されます。そしてこの思考の働きが意識化されるときに、その二つの思考要因がひとつに働き合います。そのようにして感覚魂から意識魂への道を辿るのです。

この道を、具体的に示すとこうなります。ここに両手があります。手と手は互いに触れ合うとき互いに相手を感じとれます。そのように、感覚も外なる対象との接触によってはじめて意識化されるのですが、その際感覚魂によって獲得された印象を意識化するためにも、二つの印象がひとつに結び合わされなければならないのです。視覚の場合にこのことが生じるのは、脳の中の二つの視神経が交叉するからです。視神経のこの交叉は、感覚魂の中で営まれる無意識的な思考作業を、交叉によって、意識魂の中に引き上げるために必要なのです。それは一方の作業を他の作業とふれ合わせることによって、意識魂の中に引き上げられるのです。こうして物質的なものが、霊的なものから作り上げられるのです。人間は、どんな細部にいたるまでも、人智学による理解が可能なのです。

次に問題になるのは、熱感覚です。ここでもふたたび、人間の中の何かがその働きによって熱感覚を呼び起こすのですが、その何かとは、みずからのアストラル成分を活動させて、外へ流し込む感覚体そのものです。このことが生じるのは、感覚体のアストラル成分が妨げられずに外に送り出されるときなのです。

お風呂に入っても、お湯が私たちの体温と同じ温度で、私たちと周囲との間に熱の均衡状態が続き、私たちが何も熱を受けとれないとしたら、体が温められるとは感じません。私たちの中から熱が流れ出たり、私たちの中に熱が流れ込んだりするときにのみ、熱さ、寒さを感じとることができます。外の環境が熱に乏しければ、私たちは熱を環境に送り出します。私たちが熱に乏しければ、私たちの中に熱が流れ込んできます。この場合、熱が流れ込んだり流れ出たりするのは、手にとるようにはっきり感じとれますが、しかし外と内の均衡状態にあっては、熱が感じとれません。

この熱の体験は、常に、人間の感覚体の作用と結びついています。感覚体は、私たちが対象に触れるとき、その対象が熱ければ熱いほど、ますます強く外に流れ出るでしょう。私たちの中に入ってこようとするものがあればあるほど、それに応じて、感覚体はますます外に流れていかざるをえないのです。しかしこのことが生じるのは、ある限度までです。感覚体からもはやアストラルの力が流れ出ることができなくなると、私たちはもはや熱を受けることに耐えられなくなり、やけどをしてしまいます。何か非常に冷たいものが私たちの感覚体からもはやアストラル成分を流出させなくなると、同様にやけどをしてしまいます。非常に冷たい物体に触れて、その物体が感覚体から成分を流し出すことをできなくさせるとき、この極度の冷たさが私たちには焼けるように感じられ、やけどの火ぶくれが生じます。熱くても冷たくても同じ結果を生じさせるのです。

ここで聴覚の分野に眼を向けましょう。聴覚の場合は、エーテル体が働いています。現在のエーテル体は、感覚体のようには、外に流れ出ることができないのです。流れ出ると、生命成分の何かが失われてしまうからです。アトランティス以降のエーテル体は、もはや外へ流れ出ることができないのです。なぜなら、生命力が失われてしまうからです。

従って聴覚が働くためには、別の道を辿らなければなりません。その場合は、もはや外へ流れ出ることができないのです。人間だけでは、熱感覚以上の高次感覚を自分の中から発達させることができないのです。

ですから人間自身の持たない何かが、人間の中に入ってこなかったなら、聴覚が生じることはできなかったでしょう。聴覚の場合は、自分自身の成分を人間に提供する本性たちに浸透されなければならないのです。したがって人体は、海綿のように、人体に浸み込んでくる本性たちに貫かれます。かつて人間段階を通過した天使たちにです。

天使たちがアストラル成分を人間の中に送り込み、人間がその外からくるアストラル成分を自分の中に作用させ、そしてそれを外へ流すのです。この成分が耳を通して私たちに伝えられると、私たちはいわばこの天使たちの翼に乗って、事物の魂であるあの音響を体験するのです。ですから、音の世界には人間の上位に立ち、人間を充たしている本性たちが働いているのです。この本性たちは、人間のアストラル成分と同じ本性から成り立っています。

さて、もっと高次の感覚が存在します。すなわち言語感覚です。この場合も人間は、自分の中から提供できるものを何も持っていません。ですからここでは、人間のエーテル体成分と似ている成分をもつ本性たちが働きかけなければなりません。もちろんこの本性たちも、アストラル成分を持っていますが、この成分は環境の中に送り出され、人間の中には自分のエーテル体を提供するのです。そうすると人間は、このエーテル体の力を環境に流し込むことができるようになるのです。この本性たちとは、大天使のことです。

大天使は天使とまったく異なる役割を演じています。すなわち、人間に音声を聴きとらせるだけではなく、それを理解し、体験できるようにさせるのです。ト音または、嬰ハ音を聴きとることができるだけでなく、声を聴くとき、その音声の内面をも体験できるようにさせるのです。ですから人間は、A《アー》を言語感覚で聴きとるのです。

大天使は、民族霊でもあります。聴覚の場合は天使たちが空気の振動を通して自分の働きを外に表しているのですが、一方、大天使は、外なる空気の中で生じる事柄に別の作用をつけ加えます。体液に働きかけるのです。

大天使の働きによって体液が、一定の方向に循環するのです。たとえば人がAという母音の意味を知覚するとき、そのことが微妙な仕方で体液に影響を与えます。この作用の外的な現れは、民族の相貌です。特定の民族の成員たちの生体に、特定の刻印が押されるのです。そしてこのことの中に、特に大天使が働いています。ですから、人間の体液は、大天使がその民族に与える言語感覚に応じて、別様に流れ、生体全体が別様に働くのです。

サンスクリット語を例にとりますと、aham とは、自我のことです。私たちが、たとえ人間自我についてどんな理論を持っているにせよ、そういう理論ではなく、この場合、相前後した二つのAという母音が、自我組織を形成しているのです。ですからサンスクリット語を話す人びとは、この二つのAの響きに応じた仕方で、自我を感じとらざるを得ないのです。ドイツ民族がIをchと結びつけて、自我を表すなら、そこにまったく別の働きが生じます。自我についてまったく別のイメージを持たざるを得なくなります。Iの中には、Aとは違うニュアンスがあるからです。そのニュアンスを、自我の把握に際して、民族霊が人体に植えつけるのです。

AとOが並ぶか、またはIとEが並ぶかでは、大きな違いがあります。それによって、民族感情全体が変らざるを得ないのです。たとえば、**amor**（ラテン語の愛）と**Liebe**（ドイツ語の愛）は違った感情を呼び起こします。この点に民族霊の働きが典型的に見てとれます。たとえば**Adam**という言葉は、イスラエル人の場合、最初の人間形態に用いられましたが、古代ペルシアでは、自我に用いられました。このように、異なる民族の場合、異なる感情価値が呼び起こされます。この点に言語の秘儀が、または秘儀の最初の要素が暗示されています。

以上は、大天使の位階の霊たちの働きであり、人間に言語感覚を与えて、体液をふるわせる霊たちの働きです。音声の形成力の中にどんな違いがあるのかを感じとることは、超感覚的なものに出会う人にとっての最大の体験のひとつです。言語の力は、水の要素

（体液）の中でもっとも明らかな働きを示しており、音響の力は空気の中にそれを示しています。

ある女性をEvaの名で呼びたいと感じる人がいたとします。その人がEvaの霊的な側面に対して別な言い方で表現しようとするとき、Evaの鏡像としてAveを、マリアへの挨拶のための言葉を見出すでしょう。これはEvaと語るときとは逆の感情を人体の中に呼び起こします。

Evaを逆転させ、その前にJをつけると、Jahve、つまり旧約聖書の神の名になります。音声に通じている人が高次の認識に向って歩むときには、JahveとEvaとの関係をすべて感じとるに違いありません。

言語は、恣意的に生じたのではありません。それは霊的な所産なのです。言語を言霊として知覚するために、言語感覚があるのです。言語感覚は、感覚系全体の中で、他の感覚と同じ正当性を持っています。諸感覚を以上の順序で数え上げたのには、深い理由があるのです。

次回は、霊学的に小宇宙《ミクロコスモス》（人間）を説明できるようにするために、概念感覚とより高次の諸感覚をとり上げるつもりです。

――第二講終り

人智学　第三講　高次の諸感覚——人体におけるエネルギーの流れと器官形成

ベルリン　一九〇九年十月二十六日

これまでに言語感覚のところまで考察を進めてきました。これから取り上げるのは、概念感覚です。この言葉は、純粋概念の意味ではなく、日常用いられている意味で用いています。誰かが何かを言うとき、言われた相手はその言葉の意味について一定のイメージを作ります。ですから「イメージ感覚」とも呼べます。しかし先ず理解していただきたいのは、このイメージ感覚がどのように生じるのかです。それを理解するためには、すでに述べた聴覚と言語感覚を振り返ってみる必要があります。一体、言語感覚、音声感覚を持つとはどういうことでしょうか。音声の知覚はどのようにして生じるのでしょうか。

例えばAやIのような母音を知覚するときには、特別のことが生じますが、その際の音声知覚のいわば装置を明らかにしなければなりません。しかしこのことだけに今日の時間のすべてを使うわけにいきませんから、皆さんがご自分で考察し、研究していただけるように、いくつかの例をあげておきますので、あとで正しいかどうか確かめてみて下さい。

御承知の通り、音楽ではリズム以外に、個々の音と旋律と和音とを区別します。和音は複数の音を同時に知覚するときの楽音ですし、旋律は相前後して響く音をまとめて知覚するときの楽音です。そして個別音では、一つひとつの音そのものを知覚するのです。そのことをもとにして、音声の中の音と音声そのものとの相違に注目するとき、音声知覚のメカニズムがはじめて理解できるようになります。和音を例にあげますと、私たちは複数の音が同時に響くときの効果を知っています。旋律の場合は、複数の音が相前後して響くときの効果が問題になります。そこで考えてみてください。無意識に知覚している音声を意識するときには、次のことが生じなければならないのです。

感覚の中には無意識的なもの、少くとも潜在意識的なものが存在しています。感覚的知覚におけるこの無意識的なものを意識化すると、もはや感覚的知覚ではなく、判断に、概念形成になってしまいます。音響の知覚において無意識の中で生じる事柄を意識化するとしたら、どういうことが生じなければならないか、どうぞ考えてみて下さい。旋律を聴くとします。そのとき、私たちは連続する音の流れを知覚します。そこで、旋律の音と音を結びつけて聴くためには、過去と未来を互いに結びつけることが必要になります。旋律の途中でそれに続く音を知らなければなりませんから、未来からその音を現在の中に取り込むことができなければなりません。人が意識的には遂行できないそのようなことが、言語感覚の中では意識的に行われるのです。A、Iまたは別な母音を聞くとき、潜在意識の活動を通して、常にひとつの旋律が一瞬、母音という和音に変化させられるのです。これが母音の秘密なのです。

このすばらしい潜在意識活動は、より霊的な段階になりますと、眼の内部で生じるさまざまな光の屈折をあとから意識するのに似た過程が生じます。ですから旋律が一瞬にして和音にされるだけでは不十分なのです。それだけなら、まだ音声にはなりません。別の何かが加わらなければなりません。

御承知の通り、どんな楽音も単純な音ではなく、常に僅かではあっても倍音が響いています。他の雑音に較べると、楽音は常に倍音を伴っています。たとえ直接耳で聴きとることができなくてもです。旋律が響くときは、個別音だけでなく、どの音も上音を響かせています。

私たちが旋律を一瞬和音に統合するとき、個々の根音を統合するだけでなく、各音に伴った倍音をも統合します。しかし潜在意識活動は、それだけでなく、根音から注意をそらし、それを聞き流しています。AやIの母音を知覚するときは、意識してそうしています。注意を基本音からそらして、倍音による和音だけを捉えるときはじめて、母音になるのです。旋律が一瞬和音に変り、そして基音から注意をそらし、ただ倍音のシステムだけを聴きとることで、はじめて母音が生じます。それらの倍音（上音）がもたらすもの、それがAやIの母音なのです。以上、眼で見る行為を物理的に説明するのと同じように、音声知覚を説明してみました。

それでは一体、意味の知覚とは何でしょうか。これは難しい問いですが、重要な問いでもあります。どのようにして言葉を聞くだけでなく、言葉を通して意味を理解するのでしょうか。

これがまったく特別の在り方をしていることは、次のような陳腐な考察からでも分かります。私たちはいろいろな言語で、いろいろな音声を響かせて、同じ何かを表現しています。愛を、「アモール」とも「リーベ」とも呼びます。ですからこの二つの異なる発音によって、同じことが表現されています。このことは、その背後にイメージ感覚があることを暗示しています。音声は民族言語次第で別の響きを発しますが、その異なる音声を通して、同一のイメージを聴きとっているのです。その場合のイメージは、背後にひそんでおり、音声がどんなに違っていても同じなのです。この同じものをも知覚できなければなりません。どのようにしてそれを知覚するのでしょうか。

イメージ知覚の過程を考察するとき、イメージが音声の道を通って現れることが前提になります。音声を知覚するときには、旋律を和音に変化させ、そしてその際の基音には注意を向けません。イメージ感覚を生じさせるためには、倍音システム全体にも注意を向けないことが必要になります。倍音の中に意味をもったイメージとなって現れてくるものは、あとで振り返って眺めるのです。しかしそれと同時に、言語の音声を聞くときは、一般人間的なイメージ、あらゆる言語のあらゆる音声を通して響いてくるイメージがやや表情を変え、微妙な差をつけて聞こえます。

音声をもつ言語を通してみずからを語っている高次の霊的本性（大天使）たちは、地上生活と結びついた使命を、民族霊となって果しています。民族霊は神秘的なささやきによるだけでなく、人間の体液に神秘的な像を作ることで、つまり倍音のシステムで人体を振動させることで作用するのです。ですから倍音の背後に存する一般人間的なものは、地上のいたるところで働いているのです。地上のいたるところで働くこの一般人間的なもの、人間霊は、それぞれの場所で、いわば倍音の背後に存する意味をも聴きとる人にのみ、みずからを認識させるのです。人類は、ニュアンスの違いに注意を向けないで、地球上のどこにおいても共通のものを認識できるようになったことによって、人類史の発展過程の中ではじめて、一般人間的な事柄を理解できるようになりました。実際、キリストの真の形姿は、一般人間的なイメージの中でのみ把握できるのです。キリストをさまざま仕方で告知する霊的本性たちが、キリストによって派遣されて、それぞれの場で、――ゲーテの詩「秘密」が美しく語っているように――キリストの使者としての使命を果しています。それが各民族の民族霊なのです。

このことは、何が本来のイメージ感覚なのかを示しています。しかしそれと共に、私たちは特別の道を更に先へ進むことになります。通常の人生において意味ある事柄は、以上で汲みつくされました。では、人間における潜在意識的な魂の能力、倍音システムをいわば押しのけることのできる能力にも眼を向けることができるでしょうか。

それ以上に高次の能力があるとしたら、それは何でしょうか。一体倍音システムを何が押しのけるのでしょうか。触手のように手をのばして、倍音システムを押しのけるのは、人間のアストラル体です。人間のアストラル体が倍音を押しのける能力を獲得すると、注意を倍音からそらすと、その能力は通常のアストラル体の能力よりも高次の能力になります。アストラル体はいつ、そのような能力を獲得するのでしょうか。イメージを体験するだけでなく、倍音を押しのけて、倍音をイメージとして観察するだけでなく、みずからの内的な力だけで、みずからのアストラル体の中から成分を引き出すことができるときが、そのときなのです。イメージを得るには、抵抗（つまり倍音システム）を押しのけることが、常に必要です。しかし、本来の霊的な知覚器官を形成するためには、例えば瞑想によって外的なきっかけなしにみずからアストラル体の触手を延ばすことができるようにしなければなりません。注意深く倍音システムを押しのけるだけでなく、前脳の特定部分、眉間のあたりでアストラル成分を二つの触手のように引き出すことができたとき、眉間に二葉の蓮華と呼ばれる器官が、最初の霊的な感覚器官として作られます。この感覚は「霊視感覚」とも呼ぶことができます。

これは十一番目の感覚です。アストラル成分を引き出すことを、外界に強制されてではなく、自分自身だけで可能にすることができればできるほど、ますます高次の感覚器官を形成できるのです。喉頭部には、この作業によって、非常に複雑な感覚、十六弁の蓮華である霊聴感覚が形成されます。更に心臓部には霊的合一感覚とも呼べるような感覚が十二弁の蓮華となって形成されます。もっと高次の諸感覚は、純粋に霊的な領域に入るので、もはや通常の意味の感覚とは呼べません。身体の本来の感覚につけ加えるべきものとしては、霊視感覚、霊聴感覚、霊的合一感覚で十分です。

それでは、以上の三つの感覚は、見霊者の中でしか働かないのでしょうか。それとも通常の人間の中でも働いているのでしょうか。そうです。霊視感覚、霊聴感覚、霊的合一感覚は、通常の人間の中でも働いているのです。ただ、これらの感覚が見霊者の場合にどう働くのかを知るためには、これらが触手のように外へ延びている、と考えなければなりません。通常の人間の場合、それらは外へではなく、内へ向って延びています。見霊者の場合に二弁の蓮華が現れるのと同じ場所で、通常の人間の場合は、二つの触手が内へ向い、前脳のあたりで交叉しています。通常の意識はこれらの触手が内へ向い、見霊者の場合は外へ向うのです。

この問題は、比喩でしか説明できません。比喩ではなく、事実を知ろうとするには、数多く瞑想を繰り返さなければなりません。人は自分の外にあるものを見、自分の内にあるものは見ないのです。誰も自分の心臓や脳を見た人はいません。霊の世界でも同じことが言えます。内臓の諸器官は、見えないだけでなく、意識することもできず、応用もききません。しかしそれらは働いています。意識されていないからといって、活動していないのではありません。意識が現実を左右することはありません。もしそうでなかったら、このベルリン市内にあって、今私たちが見ていないものはすべて存在していないことになります。もちろん、そういう論理は、高次の世界を、見えないからというので否定する人たちの用いる論理であって、私たちの用いる論理ではありません。これらの感覚は働いているのですが、その活動は内へ向けられているのです。とはいえ、私たちは、内への活動の結果を知覚しています。一体どのようにでしょうか。

霊視感覚が内へ向って注がれると、通常の生活の中で何らかの事柄を感じ取る感覚が生じます。私たちが外の事物を見て感じるのは、この霊視感覚が内へ向って働いているからなのです。外に向って何かを感じ取るのは、霊視感覚が私たちの中で働いているからなのです。ここで感じ取ると言っているものを、例えば聴覚や視覚と区別して下さい。音を聞き、色を見るのと、その際それを感じ取るのとは、どこか違います。色を見て、それは赤い、と言うのと、それは美しい、醜い、気持ちがいい、気持ちが悪い、と直接感じ取るのとは、どこか違います。

霊聴感覚が活動を内へ注ぎ込みますと、その活動を通して、より複雑な感じ取り方が、感情となって生じます。単なる感じ取る仕方よりももっと内面的な感情生活は、外へ向う代りに内へ向って働く霊聴器官の活動の結果なのです。そして霊的合一感覚が内へ向って注がれると、本来の思考活動、思想活動が生じます。これは内へ向けられた霊的合一感覚の働きの結果なのです。先ず第一に、事柄を知覚し、それから感情が生じ、最後にそれについての思考内容が形成されます。

こうして私たちは、感覚生活からすでに魂の生活の中に深く入ってきました。私たちは外なる感覚世界から人間の内部の知覚、感情、思考という魂のいとなみに到りました。

更に進んで、もはや感覚とは呼べないような、更なる蓮華に対応する高次の諸感覚の内への働きかけにまで考察していくと、高次の魂のいとなみのすべてがそこに見出されるでしょう。例えば生体のもっと下部に位置する八弁または十弁の蓮華が働きかけを内へ注ぎ込むとき、もっと精妙な魂の活動が生じます。そしてこの継列の最後には、もはや言葉では表現できない、純粋な思考内容としか呼べないような、もっとも精妙な魂の働きが現れます。これはさまざまの蓮華の活動の働きかけによって生み出されます。そしてこの働きかけが単なる働きかけに終らないで、すでに暗示したような瞑想による働きかけになりますと、これまで内へ延びていたあの触手がいたるところで交叉し、外へ向います。そして魂から霊へ高まる活動が生じます。そのとき、思考と感情と意志が、単なる内面生活ではなく、霊的本性たちに担われて外界に現れるのです。

こうして私たちは、霊界に参入します。人間を理解するために、感覚から魂に向い、そこから更に、本来もはや人間の中に存在せず、外から働きかけてくる霊的なものにまで到ったのです。そこは、自然と宇宙のすべてに通じる世界なのです。

今日述べたことと、これまでの二つの講義の中で述べたこととは、本来の人間存在に関することでした。世界を知覚し、魂で体験し、霊的に把握する道具としての人間のことでした。人間とは、第一にこういう存在なのです。こういう存在であるために、先ず自分の身体をつくり出したのです。

私は過去の人間について述べたのではありません。人間の中で今も活発に存在している働きを述べたのです。感覚的、魂的、霊的にすべてを統合する存在を生じさせるために、私たちのような地上の人間存在がつくり出されたのです。一体、人間はどのような存在につくり出されているのでしょうか。はじめはそれを、いわば示唆することしかできません。けれども外から人体を観察するだけでも、その示唆したことの正しさを理解していただけると思います。

眼の前に存在する人間の姿は、単なる視覚上の錯覚にすぎません。人間はそういうものではありません。感覚的知覚によるだけでなく、全体的に考察するならば、人間の姿はまったく別様に現れるのです。どうぞ感覚的に自分自身の姿を知覚して見て下さい。自分自身に眼を向けても、私たちの表面の一部分しか見えず、自分の後頭部や背中を見ることはできません。けれども私たちは、自分が後頭部や背中を持っていることを知っています。均衡感覚、運動感覚、その他の感覚によってもそのことを知ることができますし、外からでは知覚できない私たちの人体部分は、内的な意識によって知ることができます。そしてすでに述べた高次の知覚器官のすべてを発達させたときにはじめて理解できるような多くのものさえ、人間には存在しています。

それでは、眼によって感覚的に知覚できる人体部分とは、そもそもどういうものなのでしょうか。

私たちが感覚魂によって人体を知覚し、把握するとき、一体何を見ているのでしょうか。私たちは身体の表面に眼を向けることで自分を知覚するだけではありません。指を伸ばすことでも人体を知覚しています。感覚的に接触するとき、そこに肉体が常に存在しています。しかしそういう知覚対象は、まだ肉体そのものではありません。肉体を本当に見るためには、肉体にアストラル的なものが押し寄せ、そして押し返されるのを見なければなりません。そして何かが押し返されると、そこに鬱積が生じます。

肉体の前部に感覚体と感覚魂の相互作用があります。つまり後ろから感覚魂が流れてきますと、この流れは肉体の前部の皮膚にぶつかり、そして前から感覚体がそこに入り込み、相互に作用し合います。そしてこの体と魂二つの流れがせき止められますと、そこに鬱積が生じます。二つの流れが合流し、ぶつかり合い、そこに何かが現れるのです。そこで考えてみて下さい。私たちがそのいずれの流れをも見ることができず、そこに二つの流れが作り出す渦巻だけを見たとするのです。それが眼その他の感覚が知覚する、私たちの身体なのです。

人間においては後ろからの流れと前からの流れが相互に働き合っています。感覚魂と感覚体の流れがぶつかり合っています。右からと左からの流れのぶつかり合いも同様に存在します。左からは肉体に属する流れが、右からはエーテル体に属する流れが相互にぶつかり合い、一緒に作用し合い、そしてそこに感覚によって知覚される人間が、いわば幻のように現れます。左から肉体の流れが、右からエーテル体の流れがやってきて、互いにぶつかり合い、その真ん中で感覚的に知覚できる肉身の人間が現れるのです。

さらに、左と右の流れ、前と後の流れに加えて、上からの流れと下からの流れも存在します。下からはアストラル体の主流が流れ込み、上からは自我の主流が下りてきます。すでに述べたように、感覚体は前部に働いていますが、アストラル体の主要な流れは下から上にのぼり、そして後ろから前へ向う別のアストラル的な流れ（感覚魂）にとらえられます。しかしアストラル体には、下から上への流れと、後ろから前への流れがあるだけでなく、前から後ろへの流れ（感覚体）もあります。ですから私たちのアストラル体は、下から上へと、前から、後ろからの流れの諸方向によって成り立っているのです。人間の中で、これらすべての流れが実際に合流しています。ひとつは上から下へ、ひとつは下から上へ、ひとつは後ろから前へ、ひとつは前から後ろへ、ひとつは右から左へ、そしてひとつは左から右への流れです。［図参照］

下から上へと、上から下への流れの合流によって、何が生じるのでしょうか。上から

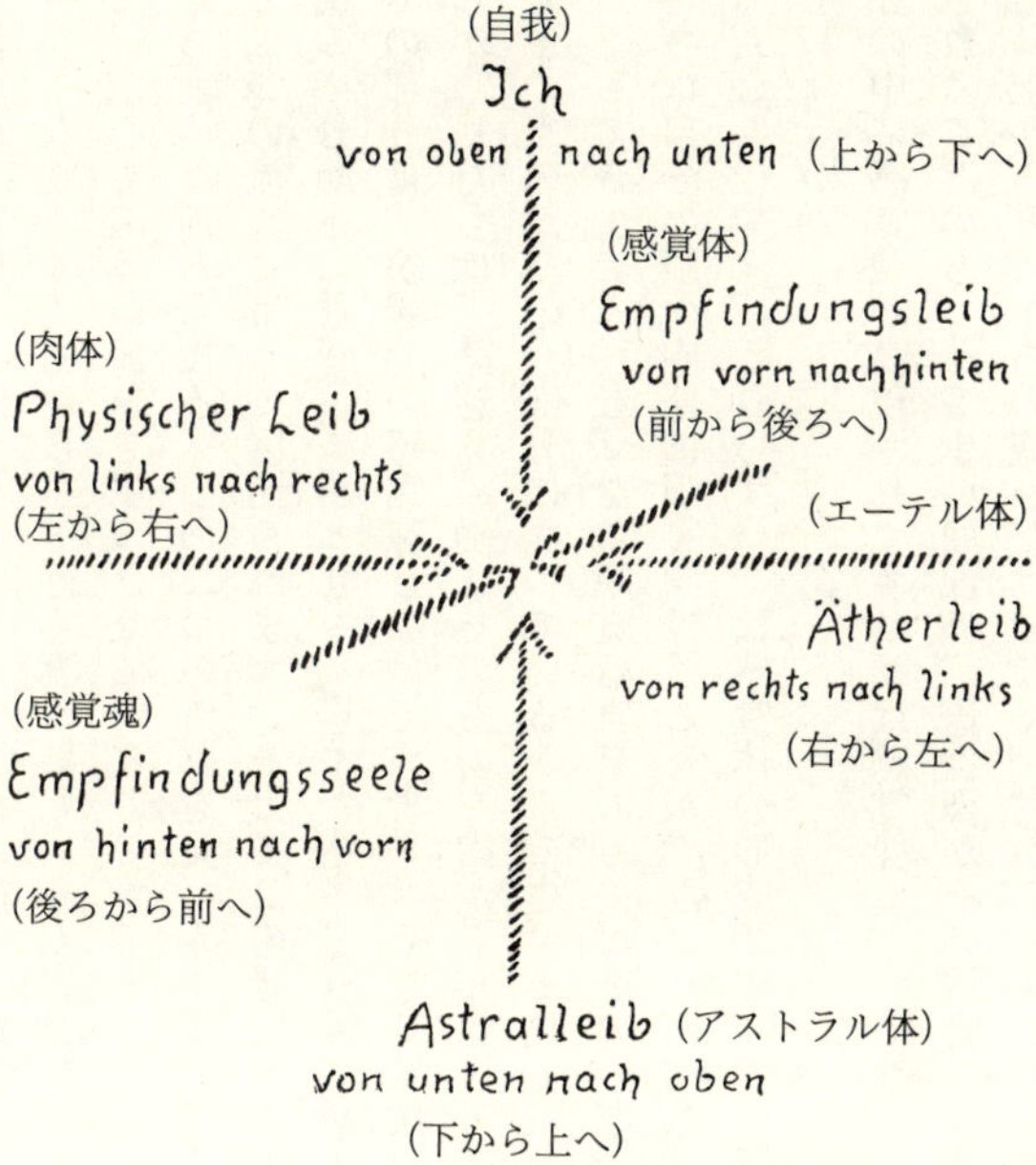
(自我)
Ich
von oben nach unten (上から下へ)
(感覚体)
Empfindungsleib
von vorn nach hinten
(前から後ろへ)
(肉体)
Physischer Leib
von links nach rechts
(左から右へ)
(エーテル体)
Ätherleib
von rechts nach links
(右から左へ)
(感覚魂)
Empfindungsseele
von hinten nach vorn
(後ろから前へ)
Astralleib (アストラル体)
von unten nach oben
(下から上へ)

下へ向う流れは下から上へ向うもうひとつの流れに抑えられて、そのまま流れていくことができなくなります。右から左へ行く流れにも、そのことが言えます。どの流れも抑えられて、中心で肉体の仮象を生じさせているのです。

後ろから前へと前から後ろへとの二つの流れを見てみますと、この二つが、下からと上からの二つの流れによって区切られます。そしてこの区切りによって、次のような人間の一種の三分節化（神経・感覚系と呼吸・循環系と代謝・運動系）が生じます。ひとつの流れの下方の部分は、狭義での感覚魂となっています。そして鬱積によって諸感覚が生じます。しかし私たちは、諸感覚の働きそのものを内から知覚することができません。なぜなら眼そのものがその一部分になっているからです。そして、もはやにおいそのものを嗅ぐこともできません。なぜなら嗅覚器官そのものがその一部分になっているからです。私たちは自分の眼の内部に眼を向けることができません。ただ眼の外を眺めることができるだけなのです。これらすべては感覚体の形成です。では感覚魂はどのように現れるのでしょうか。

先ず顔の中に感覚魂が表現されます。顔は感覚魂によってつくられるのです。そして押し返されることのもっとも少い頭部は、悟性魂がその器官をつくりだすところです。けれども、上からと下からの流れだけでなく、右からと左からの流れも存在しますから、

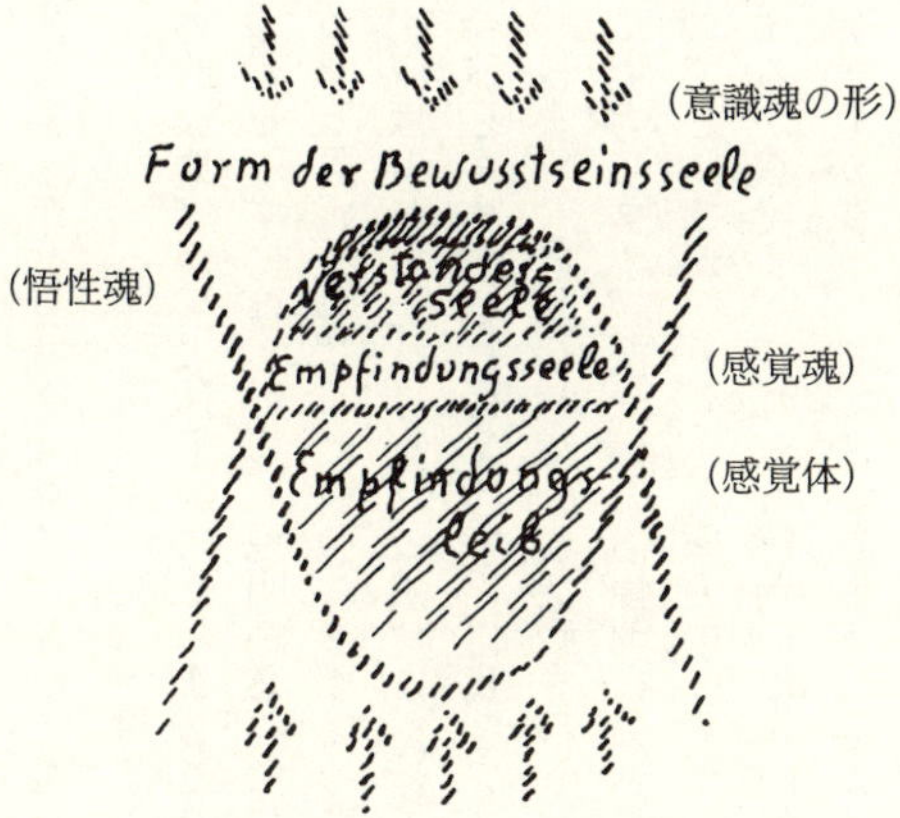

全体が分節化されるのです。ひとつの流れは身体の縦軸を通っていきます。この流れは、上方で更に二つに分かれます。ひとつの部分が悟性魂の形に区切られます。そしてこの区切られた一番上の部分が意識魂の形をとります。［図参照］

この意識魂は、上部で、人間の深層にまで形成され、そしてまた灰色の脳のうねりをつくり出します。そこに人体における意識魂の働きが見られるのです。

人間を霊的な本性として見るとき、人体形姿をこの霊的本性の現れとして捉えることができます。このように霊は、人体形姿のために働いているのです。すべての身体器官は、霊の働きによって、彫塑的につくり上げられているのです。個々の流れが脳の中で互いに渦巻いていることを知らなければ、脳の構造は理解できないでしょう。

そこで今、細部にも眼を向けてみましょう。もしも今日の外的な科学に代って、霊学的な科学が共有財産になることができたなら、こういう事柄がきっと役立ってくれるでしょう。今述べたように、さまざまな流れを通して、意識魂と悟性魂と感覚魂のための外的な器官が、人体上部に生じました。これらの器官が内部でどのように継続しているのかを示すには、詳しい説明が必要でしょう。しかしここで私たちは、別な問いを立てようと思います。前に述べたように、自我は上から下への働きであり、アストラル体の主流は下から上への流れです。こうしてアストラル体の大半と自我とがひとつの流れに合流します。それによって、自我とアストラル体とは相互に働き合い、内部で鬱積していきます。自我が意識的な活動を行うべきときには、感覚魂と悟性魂と意識魂とがそれに協力します。例えば、悟性魂によって判断が生じます。一体、判断はどこでなされるのでしょうか。もちろん頭の中でです。なぜなら、そのための力と器官とが頭部に存在するからです。けれども特別の場合を考えてみましょう。人間の中で悟性魂の関与しない器官が生じ、そこでは判断がなされず、肉体とエーテル体と自我とアストラル体とが快・不快・喜び・悲しみを生じさせているだけだったとします。アストラル体と自我も、判断し意識するという精妙な活動をしないで、肉体とエーテル体と共に働いていたとします。その場合、これら四つの流れの合流する器官は、どのような在り方を示すでしょうか。そのような器官は、判断を下すことをしないで、アストラル体の印象に対して、ただ反応するだけなのです。その場合は先ず、肉体とエーテル体が働きます。そうでなければ、この器官が存在しなくなってしまいますから。アストラル体と自我も、共に働かなければなりません。そうでなければ、この器官は感情を持つことができず、印象に対して共感や反感を現すことができないでしょうから。

ですからひとつの器官の中では、肉体とエーテル体が一緒に働いています。それが身体器官なのです。もちろんそこには、肉体に見合ったエーテル体が働いています。なぜなら、どんな身体器官も、エーテル体によって構成されているのですから。この場合、その器官のエーテル体の右からの流れと、肉体の左からの流れとが合流して働き合い、そして中心でせき止められています。上下に重なり合うのではなく、濃縮化を生じさせていいます。そのとき、下からのアストラル体の流れと、上からの自我の流れとも別の鬱積を生じさせています。個々の器官におけるこれらの流れの共同作用を図式化するとすれば、このように描くことができます。[次頁図参照]

こういう器官の個々の形は、まったく別の前提から生じたのかもしれません。つまり或る器官がつくられるときは、肉体を代表する流れも、エーテル体を代表する流れも、

あるからです。そしてその場合には、それらの流れが中心で濃縮を生じさせるのです。上からの流れも、下からの別の流れも、同様に鬱積して、濃縮状態を作り出します。このようにして生じた代表的な例が、心臓なのです。右の前室、右の心室、左の前室、左の心室が生じたのは、人間の心臓が霊からつくられたのだからです。人間の霊が心臓をつくり出したのであって、それ以外の場合は考えられません。

　別な例をあげてみましょう。昨日はちょっと奇妙なことを申し上げました。視覚活動の潜在意識の中には、思考活動が存在している、と言いました。意識化された思考活動は、脳の中で生じるのですから、ここで意識的な思考活動を生じさせる脳の構造についても考えてみましょう。

　脳内の諸器官の形態を一つひとつ取り上げる時間は、今はありません。しかし、脳内の各組織の形態がどうしてそうでなければならないのか示すことは、可能なのです。しかし今は、必要な限りでの脳の図式化を前提にしてお話しするしかありません。大づかみに言えば、脳には外皮があり、血管膜があり、網状の外皮膜と血管膜の間には、脊髄液のようなものがあります。そしてそこからさらに脊髄へと通じています。

脳の内部は、本来の脳成分である脳神経に満たされています。この脳神経は、思考活動の外的な形態です。感覚器官を通して印象が脳神経に伝達されますと、外からの印象の意識的な思考作業が生じます。そしてそれがすべて脳神経にゆだねられます。印象が生じると、先ず思考作業が生じ、そしてその後で神経系の作業が知覚その他を生じさせるのです。

もしも外からの印象を思考作業によって意識化しなかったとしても、以上に述べたことは同じように生じたでしょう。同じように一種の皮膚の覆いがなければならず、後壁には血管網がなければならないでしょう。しかし、ここでは特に取り上げませんが、一定の理由によって脊髄液が無力化してしまうでしょう。無意識の思考活動が生じうるためには、脳の成分を押し返すことによって、前方に余白が生じなければなりません。そうすれば、神経系の働きを伴わない、潜在意識的な思考活動が生じます。

その場合、いつもなら神経によって受容される筈のものが、神経を押し返さなければならないのです。そうしませんと、そこに思考が生じてしまいます。神経が後ろに押しやられると、思考も感情も働くことができません。潜在意識的な思考活動のために働かなければならないこの器官の場合、神経系はすべて後壁に押し込まれます。そして印象が神経成分によって受けとられるかわりに、神経の通わぬものによって受けとめられるのです。さて、今述べたことは、実は脳から眼が生じる過程だったのです。

眼とは何でしょうか。眼は小さな脳なのです。そこでは本来の神経装置が、網膜と呼ばれる後壁に押しやられています。そのように大自然の建築師、彫刻家は働いています。人体のすべての組織は、ひとつの建築計画に従っており、個々の場合にのみ、必要に応じて、変更されるのです。私が何週間にもわたって講義を続けることができたなら、どの感覚器官も変化させられた小さな脳であることを明らかにすることができたでしょう。そして脳が高次の段階における感覚器官であることをも説明できたでしょう。人体全体は、そのような建築計画に従ってつくられているのです。

ここで別な例をあげたいのですが、その前に、一種の認識論上の前置きをするのをお許し下さい。それによって、人智学の観点をさらにはっきりさせたいからです。前に述べたように、人類学は下の山麓で感覚生活の細部に眼を向けます。神智学は上なる山頂に立っています。そして人智学は、その中間に立っています。人は一方では外なる外界に向き合い、他方では霊界に向き合っています。感覚界の存在やその法則を把握するためには、感覚の働きと感覚界に結びついた悟性の働きがあれば十分ですから、一般に人は、神秘学が提供するものよりも、感覚世界の知覚内容の方を容易に信じようとします。けれども、神秘学者が伝える諸事実を信じることと、例えばかつてフリードリヒ大王なる存在がいたという知識を信じることとの間には、形式上何の区別もありません。意志霊が存在することとフリードリヒ大王が存在したことは、信じる対象としては区別がありません。区別があるとすれば、一方が資料館に存在している何かを証拠にして、これはフリードリヒ大王のやったことであると説明できることだけです。

もし誰かが残されている史料を証拠にして、歴史の流れを辿り、フリードリヒ大王の生きていた時代にまで遡ったとしますと、皆さんはその当時も、現代と同じように、人間とは別の様子をした霊的本性が生きていなかった、という理由から、その人の言うことを信じようとします。霊界の存在を信じようとしない人は、彼自身の環境に見られるのと同じようなことがそこに語られているという理由から、そのことを信じようとするのです。神秘学者は、通常の人びとが周囲に認めるような本性や事物だけについて語ることはできません。それにもかかわらず、実証主義者と神秘学者との間には、違いがないのです。このことには絶対的な根拠があるのですが、今述べた事情も顧慮しておく必要があると思います。しかしここでもうひとつの例を取り上げましょう。

すでに下なる人類学の観点と、上なる神智学の観点との違いについては申し上げましたが、ウンガー博士［カール・ウンガー、一八七八―一九二九年、ドイツの神智学・人智学者。シュタイナーとともに人智学協会の設立に携わる］が述べたように、神秘学の提供する事柄に信頼を寄せることには、十分な根拠があるのです。しかし、更に第三の真実があるかどうか、考えてみましょう。

感覚世界に見ることができるものを肯定することと、霊界の告知内容を認めること、この二つの立場だけがあるのでしょうか。それとも第三の立場が考えられるでしょうか。言いかえれば、感覚的な知覚内容と神秘学者が見る霊的な知覚内容との間に、なお別の知覚内容が存在するでしょうか。

ひとつの例でこの第三の立場を説明するなら、ここにハンマーがあるとします。私の手がそれをつかんで、垂直に立てたとしますと、そのときのハンマーは、一定の動きを示しました。私たちはその動きを、ハンマーを立てた人の意志に帰すことができます。そこには何も不思議なことはありません。なぜなら、私たちはその運動の背後に存する意志が、人間という姿をとって存在していることを知っているからです。人がハンマーを立てるのを見ても、そこに何も不思議なことを見出しません。けれども、同じハンマーが誰の手にもさわられずに、ひとりでに立ち上がったとしますと、どうでしょう。そのとき私たちは何というでしょうか。多分、こう言うでしょう。「今立ち上がったハンマーは、人の手によってしか立つことのできない、通常のハンマーとは違う。もしも同じものだと私が思ったとすれば、私は大変な愚か者だ。」ハンマーがひとりでに立ち上がったとき、私たちはそれを通常のハンマーだとは認めません。別の何かが、別の働きがそのハンマーを支配している、と思うでしょう。そしてこう言うでしょう。「ある事物が他の外的事物と同じような在り方をしていないとき、たとえばひとりでに立ち上がるハンマーの中にそれを立ち上がらせる何かを私が見ていなければ、私は愚か者になってしまうだろう。」

私たちが厳密な観察力の持ち主でなかったなら、路傍に動かないで横になっている誰かを見ても、その人が本当の人間かそれとも人形なのか、すぐには区別がつかないでしょう。しかしたまたまそこに見霊者がいて、「これは本当の人間だ。アストラル体をもっている」、と言ったとします。

そうしたら私たちは、それを否定するわけにはいきません。しかし、第三の場合があるのです。それは横になっていた人が突然立ち上がった場合です。そのときの私たちは、見霊者が前に言ったことが正しかったこと、当の人が立ち上がったとき、そこに霊魂が存在していることを、もはや疑ったりはしないでしょう。これが第三の場合です。

そこでひとつの例をあげようと思います。それは誰でも人生の中で観察できる例です。身近なことではないかも知れませんが、実は身近なところで起きている例です。先ほど言いましたように、肉体の流れは人間の左から右へ作用し、エーテル体の流れは右から左へ、感覚体の流れは前から後ろへ作用します。アストラル体と自我は、下から上へ、上から下へと互いに働き合っています。これらの流れはみな、互いの中に流れ込んでいます。自我は上から下へ作用します。

自我の装置である外的器官は、どのような在り方をしているでしょうか。ご承知の通り、循環する血液が、自我の外的な器官です。肉体の中にこの器官がなかったなら、自我は上から下へ作用することができません。自我は上から下へ、人体を垂直に通りぬけます。人間自我のような自我が存在していない場合があるでしょうか。あります。それは主要な血液の流れが上から下へではなく、水平に流れている場合です。動物界がそのような場合です。動物の集合自我は、主要な血液の方向が水平なので、自我にふさわしい器官を持っていません。人間の場合は、主要な血液の方向が立ち上がっており、そこに自我が入っていけるようになっています。これが大きな相違点です。動物の血は、主として水平の方向に流れていますので、自我の器官になることができないのです。この点が人間との違いです。

人間と動物の共通性は、外的な理由からいろいろ認めることができますが、そのときにも、次のように言えなければなりません。動物の形態は、以前の時代から受け継がれてきた。人間が動物から生じることができたのは、血液の主要な方向が、水平から垂直に変ったからである、と。

これは進化史上の問題です。ここに水平に存在しているものがあるとします。もちろんその存在は、動物の血の流れからも見てとることができるように、そしてハンマーが霊の力にとらえられない限りは自分で立ち上がることができないように、自分で垂直状態になることはできません。自分で立ち上がるものの中に霊の存在を認めないのは愚かなことですが、同様に動物の血液の水平状態が人間の血液のような垂直状態におのずと変化できると考えるのも愚かなことです。霊の働きがその中で意志として浸透しているときにのみ、血液の流れは水平の方向から垂直の方向へ変ります。動物の集合魂が人間の個的な魂に移行するのです。自分で立ち上がるハンマーが、通常のハンマーと同じであると信じるのは愚かなことですが、血の流れがおのずと垂直に立ち上がると考えるのも愚かなことです。

何ごとかが生じるとき、外的な、感覚で見ることのできるものだけがそこに働いていです。そのことを明らかにする第三の立場があります。それは通常の思考を神秘学によって充実させる立場事物に深く関わっていけばいくほど、この第三の在り方はすべてに当てはまる、ということが分かってきます。例えば、人間の心臓は、これまでのように霊的な研究なしでは、決して解明されることができないのです。神秘学の研究が、不可欠なのです。神秘学の成果をふまえて外的な諸現象を考察するなら、外的な諸現象においても、神秘学の語る内容を前提にしなければ何ごとも深く理解できない、ということがわかるでしょう。

とらわれずに事物を観察してみて下さい。たとえば、動物の血の流れが水平であり、人間の場合は垂直である、と観察するときのようにです。そのとき、主要な血液の流れが変ったのだとしたら、血の中の何がそれを可能にしたのかを問わなければなりません。神秘学はその問いに対して、こう答えます。――血の中の霊的本性たちがそれを可能にしたのだ、と。

自分で立ち上がるハンマーが内なる霊的本性の働きを示しているように、血の流れの変化は私たちに霊的本性の存在を示している、と考えるときの私たちは、人智学の立場に立っているのです。この立場は、下での諸事象を観察し、霊界の諸事象を観察し、そしてこの二つの諸事象を互いに較べます。そしてそれによって、外なる世界に存在するものを完全に解明するのです。

今私たちは、個々の例をあげ、脳が眼に変り、人間の心臓が内的に図式的に濃縮することの中で、どのように各器官の形態を捉えたらいいのかを示すことができたと思います。人体の諸器官は、霊から構成されたのです。人体の器官とその形態とを生じさせるために、霊がどのように働いているかが、いたるところで見えてきます。しかしここでは、その原則だけしか提示できませんでした。しかし私たちは、今日述べたような事柄を通して、学者が事実に深く関わろうとしない故に夢想だにしないでいる多くの事柄が世界に存在していると感じとることができるのです。そのような感じ方を忘れなければ、世界をとらわれずに考察して、神秘学者が霊界から学んだ事柄と地上の諸事象とが互いに深く結びついていることに気がつきます。ですからたとえすぐには見てとれなくても、特定の現象については、神秘学者の言う事柄を仮定しないわけにはいかない、と思わざるをえなくなるのです。

この感情が生じるなら、この人智学講義からすでに十分多くを学んだことになります。なぜなら、霊界の探求はゆっくりと次第に前進していくしかないのですから。

——第三講終り

人智学　第四講　人間の体と動物の体――言語感覚と概念感覚の育成――純粋思考――記憶

ベルリン　一九〇九年十月二十七日

昨日は人体の形成力について、現在の形姿を与えるさまざまな力の流れについてお話ししました。現在の人体形姿は、私たちにも納得できる在り方を示していますが、人体を形成する力が分かったなら、心臓も眼も、すべての器官が今見ているような姿をしていなければならない、とよく納得できる筈です。人体には、左から右へ、右から左へ、上から下へ、下から上へ、前から後ろへ、後ろから前へ、さまざまな力の流れが逆流し、合流しており、それによって現在の人体形姿が生じたのですが、そこには超感覚的な形成過程も見てとることができます。

しかし、こう非難する人が出てくる筈です。――「今お前は、自分で自分の首を締めている。右から左、上と下、前と後ろの流れについて語るお前は、人体におけるひとつの非常に重要な現象を語るのを避けている。次のような現象をまったく説明していないではないか。人体内には、まったく左右対称で、左も右も同じものがある。それは心臓や肝臓や胃など左右非対称の器官とは異なっている。だから人体がまったく左右非対称に創られており、下と上、前と後ろが別の姿で現れているように、左と右も別様に現れているとしたら、人体をお前のいう諸々の流れから理解することはむずかしいだろう。」

そのような非難を受けるかも知れません。しかしそれは近視眼的な非難です。なぜなら、すでに述べたように、左から右へ、右から左への流れは、まさに肉体とエーテル体を生じさせる流れなのだからです。肉体とエーテル体の流れは、対称的な方向での流れなのです。ですから肉体とエーテル体の作用下にある人間は、対称的に創られているのです。

そこでこれらの流れについて神智学が述べた事実と説明を思い出して下さい。こういう事実があるということを説明する可能性が一体あるのでしょうか。

神智学の教えるところによれば、人間の肉体は土星紀に由来する極めて古い本性です。そしてエーテル体は太陽紀に、アストラル体は月紀に、自我はやっと地球紀になってから生じました。それでは一体、土星紀における最初の人体の萌芽は、どのようなものだったのでしょうか。もちろん非対称でした。なぜなら、現在の左から右への人体方向に見合った働きをしなければなりませんでしたから。

太陽紀に生じたエーテル体の萌芽も、非対称的でした。なぜなら、現在の右から左への方向に見合った方向で生じなければなりませんでしたから。しかし、進化は更に先へ行きます。太陽紀に立ちどまらず、月紀の働きになると、肉体は更に進化を遂げ、人体形姿も更に発達していきます。この月紀の作用が生じなかったら、人間の肉体は一方的な非対称的な存在であり続けたでしょう。

しかし月紀になって、肉体の形成が更に続き、地球紀でもすべてが継続していきますと、これまでの形成を完全に変化させて、まったく別のものにする経過が生じなければなりませんでした。方向が逆転しなければなりませんでした。一面的な発達を避けるために、別の面から新しい変化が生じなければなりませんでした。つまり、土星紀以来の肉体の形成方向である左から右への流れが、今、ふたたび右から左への形成によって調整されなければなりませんでした。それは何によって生じたのでしょうか。

以前の講義でお話ししたように、すでに月紀において太陽が月から分離しました。そして太陽の力は、もはや同じ側から、月紀の本体の側からではなく、外から作用してくるようになりました。エーテル体の形成にも同じことが言えます。月紀までに肉体から生じたものは、今や外に存在する太陽の側から受容されました。しかし、そうだとすると、わけが分からなくなってしまいます。このもう一方の働きはずっと後になって生じたのだから、なぜもう一方の働きよりもずっと小さくはないのか。なぜ両側面が対称的だと言えるのか。

それを考えるには、すでにお話しした、別の事柄を思い出していただかなければなりません。高次の進化を遂げた或る本性たちが、より強力な作用を及ぼすために、月紀の月と地球紀の地球とから離れなければなりませんでした。右から左への人体形成において、土星紀におけるよりももっと強力な作用を及ぼすために、この本性たちは別の、もっと高い舞台を手に入れなければなりませんでした。なぜなら、土星紀の存在たちが人間の肉体を一面的に作成したときの容易さの中では、そうすることができなかったからです。この本性たちは、それまでの進化の過程で生じたものを克服しなければなりませんでしたから、形成過程ですでにせき止められていた部分に対して、これまで以上に強力に作用しなければなりませんでした。そこでこの本性たちは、地球の外に設けるべき舞台を太陽に置きました。その結果、力が増大し、第二の側面が最初の側面と同じように形成され、肉体は左右対称的な姿をとるにいたったのです。

このように、神智学講義で述べてきた事柄は、皆さんが忍耐さえお持ちになれば、細部にいたるまで確認でき、人体器官の一つひとつにいたるまで、人体形成力を辿ることができるのです。しかし、この素描的な連続講義の中で、たとえば耳たぶを取り上げて説明しようとしたら、もちろんあまりに本来のテーマから逸脱してしまうでしょう。しかしそうすることは可能なのです。

昨日、前から後ろへの流れの話をしました。そのことを思い出してみて下さい。その流れは感覚体の働きでした。人体への感覚体の作用であること、これに反して後ろから前へは感覚魂の流れであることを思い出して下されば、一方の方向において前から後ろと後ろから前との二つの相互の流れの作用をもつことになります。前から後ろへの感覚体の流れと後ろから前への感覚魂の流れが人体を形成しているということを、一体どのようにして心に思い描くことができるでしょうか。そのことを略図で思い描いてみましょう。

前に述べたように、肉体とエーテル体とアストラル体の主要部分はすでにありました。そして今、前から後ろへの感覚体の流れが人体の中に流れ込んできます。そして人体内にいろいろの器官を既存の部分の中に作り上げます。そこにふたたび感覚魂が人体の後ろから前へ働きかけます。この作業は内的な作業です。なぜならまさに感覚魂なのですから。前では流れがせき止められています。そしてその流れが人体の中に働きかけていくとき、そこでの形成に働きかけるのです。感覚魂の流れは前へ行き、そして肉体の境

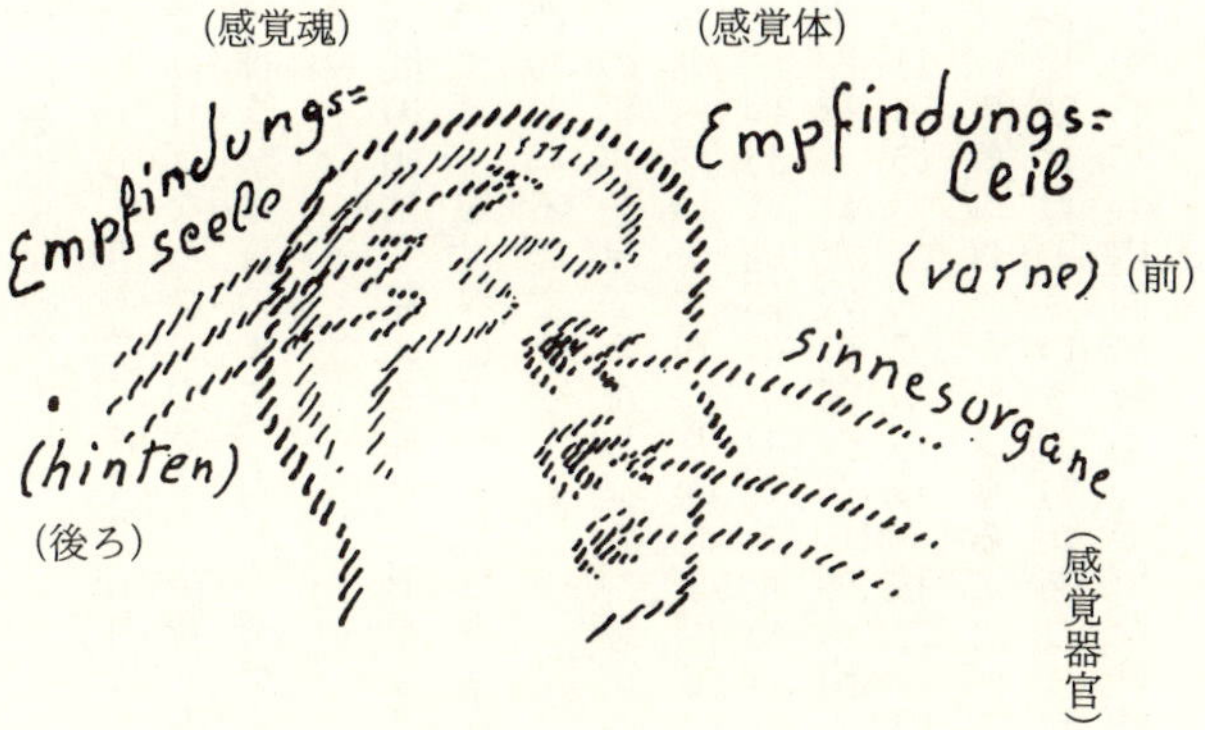

界のところに働きかけます。〔図参照〕

外から内へ感覚体の流れが入っていくとき——なぜなら感覚体は外にあるのですから——、感覚魂の流れは内から外へ出ていきます。ですからその当の場所になんらかの開口部がなければなりません。そこにいくつかの穴が掘られなければなりません。皆さんは後ろから前へ向う流れ、前から後ろへ向う流れをもっています。後ろから前への流れは感覚魂から、内なるところから生じます。これらの流れが肉体の中に穴を開けます。

この略図を見ていただきますと、これは人間の横顔です。前には視覚、嗅覚、味覚という感覚器官の穴を開ける流れがあります。そして後ろから前へ向って、脳を形成する形成力が作用します。この図は横から見た人間頭部の構造の図なのです。

ですから、神智学の考え方が正しいなら、この人間頭部は実際に見る通りの姿をしていなければならないのです。神智学の主張を証明するものが一体どこにあるのでしょうか。神智学は言います。人間の頭が生じるべきであったなら、こういう姿でなければならない。

人間の頭は今見える通りの形をしているのでしょうか。そうなのです。そういう形なのです。現象世界によって私たちに示されている姿そのものが、本当の姿であることを証明しているのです。

別の事実を見てみましょう。感覚体の作業は内へ向います。そして感覚魂の作業は内から外へ向いますが、しかしまだせき止められています。その作業は外にまでは及びません。いわば脳体の中でせき止められています。そこから外へ出ていけません。ただ前から開けられた穴の部分から外へ出ていけるだけです。そこでは感覚魂の活動が外へ出ていけるのです。ですから、私たちの内面生活の一部分は、感覚魂となって外へ注がれます。感覚魂はまだそうすることができるのです。

悟性魂にはそういう能力がありません。まだ内面に留まっています。悟性魂はその作用においても内面に留まっていなければなりません。完全にせき止められているのです。

それが外へ出ていかれないのは、外からの流れに出会うことがないからです。ですから人間の思考は、内面においていとなまれます。外へ出ていかれません。人は内面の中でしか思索にふけることができません。事物の方が人間のために思索することはありませんし、外から思考内容を人間に示すこともありません。人間が思考内容を事物のところに持っていくしかありません。

このことの中に、人間の思考と外界との関係についての大きな秘密が隠されています。感覚器官ではどんな思考内容も人間に与えられません。ですから感覚器官そのものが歪んでいたら、すぐに錯覚が生じます。とはいえ、通常の生活の中では、感覚は間違えることがありません。事物と関係をもつことのできない知性が迷ってしまうのです。知性は迷うことのある最初の人間能力です。なぜならその活動が脳内でせき止められていて、活動が外へ出ていかれないからです。

その結果どうなるのでしょうか。外界について思考内容をもったり、外界について正しい考え方をしたりすることが不可能になるのです。正しい考え方をするには、内面の中に正しい思考内容を立ち上らせる素質がなければなりません。ですから、正しい思考内容が内面に現れて来なければ、外界が正しい思考内容を人間に与えることは決してできないのです。外界は正しい感覚的知覚内容なら人間に与えることができます。しかし感覚的知覚内容は考えることができません。思考内容は誤謬にさらされています。そして人間は思考内容を訂《ただ》すための力を、自分の中にもたねばなりません。

少し考えてみるだけでも、以下の事実は否定できません。――「外界の事物についてどんなに正しい思考をめぐらせようとも、太古の時代の人間存在にまで行きつくことはない。」

考えてみて下さい。いくら宇宙の叡智について正しい観念を得ようとしても、身近かな思考範囲から抜け出ることはできないのです。外界の諸事物を支配している叡智は、思考する人自身の内部にも働いている筈なのですが、外界の叡智と内なる叡智との間にははっきりと境界が引かれており、その二つを結びつけることはできないのです。

けれどもかつてこの二つは互いに結びついていました。人間自我の上から下への流れが内面でまだ受けとめられておらず、それを流れるままにしていた太古の時代には、結びついていました。人体はかつては違った構造をもち、今日の脳内思考は、眼の感覚と同じように、外界と結びついていました。ですから人びとは、思考内容を心の眼で見ていたのです。

では、現在の思考内容をかつては心の眼で見ていたとは、どういうことなのでしょうか。それは見霊体験を持っていたということです。人間を古代の見霊体験から切り離してしまった自我は、当時はまだ存在していなかったのです。しかしその見霊体験は、まだ自我の光に貫かれていない、薄明るい見霊体験でした。人間はそのような薄明るい見霊能力の状態から抜け出なければなりませんでした。太古の人間は、見霊体験にふさわしい、現在の私たちとは違った身体構造をもっていたのです。

以上のことから、現在の日常生活をいとなむ上で非常に大切な事実が引き出せます。すなわち、感覚世界のすべての事情に対して、――感覚上の錯覚は別ですが――感覚的知覚は真実を語っているのです。なぜなら、感覚によって知覚する人間は、外界と直接結びついているからです。そしてもうひとつ、大切な事実があります。それは、自分の内面については、知性の力によってしか知りえないということです。例えば、自我が内面に流れ込むとき、現在の人間の自我は内面の中に存在しています。だから思考をその自我に向けますと、思考は自我について――自我が内面に存在しているのですから――はっきりした判断を下すことができるのです。ウンガー博士の講義は、この点を論じています。

そして今、私たちはこの経過が生じる場所を特定できるのです。悟性魂が自我と出会いますと、この出会いが純粋思考、つまり内へ向けられた思考を生じさせます。自分自身を捉えるこの思考は、外界をさまよう思考、外界の事物から判断材料を引き出そうとする思考とは違って、誤謬にさらされていません。なぜなら、この純粋思考は、先ず概念という外的な事物についての真実を自分の内部に見出す限りにおいて、外界について思いめぐらすのですから。事物に対して、概念を鏡像として差し出すのです。事物そのものは、感覚的な側面だけしか提供しません。人間は事物の概念、事物の思考内容を自分の真理能力を駆使して、自分の中から生じさせようとするのです。

私たちは一体、外界の何について判断するのでしょうか。あらかじめ自分の感覚に提示されている外界の事物についてしか、判断できません。感覚で捉えられないものについて、感覚そのものは、何も決定できません。人が自分でこれだけは真実であると思えるものとは、一体何でしょうか。人間の場合、物質界に存在するもの、感覚が認めることのできるものだけが真実となって現れるのです。感覚で直接知覚するものでなければ、物質界では何も判断できません。なぜなら、知性だけでは物質界についての確信が持てず、いろいろな誤謬に陥らざるをえないからです。

この点は、例をあげた方がいいかも知れません。ここに二つの教えがあるとします。ひとつの教えは神智学研究によって得られた教えです。アトランティス期、レムリア期などを通って、月紀、太陽紀、土星紀に到るまでの過去の諸時期において、人間がどんな存在形態を経てきたのかの教えです。その教えは神智学研究によって得られました。

そして私たちは、この人類進化論を本当に自分のものとして、外界の事物に即してそれを深めていけば、感覚の提供する事物の世界がすばらしく理解できるものになるのです。そうすれば、霊界の諸事実をふまえて打ち立てた神智学の説が外界の事実によってはっきりと裏書きされていることをますます確信できるようになるのです。

ところがその一方で、その対極とも言える別の外的、感覚的な進化論が体系化されています。昨日述べたように、そこでは特にひとつの重要な法則が提示されています。それは個体発生は系統発生の反復であるという原則です。人間は胎児において諸動物の形姿を想起させる諸形態を通過するという事実をもとにした原則です。胎児は、ある段階では、魚を想起させます。そのように動物界のさまざまな形態を繰り返す、というのです。私たちがよく知っているように、この進化論はこうして事実世界からとび出してしまい、人類は太古の時代に、これらの動物形態をとってきたのであり、胎児はそれを繰り返しているのだ、と主張するのです。しかし、もしこの主張が事実だったとすれば、こう言わざるをえません。――「この観察が今まで神々の手で念入りに封印されてきたのは、人類にとっては幸せなことだった。」なぜなら、かつて人類は動物の姿をしていた、という説が提示されたほぼ同じ時期に――こういう事情は常に重なり合うものです――今、神智学がその間違いを正してくれたのですから。

人類が物質界に現れる前の人間（胎児）の形姿は、神々の手で覆われており、それを観察することはできませんでした。もしももっと以前の胎児の姿を観察したとしたら、更に一層間違った考え方をしてしまったことでしょう。

事実はもちろん正しいのです。なぜなら、感覚によって観察されるのですから。ただ、それを判断しようとしますと、悟性魂の力が必要になります。しかし悟性魂は、感覚の及ばないところにまでは力を行使できません。ですから、内部に真理能力をもっていなければ、誤謬に陥ってしまいます。今の例は、悟性魂による判断が、どれほど誤謬に陥りやすいかを示す顕著な例なのです。

人間が胎児の或る段階で魚に似てくるという事実は、何を示しているのでしょうか。この事実が示しているのは、人間が魚の本性を利用できず、人間の姿をとる前に、その本性を外に押し出さなければならなかったということなのです。そしてその次の段階の胎児の形姿は、ふたたび外に押し出さなければならなかった形姿なのです。人間の形姿にふさわしくないので、その形姿を外に押し出さなければならなかったのです。そのようにして人間は、自分のものでないすべての動物形態を外に押し出さなければなりませんでした。

もしも人間が地上で、実際にそういう動物形態をとって現れていたとしたら、人間になることはできなくなったでしょう。人間は、まさにその形態を自分の中から排出して、人間になれるように努めなければなりませんでした。

皆さん、もし皆さんがこの考え方に従って下さるなら、正しい判断に到るでしょう。胎児が小さな魚のように見える、という事実は何を示しているのでしょうか。人間の進化の過程で、小さな魚に似ていたことは一度もなかった、ということを示しているのです。だから進化の途上で魚の形態を外に押し出したのです。その形態は利用できなかったのです。そういう形態に似た姿をとることは許されなかったのです。

どうぞ近代科学が胎児の諸形姿として示している魚その他の一連の形姿を見て下さい。そういう形姿は何を示しているのでしょうか。それらの形姿はすべて、太古の人間ではなかった姿を、人間がまさに自分の中から外に押し出さなければならなかった姿を示しているのです。それらすべては、人間とは縁のない姿を示しているのです。太古の人間は、決してそういう姿をしていなかったのです。

胎生学は、人間が通り抜けて来た姿ではなく、人間が外に排出してきた姿を示しているのです。けれども、現在の進化段階に到るために、人間はこういうすべての形姿をとって進化してきたのだ、こういうすべての形姿を通過してきたのだ、と結論づける人がいるなら、その人は次のように言う人と同じ立場に立っているのです。――「ここにいる一人は父（人）で、もう一人は息子（魚）なのだが、この二人を較べてみると、息子が父の子だとはとても信じられない。息子（魚）は自分自身（魚）の子であるか、父（人）が息子（魚）の子である、としか思えない。」

現実の諸事実を考え抜くためには、知性だけでは本当に不十分なのです。ですから、進化の丁度逆の順序が主張されたのです。胎児のこれらの形姿は、私たちにとって非常に重要です。なぜなら、私たちが決してそんな姿をしていなかったことを教えてくれているからです。

しかしこのことは、別の例を見た方がもっと分かりやすいかも知れません。外界の身近かな諸領界に、これらすべての形態が存在していることは、通常の観察手段でも十分に分かります。私たちがそういう観察だけに留まり、知性を感覚の及ばぬところにまで働かせようとしなければ、間違った判断には到りません。もちろん昔の人は、自分の出自を知性で判断したりはしませんでした。自然にそなわった、ストレートな真理感覚で判断しました。猿を見ると、健全な感覚の感じるままに、一種の恥かしさを感じました。この恥かしさは、後世の間違いの多い知性の言葉よりももっと真実だったのです。この恥かしさの中には、本来、猿は人間の系統から脱落した存在であり、進化からとりのこされた存在であり、人類の系統の出なのに、そこから外に押し出された存在なのだという、感情の判断があったのです。人間は現在の猿を自分から排除しなければならなかったことによって、今日の進化の高みに立つことができたのだ、という感情がその恥かしさの中に働いていました。人間が猿を自分の中に生かしたら、決して人間にはなれなかったでしょう。そう感じるのは、自然な、健全な感情なのです。

その後、知性がこの問題を研究し、人間の形姿は猿の系列に由来するという、間違った判断をするに到りました。これは間違いなのです。どうぞ、このことをよく考えてみて下さい。そうすれば次第に、今述べたことが深い意味で正しいことに気づいて下さるでしょう。人間が猿の系統をひくというのは、間違いです。それが誤謬であることは、ごく通常の事実の中からも見てとることができます。

どうぞ、人間の顔を、自分の顔、他の人の顔を見て下さい。人間の中には、二つの流れが混ざり合っていましたね。感覚体の流れと感覚魂の流れです。前者は前から後ろへ、後者は後ろから前へ流れます。そこで、この二つの流れとの関連で、人間の顔を見てみますと、眼で見たその形姿は、もちろん正しい姿です。それに疑問を抱くことはできません。感覚が提供してくれる顔なのですから。

しかしここに、潜在意識の段階で知性が加わりますと、ただちに古典的な仕方で誤謬が生じます。というのは、人間の顔の形成力について、知性は、人間の顔が外から作り出されたように語るのです。しかし本当は、感覚魂によって内から外へ向けて形成されたのです。人間の顔がそもそも外的な身体の一部分だと考えることが、誤りなのです。感覚が知覚している私たちの顔は、感覚魂の、またはそもそも外へ向って作用する魂そのものの、外的な姿なのです。人間の顔を魂として捉え、人体の一部分であることから注意をそむけるなら、正しい判断に到るのです。

顔は魂の姿であるのに、その魂の姿を見て、それを身体の一部分であると見做すのは間違いです。

顔の形成力を身体の形成力から理解しようとすると、根本的に間違ってしまいます。人間の顔が魂の姿であるので、その顔を物質的、エーテル的な作用力だけから理解しようとすると、間違ってしまう、と考えてみて下さい。人間の顔は、魂そのものの作用力から理解しなければなりません。つまり、不可視的なものから可視的なものを理解しなければなりません。どうぞ神智学の立場に立って、思考の高等技術を学んで下さい。そして現在、あらゆる分野を支配している混沌とした思考、特に科学的な思考から自由になって下さい。そうすれば、可視的なものを不可視的なものから理解する方向を学べるようになります。思考に関してここで述べられていることを理解するには、時には努力が必要かも知れませんが、この世の事物を正しく解釈するように要求する神智学は、論理的な思考の高等技術でもあるのです。個人の分野から全人類の分野に眼を向けるように促す諸現象に対してこそ、正しい解釈をしなければならないのです。

ここでもう一度、言語感覚と概念感覚に眼を向け、そして「はじめに生じたのは、言語感覚かそれとも概念感覚か」を考えてみようと思います。

人間ははじめに、言葉を学んだのでしょうか。それともはじめに、自分のところに入ってくるイメージを知覚し、理解することを学んだのでしょうか。この問題を考えることには、多くの意味があるのです。

この問いそのものは、まだ神智学の分野に属していません。子どもが話したり、思考内容を知覚したりする仕方を観察してみれば、誰にでも答えることができるからです。子どもは、先ず話すことを学びます。そして次に思考内容を知覚します。言語は、思考内容を知覚するための前提なのです。なぜでしょうか。単純な理由からです。言語感覚が表象感覚の前提だからです。子どもが語ることを学ぶのは、聴くことができ、言語感覚の知覚内容に耳を傾けることができるからです。語ること自体は、単なる模倣にすぎませんから、子どもは、表現内容を理解するずっと前から、言葉の響きを模倣していますす。よく観察してみて下さい。そうすれば、先ず言語感覚が発達し、言語感覚と結びついて、次に概念感覚が発達していくのが分かります。言語感覚は、音響を知覚するだけでなく、音声、言葉の響きをも知覚します。そこで次の問いが生じます。――「人が発達過程で音声を知覚し、言語を身につけることができるようになったとすれば、一体どのようにしてそういうことが生じえたのか。発達過程で人間は言葉をどのようにして憶えたのか。」

そこで一つのことを明らかにしなければなりません。人が語ることを学ぶには、聞くだけでなく、話すことも学ばなければならず、そのためには、外から何かがその人に押し入り、それを知覚するだけでなく、自分の中で何かが、後ろから前へ出てくる感覚魂の流れと同じ道を辿ることが必要でした。そういうことがなければなりませんでした。ですから人間の発達過程では、後ろから前へ向う感覚魂の運動と同じ方向で魂の中に働く流れに感覚魂が捉えられることが必要でした。言語が生じるためには、そうでなければなりませんでした。しかもこの言語は、表象概念よりももっと前に生じなければなりませんでした。言葉そのものの中に、――語られた言葉の中にも――、イメージを感じとれる以前に、すでに音声が響いていなければなりませんでした。事実、人類は、イメージを言葉と結びつける以前に、先ず音声を、母音を外に向けて発することを学ばなければなりませんでした。母音を実感しつつ生きることができなければなりませんでした。その実感は、まだ概念やイメージではなく、外に向けて発せられた音声の中に生きているものへの感情でした。言語はそこから始まりました。

この進化が生じたのは、血液循環系がすでに垂直に位置を変えたあとだったに違いありません。まだ動物たちは語ることができないのです。自我がすでに上から下へ作用していなければなりませんでした。しかし、上から下に向って作用する自我がすでに存在したとしても、人類はまだこの自我の存在を意識することはできませんでした。イメージ感覚がまだ発達していなかったからです。

では、次に何が生じたのでしょうか。次に生じたのは、人間が言語を自分自身の自我を通して受けとったのではなく、動物の集合魂に似た別の自我を通して受けとったことです。ですから、言語はこの意味で、本当に神の賜物なのです。自我がまだ自分から言語を育成できなかったとき、言語は自我の辿る道の上で、上から人間の中に流れ込んだのです。言い換えれば、上から下へ流れ込む自我が言語を育成したのではなかったのです。自我は、言語を育成する衝動をまだ自分の中に持っていませんでしたから、集合自我が言語を育成しなければなりませんでした。

しかし人間はすでに直立歩行する人間でした。集合自我はこの人間の肉体とエーテル体に上から働きかけて、言語を生じさせたのです。この集合自我に向って、ひとつの流れが下から流れていきました。上からの集合自我の流れに向って、もうひとつの流れが下から現れ、互いにぶつかり合い、そしてそこに一種の渦巻を生じさせます。喉頭部の真ん中を通る直線を引いてみますと、――それは言語を賦与した霊たちによる流れの方向ですが――、そこでこの二つがぶつかり合い、そして人間の喉頭部の独特の形態を生じさせます。そのようにして、人間は地球の周囲に生きている集合魂の影響の下に、言語を育成したのです。

集合魂たちが地球上でどのような働きをしているかは、すでにお話ししましたね。動物の水平に横たわる背骨を通して、集合魂が働いています。しかし上から下に働きかけるこの力の流れは、絶えず地球の周囲を取り巻いています。かつて月紀の「月」を取り巻いていたようにです。その流れは、今いる場所に留まっていないで、地球の周りを取り巻き、そこから垂直に働きかけます。垂直の方向をとる集合魂たちの働きは、地球の周囲を円状に漂っています。

集合魂の影響の下に言語を育成することを学んだ人間は、自分のいた場所に留まり続けることができず、集合魂の方向に従って、或る地域から別の地域へと移動しなければなりませんでした。まだ話すことができなかった頃の自分のいる場所に留まり続けていたなら、決して話すことを学べなかったでしょう。

では一体、当時の人間はどの方向に駆り立てられたのでしょうか。この方向を知るために、次のように考えてみて下さい。人間のエーテルの流れは右から左へ流れ、肉体の流れは左から右へ流れます。人間に言語を賦与した集合魂は、その流れをどう利用したのでしょうか。この問いに答えるには、次のように考えてみる必要があります。

人体がすでに出来上がっていた時代になって、人間は言語を学びましたが、その際ひとつの強力な流れが必要でした。なぜなら、喉頭部ははじめは軟かい組織だったので、それを現在の喉頭部に作り変える必要があったからです。それは現在とはまったく違った地球環境において生じたのですが、それはどんな環境だったのでしょうか。

東を向いて地球を眺めて下さい。後ろが西、左が北、右が南です。そうすると、奇妙な事実が分かります。肉体の形成に関わる左から右への流れは、外界にも存在して、地球の形成に関わっていることが分かります。それは北から南へ流れる強力な、物質化の流れです。一方、右から左へのエーテルの流れは、物質をより濃縮させようとはしません。ですから、地球には一面性が支配しており、その意味で非均衡なのです。物質の流れの方向には、北半球とその諸大陸があります。そこに濃縮した物質が集まっています。そしてもう一方の南半球には、広大な海面が拡がっています。北からは、人間における左から右への流れと本質を共にする流れが働き、南からは、人間における右から左への流れと本質を共にする流れが働いています。

ここで人間の中の別な二つの流れを考察してみましょう。前から後ろへの流れと後ろから前への流れです。前から後ろへ向う流れは、すでに見たように、感覚体から感覚魂もしくは魂そのものへ向います。他の流れは魂から出てくる流れです。このことに注目すれば——どうぞこの場合は特によく注意して聴いて下さい。この観察は決して容易ではないのですから——言語を学ぶためには、内から外へ、つまり感覚体への道をとる流れを生じさせなければならなかったことが分かります。つまり、人間は、集合魂の流れに向き合い、この流れに自分の内的な組織を差し出して、自分の喉頭部を形成する力がそこに貯えられるようにしたのです。地球的な規模で人間は自分のアストラル体に作用する集合魂の流れに向き合わなければなりませんでした。ですから語ることを学ぶには、北への方向でも南への方向でもなく、それと直角に交わる方向、つまり東西または西東の方向をとらなければなりませんでした。神智学は、人間がかつてレムリア大陸に生きていた、と語ります。それは現在は、アジアとアフリカの間の海に当たるところに位置していました。そのレムリア期に人間は言葉を学ぶために外へ出ていきました。南へでも北へでもなく、西へ移っていき、アトランティス大陸へ行き着きました。そしてそこで、人間の中に言語を産み出したあの集合魂たちに出会いました。もしも皆さんが、言語の生きた組織を本当に理解するなら、神智学によるこの観察が真実であると納得できるでしょう。人間は言語をアトランティス期に学んだのです。

人間はその後、言語と並んで、イメージ感覚を発達させました。言語に留まるのではなく、イメージ感覚にまで到るのです。では、どのようにしてそれは生じたのでしょうか。

もちろん同じ方向で、そこにまで到ったのではありません。流れが反対の方向に向ったのです。なぜでしょうか。すでに見たように、イメージが言語感覚から生じたときに、本来何が生じたのかというと、先ず音声を生じさせるときは、基音から離れて倍音系だけを捉えることで、音声を生じさせるのですが、更にイメージ感覚を発達させるには、すでに育成してきたものを言語から取り除かなければならないのです。語ることを学んだ人は、そのとき向きを変えなければならなかったのです。学んだ言語からイメージ感覚を発達させるためには、アトランティス大陸から東方へ向っていかなければならなかったのです。

神智学は、成熟したアトランティス人が西からふたたび東へ移動するために出発したと述べますが、その移動の意味はここにあるのです。この移動を通して、アトランティス人は生産的な仕方でイメージ感覚を発達させることができたのです。しかしそこから分かるように、その反対の方向へ、西へ進んだ人びとは、生産的な仕方でイメージ感覚を発達させることができませんでした。反対の方向に移動した人びとは、東方で学んだ事柄を後に自分たちのところに持ち込まれなければなりませんでした。

こう見てくると、神智学の語る事柄が手にとるようにはっきりと分かります。地球上の諸地域の区分が理解できるのです。大陸と海洋の関係、人間の移動の事情は、私たちが人智学的に、人間そのものを通して学んだあのいろいろな流れの秘密が分かったとき、よく理解できるのです。このようにして「人智学」は、人間と外界との関係を理解できるものにしてくれるあの人類の大移動に私たちを導いてくれるのです。更に先に考察を進めましょう。

人類は、イメージ感覚を発達させたあと、さらに学び続けて、イメージに留まらずに、概念にまで到ります。

単なるイメージ感覚から魂のいとなみにまで上昇していくためには、ふたたび逆の方向をとらなければなりませんでした。人類は、はじめは東の方向をとり、イメージ感覚を得ました。しかし純粋な概念は、逆の方向に移動し、西方で、西へ移動したあとで、獲得されねばなりませんでした。人智学の教えるすべてを総合する時間があったなら、後アトランティス期の四つの文化期にわたって諸民族が移動を繰り返した過程を個々に辿ることができるでしょう。そして人間を含めた地上のいとなみすべての形成過程に働きかける霊界の力のすばらしい織り物を手に入れることができるでしょう。

これまで考察してきた流れは、上から下へ、右から左へ、前から後ろへなどの流れでした。しかし或る点で私たちはそこで立ちどまって、それ以上先へ進めないでいます。神智学は、イメージ感覚の上に霊視感覚、霊聴感覚、霊的合一感覚の存在を教えていますが、これらの感覚は、日常生活においては、魂の内部に注ぎ込まれ、見霊意識においては、外へ向いました。

そこで次のような問いが生じます。——これらすべての流れは、肉体をもった人間の場合、諸器官を生じさせたり、働かせたりするのだろうか。

それに答えるには、先ず、動物にはなく、人間にしか見出せない記憶という魂の働きに注目しなければなりません。実際、動物にも記憶力があるというのは、自然科学者の空想でしかないのです。動物もまた、人間の場合と同じ原理で説明できるような現象を示すことができます。しかしそれを記憶の現れであると説明するのは、間違いです。なぜなら、人間の中に自我を流し込ませ、記憶を生じさせるのに必要な直立歩行という人間の主要方向は、動物の場合、水平状態に留まっています。動物も人間と同じように、前へ向っていますから、感覚魂、悟性魂、意識魂の流れが貫流するのに何の妨げもないのですが、自我だけは欠けているのです。動物が合理的な行動をすることはまったくありえますが、しかしその行動は自我に貫かれてはいません。従って動物の「知性」について語ることはできないのです。ここから今日の科学の大きな誤謬が始まるのです。

事実が示しているように、動物は、みずから了解してはいなくても、或る知性に導かれて行動することができますから、動物界にも人間の記憶とよく似た現象が生じるのですが、それはもちろん動物の形態に応じた行動なのです。しかし動物の記憶形態について語るのは、いろいろな概念をごちゃ混ぜにした行為です。記憶は、例えば単なる筋の通った思考やイメージとはまったく違ったものなのです。記憶の中には、私たちのイメージが保持されています。知覚や印象が去ったあとにも、それが存在しているのです。以前の行動に似た行動を後になって繰り返すことではないのです。もしもそういうことが記憶の本質であったとしたら、H教授の次のような発言は正しかったでしょう。——「ひよこは卵の殻を破って出てくると、すぐに餌を啄《ついば》み始める。親代々やってきたことを繰り返すのだから、ひよこは記憶をもっている。」

今日の心理学の分野でなされている、このような主張は、記憶とは何かがまったく分かっていない証拠です。もしもそういう主張が通用するのなら、時計にも記憶があることになります。なぜなら、昨日やったことを今日も繰り返しているのですから。

こういう考え方は、人を惑わせます。記憶とは、事実が外的に繰り返されることなのではなく、イメージが内的に留まり続けることなのです。内的に留まり続けるときのイメージは、自我によって保持されています。自我がイメージを自分のものにし、それを保持するというのが、記憶の本質なのです。

しかし記憶が人体の中で働くためには、自我がそのための器官を用いて、流れを作り出さなければなりません。自我そのものから生じたその流れが、前から、右から等々の他の流れの中に入っていかなければなりません。自我は自我なしに存在する他の流れの中にみずからを注ぎ込まなければなりません。一つの方向が外から内へ向かうとき、自我は反対に内からの流れを自分の中から生じさせなければならないのですが、しかし自我ははじめは、そうすることができませんでした。言語を学んだときも、反対方向の流れが生じなければならなかったのに、当時の自我はまだそうすることができず、その流れを魂の中に組み込むために、集合自我が働かなければなりませんでした。しかし自我と共に本来の魂のいとなみが始まると、自我そのものの中から流れを生じさせて、すでにある流れの中にそれを注ぎ込んだのです。

自我から生じた流れがすでに存在している他の流れの中に入っていかなければならないことを、自我は知っているのでしょうか。そうです。自我はこのことをよく知っているのです。自我は、イメージにいたるまでの流れの中に入っていくことには関与していませんが、例えば記憶のような高次の能力を育成しなければならないときには、他の流れに対抗しうるような一つの流れを、他の流れの中に入り込ませなければなりません。しかしこのことが生じうるためには、自我が更に発達して、互いに直角の方向をとる三つの流れに対して、新たな流れを加えなければならないのです。

自我は、記憶を育成するために、空間内の流れに別の方向からの流れを注ぎ込み、それによって他の流れが時間意識の中で知覚できるようにします。ですから、記憶は時間と結びついています。空間方向ではなく、過去の方向に向かうイメージを、空間方向の流れと結びつけるのです。自我が自分の中から作り出すすべてにこのことがあてはまるのですが、その一つひとつを取り上げると、この講義の内容から逸脱してしまいかねませんので、自我が記憶を育成するときに生じるひとつの流れだけを取り上げます。それは左から右へ向う流れです。自我が慣習のようなものを育成するときも、流れが左から右へ向います。それら左から右への流れは、自我なしに生じた以前のいろいろな流れに対立しています。先ず自我が、それらの流れにみずからを注ぎ込みます。

私たちの魂のいとなみは、感覚魂、悟性魂、意識魂に分けられます。悟性魂はまだ欺くことがありえます。前に言いましたように、人は理解していなくても悟性をもつことができます。理解するのは自我だけなのです。ですから自我に到るためには、悟性魂が内部で自我にまで発達を遂げなければなりません。そのようにして、悟性魂は意識魂に到ります。そしてそのとき、常に対立する魂の諸方向が作用し合っているのです。意識魂が意識的になると、その意識魂のとる方向は、まだ無意識の中で働く悟性魂の従う方向に対立しています。

悟性魂の流れと意識魂の流れが互いに対立していることは、どこかで表面に現れているでしょうか。一定の地上の状況の中にそれを見ることができます。どうぞ、考えてみて下さい。読み書きを学ぶのは、知的な働きですが、必ずしも知的な自我の働きであるとは言えません。今私のお話ししていることは、特にヨーロッパでの事情です。ヨーロッパでは、御存知のように、人びとは後《のち》の文化状況が来るのを待っていました。ですからヨーロッパ人の悟性魂が読み書きを学んだとき、すでにギリシア＝ラテン文化が存在していました。ヨーロッパ人の悟性魂が育成され、読み書きが始まりましたが、まだ始まったばかりでした。そして文化に対するこの初歩的な性格が保持されたまま、そこに意識魂の働きが始まり、意識的な活動が反対の方向を打ち出します。意識魂の流れは、悟性魂の方向に対立して働きます。そして意識魂を発達させたとき、はじめて計算を学ぶことができました。なぜなら、計算は意識的な活動だからです。

このときに働いていた方向については、次のように思い描くことができます。——ヨーロッパの諸民族は、文字を左から右へ書きます。なぜならそこには悟性魂の力が働いていたからです。しかし計算は右から左へやります。例えば足し算は右（一番下の桁）から左へ足していきます。そこには二つの異なる流れが交わっているのです。悟性魂の流れと意識魂の流れとがです。いたるところでこの交わりが生じています。私たちはヨーロッパ人の本性をこの例の中に見てとることができます。ヨーロッパ人は、意識魂をあまりに早くに発達させることがないように、一定の時期が来るまで悟性魂の状態で待つように運命づけられていたのです。

これに反して、他の諸民族は、西洋文化が意識魂の中で発達させようとしたものを、すでに悟性魂の中でも発達させました。他の諸民族の場合、待つことのできたヨーロッパ人たちが、後で意識魂をもって遂行した事柄を、すでに悟性魂をもって遂行したのです。いわば意識魂のパイオニアであるために、すでに悟性魂の発達と共に意識魂のための準備を始める使命をもっていたのは、セム系の諸民族です。ですからセム系諸民族は、右から左へ書くのです。

このことは、人間そのものを理解する手段であるだけでなく、すべての文化現象を理解する手段でもあるのです。地球紀の進化の或る時点で、なぜこのように書かれ、このように計算されるのかは、こういう事実から理解されなければなりません。

更に進んで、或る民族が線を左から右へ引くか、それとも右から左へ引くか、という文字の書き方に到るまで、この事実を辿ることができるでしょう。なぜ或る民族が文字をあれこれの仕方で書くのかは、この霊的事実の理解の仕方から生じているのです。

これまで不明だった事柄を洞察するために、人びとの認識の光になるために、神智学は人類の未来へ向けて、大きな使命をもっているのです。皆さん、そのことを以上の事実から感じとって下さい。

以上の考察をここで終りにしたなら、多分正しいとは言えないでしょう。ですから明日、もう一度、素描に留まるにしても、まとめにふさわしい話をしようと思います。ですから明日は、神智学の意味で、いわばゲーテの娘のひとりについてお話ししようと思います［訳者註「さまざまな芸術の本質」のこと］。御承知の通り、私は「新しい美学の父ゲーテ」という論文を書きました。その中で私は諸芸術を理解するときの父としてのゲーテについて述べました。明日は芸術学、美学を真に新しく理解するために、ゲーテの娘を皆さんに紹介しようと思います。

――第四講終り

II
心智学

心智学　第一講　魂を構成する諸要素――判断と愛憎

ベルリン　一九一〇年十一月一日

この四回の講義では、いくつか詩文を例に取り上げて、黒板に図を描いて絵解きするように、短い朗唱によって理念を絵解きしてみようと思います。今日はヴァーラー女史による若いゲーテが作った詩の朗唱から始めようと思います。これは若いゲーテが「永遠のユダヤ人」の伝説を詩のテーマにしたものですが、若いゲーテの詩であることの意味については、あとでお話しいたします。この朗唱を聴くことによって、今回の講義の絵解きをするのは、ひとつの心智学上の興味からなのです。

（ここで「永遠のユダヤ人」断片が朗唱される）〔第二講末尾、一七〇頁以下参照〕

昨年私たちは総会の折の連続講義を「人智学」講義と呼びました。同じ観点から、今年の連続講義には、「心智学」という題をつけようと思います。そしていつかそのための機会がもてましたら、人智学・心智学に続く第三部として、霊智学についての連続講義も行い、この三つの連続講義が、今私たちの生活している世界から、神智学が考察する高次の諸世界へ到るひとつの橋にしたいと思っています。心智学は人間の魂の考察を行うのですが、その場合の考察は、魂がこの物質世界において体験できるものから出発して、次に高次の諸領域に昇っていき、この物質界で誰でも観察できる魂のいとなみでも神智学の光の根源にまで眼を向けることができる、ということを示すのです。

いろいろの問題をこの機会に取り上げるつもりですが、今日は、一見とても単純な事実から出発して、注意力、記憶力、情熱、激情、更には真、美、善の諸現象を取り上げようと思います。これらの現象は、私たちの健康を促進したり、私たちを病気にしたりします。魂の在りようがもとで、病気になることがあります。ですからこういう問題を取り上げることは、魂と体の境界に触れることでもありますから、身体の快・不快と魂の内的ないとなみとの相互関係も研究しなければなりません。

次いで私たちは人類の高い理想を仰ぎ見て、魂にとってのこの理想の意味を考察しなければなりません。私たちは日常の中で役割を演じている諸現象、例えば人びとに時の経つのを忘れさせるような事柄を考察し、そのことが魂にどういう影響を与えるのか、それが魂のいとなみの中でどのように注目すべき関連を示しているかを見ようと思います。私たちはまた、退屈という非常に注目すべき作用にも眼を向けなければなりません。それだけではありません。更にもっと多くの事柄を取り上げなければなりません。現象面の考察と同時に、魂の病的な現象とも言える、欠陥のある思考力や記憶力を匡正するための治療手段をも取り上げ、また魂に隣接する諸領域にも触れないわけにはいきません。神智学者は、魂のいとなみが魂以外の何かと結びつくときの在りようをいろいろ知っています。

神智学は人間の本性を体と魂と霊に分節化しますが、すでにこのことからでも、人間の魂のいとなみが一方では体のいとなみに、他方では霊のいとなみに関わっていることが分かります。人智学ではより体的な側面を取り上げましたが、心智学では魂のいとなみそのものを取り上げ、霊智学では霊のいとなみにまで昇っていくことになります。

では、魂のいとなみそのものの考察を始めましょう。そもそも魂とは何なのでしょうか。通常、外界と呼ばれる、私たちを取り巻く世界は、私たちの魂のいとなみには数えません。鉱物、植物、動物、空気、雲、山、川など、たとえそれらを私たちの心がイメージしているのだとしても、そういう「外界」は、私たちの魂のいとなみに数えられることはありません。私たちが路上で見かけるばらの花は、私たちの魂のいとなみに属してはいません。しかし、ばらの花を見、その花を愛《め》でるとき、ばらの花を見て、魂に喜びが生じるとき、この喜びは私たちの魂のいとなみに数えられます。誰かに会い、どんな髪形をし、どんな顔つきをしているのかを見るとき、その髪形も顔つきも、私たちの魂のいとなみには数えません。しかしその人に関心をもち、その人に好意をもったり、もたなかったりするとき、その体験は魂のいとなみに数えます。

御承知のように、私は定義が好きではありませんので、性格づけをしようとしています。魂のいとなみを定義してみても始まりませんので、魂のいとなみに数え入れることのできる事柄を性格づけようとしているのです。

しかしここで別の場合を考えてみましょう。誰かの行動を観察して、その行いに心を打たれたとします。良い行いだ、と思わず言いたくなるような魂の体験をする人は、好意をもったり、もたなかったりするときとは異なる体験をしています。この場合は、行為がどのように生じたのか、それが生じたときの基準はどのようなものかを述べることが問題なのではなく、またその行為を好むのか嫌うのかが問題なのでもなく、もっと高次の関心が働いています。

行為を良いと言うとき、それを良いと言う判断は、私たちに依存していません。それにも拘らず、その行為についての判断は、魂の中で行わなければなりません。外界の事柄は、その行為が良いと私たちに言うことができません。良い行為だという判断は、私ちの判断の中で、たちの内部で、私たちの体験の中から現れてこなければなりません。けれども、その判断が私たち自身の主観に依存していてはなりません。しかし私たちの魂の判断の中で、霊が共に語っている場合には、私たちの意識から独立した意味をもつ事柄が内に体験されています。

ですから、三つの場合が考えられます。第一に外界を考察する場合、第二に純粋に内的な体験をする場合、或る人への関心をもったり、ばらの花を見て喜んだりするような場合、第三に私たちの魂のいとなみから独立して判断を下すときの内的体験です。外界は体によって外から私たちの魂に情報を伝えます。魂の体験は純粋に内的なものです。しかし霊は、上に述べたように、魂の内部でみずからを告知します。

今私たちが問題にしようとするのは、この魂のいとなみが内なる諸事実の中でどのような働き方をしているのかを確認することなのですが、この魂の体験は、外にも境界をもち、霊にも境界をもっていることが分かりました。

それでは、この内なる魂のいとなみを性格づけるために、私たちはどんなイメージを用いるべきなのでしょうか。先ず私たちは物質界で生きる魂の本性を性格づけてくれるイメージを手に入れなければなりません。

魂の体験の基本性格は何でしょうか。魂の体験の基本性格は、先ず二つのイメージを通して性格づけることができます。それは、私たちの物質環境の中での魂の体験だけに用いることができるイメージです。私の課題は、このイメージを用いて、魂という内的な現象をその境界にいたるまで性格づけることなのです。

内なる魂の体験を表現する二つのイメージがあります。今日私たちはいろいろなイメージを持ち出して、煩瑣な作業をすることになりますが、きっとこのあとの話の展開にとって、いろいろなイメージを厳密に把握する試みが、大きな助けになってくれる筈なのです。また、私たちすべてに身近かな魂の諸現象を理解するために、そして日常の健全なまたは病的な魂の在り方を知るためにも、大いに役立ってくれる筈です。

魂を性格づけるのに役立つイメージのひとつは、判断です。判断は魂のいとなみのひとつですが、それ以外の魂の諸体験は、すべて愛憎の体験の中に含めることができます。愛と憎という言葉が正しく理解されたなら、この言葉は内的に、魂の両境界に到る魂のすべてのいとなみをカヴァーしてくれます。判断と愛憎という二つのイメージを正しく用いれば、魂の理解にとってそれがどれほど生産的になりうるか、あとで分かっていただけると思います。

魂の働きはすべて、判断であるか、または愛と憎のいとなみかなのです。魂は基本的に、この二つの意識活動として存在しているのです。それ以外のすべては、体を通して外から、または内なる霊的な世界から持ち込まれているのです。一方では判断が、他方では愛と憎が——いろいろな言い方はあるでしょうが——本来の魂の力として働いているのです。

そこで、先ず判断について、はっきりとイメージできなければなりません。一体、魂の中で判断並びに愛と憎はどんな意味をもっているのでしょうか。今、私は論理を問題にしているのではありませんから——論理的な考察は、別な問題領域に属しています——判断の性格、判断の法則を問題にしているのではありません。心智学的観点から語るのですが、その場合の観点は、判断の魂的・内的な活動、判断の魂的な経過を問題にするのです。ですから判断を論理的に考えるのではないので、判断というよりは、判断すること、判断する働きを、判断の動詞形を考えるのです。

「このばらの花は赤い」と言うとします。今は、どんなきっかけでそう言おうとしたのかについて注意を向けていません。そう言うときの私たちは、判断しようとしたのです。そこには判断するという働きが現れています。「このばらの花は赤い」、「この人は良い」、「システィーナのマドンナは美しい」、「この教会の塔は高い」、内なる魂のいとなみの中でこういう働きがなされるとき、判断しているのです。

次に、愛と憎のことを考えてみましょう。眼を内へ向け、外界から離れているときの魂は、外からの作用を受けずにいますが、田舎に出かけますと、山なみの緑、雲に覆われた頂きを見、谷間を流れる川を見ます。そうすると、魂の中でその風景から受ける感動を体験します。そしてその体験の根底には、その体験への愛が存在しているのです。たとえ魂の体験の中に埋もれ、隠されているとしても、その愛は朝から夜まで、覚醒時の生活の中で、ほとんどすべての事柄の根底で働いています。一方、道で誰かが悪いことをしているのを見、そのことに気を悪くしたとしますと、憎しみが隠された形で魂の中に働いていると言えます。路傍に悪臭を放つ花が咲いていて、思わずそこから身を引き離そうとしたとき、すぐに表には現れない憎しみを、変化した形で体験していたのです。愛と憎は絶えず魂のいとなみに随伴しています。判断することも、もう一方において、魂のいとなみに絶えず随伴しています。私たちの魂が生きて働いている限り、私たちは絶えず判断し、そして絶えず愛と憎を体験をしています。

さて、内なる魂のいとなみの諸現象をもっと詳しく知るには、判断するときに生じる重要な事実に注意を向けなければなりません。すなわち、どんな判断も、魂に或る影響を与えるのです。「このばらの花は赤い」とか「この人は良い人だ」と判断するとき、私たちは魂の中に或る作用を受けます。その結果、「このばらの花は赤い」と判断するときには、魂の中で赤いばらのイメージが生き続けるのです。[次頁図参照]

（イメージ「赤いばらの花」）

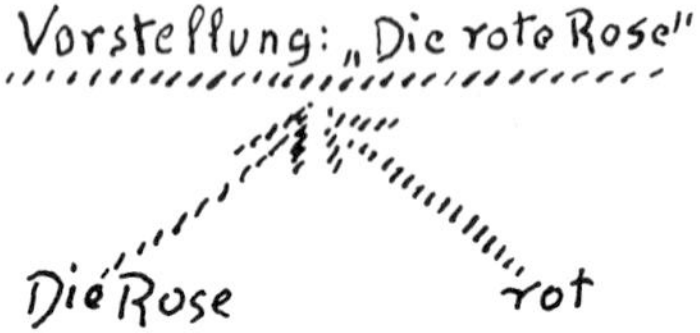

（ばらの花）　　（赤い）

「このばらの花は赤い」、と判断したときから、その後の魂のいとなみの中で、この判断が赤いばらの花のイメージに変って、このイメージが魂に作用し続けます。どんな判断も、魂の体験としては、イメージにまとまります。ですからそのときの判断は、いわば「ばらの花」と「赤い」という二つの思いをひとつにまとめたのです。そしてこの二つが「赤いばらの花」というひとつの思いに結集したのです。判断がひとつのイメージに結集し、魂はこのイメージを自分の中に担い続けます。「赤い」と「ばらの花」とを二つの流れとして描きますと、その二つが最後に結集して、判断をイメージにまとめます。

　判断することがイメージに結集することをしっかりと心に留めておかなければ、魂のい

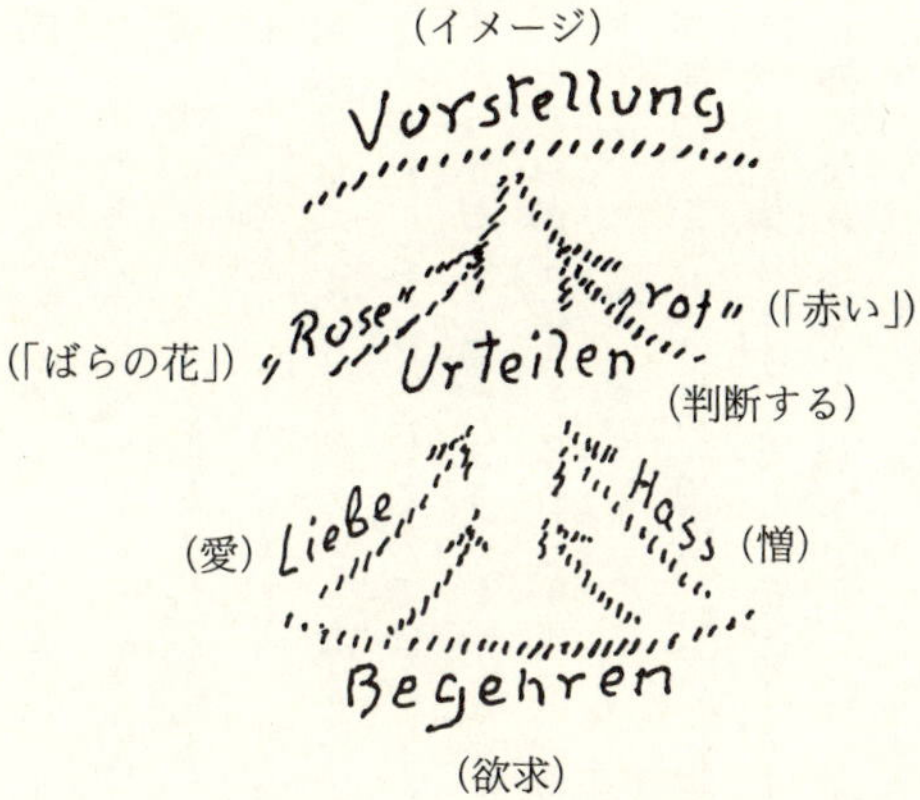

となみは理解できません。そしてまた、明日からの講義で取り上げる、魂のいとなみと高次の世界との関係も正確に理解できません。

愛と憎の場合は、どこに向ってひとつにまとめられるのかを問うことができません。逆に、どこから来たのか、何に由来するのか、を問わなければなりません。

判断するときには、「どこへ」が問題になり、愛憎の働きでは、「どこから」が問題になるのです。愛と憎はどこから来たのか、つまり何が別の側からこの魂のいとなみの中に働きかけているのかを考えなければなりません。そうすれば、愛すること、憎むことはすべて、欲求という魂の働きに還元されることが分かります。ですから、魂のいとなみのもう一方の側に欲求を置くのです［図参照］。愛と憎として現れるものの背後には、常に欲求が存在していて、それが魂のいとなみの中に働きかけているのです。あとで詳しく述べるように、魂の中の或る側面から、欲求が魂のいとなみの中に流れ込んでいるのです。

魂の中で、欲求から何が生じるのでしょうか。愛と憎が生じるのです。そして判断行為はどこに到るのでしょうか。イメージ（表象）に到るのです。

欲求は常に、内なる魂のいとなみの中から立ち現れてきます。それはあれこれの外的なきっかけによって生じるのではありません。多分皆さんはそういう外的なきっかけに心当たりがないと思います。しかし確かなのは、何に由来するかはともあれ、欲求が魂のいとなみの中に立ち現れるや否や、その結果として魂の内部に愛と憎が生じるということです。

同様に、「このばらの花は赤い」と判断するときの判断は、「赤いばらの花」というイメージに結集します。そしてそのイメージがそう判断する人にとって価値があると、それが外的な意味でも有効性をもつにいたります。

そのように、霊学者にとっては既知の理由から、しかし今のところ現在の私たちにとっては未知の理由から、欲求が魂の中に立ち現れて、そして愛と憎の現象の中で力を発揮するのです。そして魂は、自分自身が自分の本性の源泉から判断活動を生じさせようとしているのだと感じています。そしてその判断が行われたとき、イメージが有効なものになりうると思って、判断をイメージに結集しているのです。

多分皆さんは奇妙に思われたでしょう。私が若干の言葉で語ったのならともかく、こんなに多くの言葉を使って魂のいとなみのこんなに初歩的な概念を長々と述べてきたのですから。こんな話はもっと簡単にすることができた筈だ、とお思いになっても当然です。こう申し上げるのは、いわば本文の下に記された註のようなものなのだから、もっと簡単に触れるだけですむ筈なのに、と思われたでしょうけれども、こういうことには注意が向けられていないのです。現在の科学活動の広範囲の分野でも、注意が向けられていないので、こういうことについては誤謬に誤謬が積み重ねられてきたのです。そしていわば本文の下の註として、私はこういう大間違いを指摘しておかなければなりません。なぜなら、間違いを犯す人たちは、今私たちが学んだ事柄、これから学ぶ事柄について、何も明確なイメージをもっていないのですから。そしてそういう人たちはまったく間違った捉え方をもとに、広範囲に及ぶ結論を引き出しているのですから。

多くの心理学書には、次のようなことが述べられています。――手や足を動かすことができるのは、生体内に例えば感覚器官から脳または脊髄に通じている神経があるだけでなく、それとは別に、知覚神経に対立する運動神経があるからだ。だから対象を見るときは、この対象の情報が、感覚器官から脳に通じる神経によって、まずこの中枢器官に導かれ、次いでそこに生じる刺戟がいわば別の神経に伝えられ、ふたたび脳から筋肉にまで通じているこの神経が筋肉を刺戟して、運動を生じさせる。こうして神経は、知覚神経と運動神経とに区別される。

ところが神智学は、このようには見ていません。運動神経と呼ばれるものは、身体の中にたしかに存在しますが、運動を起こすためではなく、運動そのものを知覚し、運動を統御し、みずからの運動を意識するために存在するのです。外から色彩印象を受けとるために神経があるのとまったく同じように、私たちの行動を可能にし、それを統御し、それを意識に伝達するための神経もあるのです。現在いたるところで信じられていて、生理学と心理学をだめにしている大きな間違いがあることを、本文の下の註として受けとって下さい。

さて、大切なのは、判断並びに愛と憎という魂の二つの要素が魂のいとなみの中でどんな役割を演じているかをはっきりさせておくことです。

この二つは途方もなく大きな役割を演じています。すなわち、魂のいとなみ全体は、この二つの要素のさまざまな結びつきから成り立っているのです。けれども、厳密な意味では魂のいとなみに数え入れられない別の事柄が、いたるところで、魂のいとなみの境界で、そのいとなみの中で働きかけています。すなわち、私たちの魂のいとなみは、昨年、人智学の講義においてお話しした感覚的知覚の基礎の上に打ち立てられています。魂のいとなみにおいては、さまざまな体験が、例えば聴覚、視覚、味覚、嗅覚などの基礎の上に生じます。私たちが感覚器官を通して外的な事物を体験しますと、その体験は私たちの魂の中に作用し、その中で生き続けます。こうして魂の中に受容したものに眼を向けるなら、こう言うことができるでしょう。——私たちの魂は、この体験と共に境界に、つまり感覚器官の境界に触れている、と。いわば私たちは、私たちの感覚器官の中に見張りを立て、そしてこの見張りが周囲の世界について私たちに告げ知らせるものを、自分の魂の中に取り入れ、それを更に担い続けます。では一体、感覚体験が私たちに告げるものは、魂のいとなみそのものとどういう関係にあるのでしょうか。耳で聴いた音、眼で見た色、味覚で味わった食物などなどは、魂のいとなみの内部で何を示しているのでしょうか。それは魂にとって何を意味しているのでしょうか。

皆さん、感覚体験について通常は非常に一面的な見方がされていて、私たちの魂が境界で遭遇する事柄が二つの要素から成り立っていることをよく知らずにいるのです。そのひとつは外界で直接体験しなければならない知覚です。私たちが外界に感覚器官を向けるとき、私たちが外界に向き合うとき、色の印象や音の印象を持ちます。外的な対象と結びついた色や音の印象を持ちます。外の印象という外と内の相互作用は、眼を対象からそむけたり、耳を閉ざして対象の音を聞こえなくしたりすれば、ただちに消えてしまいます。この事実は何を意味しているのでしょうか。

この事実ともうひとつの事実とを較べてみて下さい。もうひとつの事実とは、私たちが外界の体験を魂の中に担い続ける、という事実です。私たちは前に聴いた音がどんな音だったか、前に見た色がどんな色だったか、色をもはや見ず、音をもはや聴かなくなったときも知っているのです。そのときは一体何が魂に与えられているのでしょうか。まったく私たちの魂の中で演じられているもの、まったく私たちの魂のいとなみに属するものが与えられているのです。なぜなら、外界に属しているものなら、魂の中に担っていくことができないでしょうから。私たちは眼を色に向けたことで、色の印象を受けとり、そしてその色の印象から受けた感じを、魂の中に担い続けます。なぜならその「感じ」は魂の中にあり、魂の内的な体験であり、魂の中で持続しているのだからです。

ですから、魂と外界との間で演じられる感覚的知覚と、外界との相互作用の中から取り出してきて、魂の中に担い続けるものとを区別しなければなりません。この二つの事柄を厳密に区別するのは重要なことなのです。こういうことを、どうぞ煩瑣だとは思わないで下さい。それによって以下のことのための基礎づけが可能になるのですから。対象を前にして体験する感覚的知覚と、魂の中に担い続ける「感じ」とを、色の知覚と色の「感じ」とを、厳密に区別できなければなりません。色の知覚は、そこから離れたなら、もう持てません。色の「感じ」は持ち続けます。通常の生活では、そんなに厳密な区別はしませんし、そうする必要もありません。しかし私たちの四回の講義のためには、このように区別することが大切になってきます。

このように私たちは魂の中に「感じ」を持ち込んでいます。外の対象から受けとったそういう「感じ」は、判断並びに愛と憎に対して、魂のいとなみのまったく新しい要素なのでしょうか。もしもそうなら、皆さんはこうおっしゃらなければならないでしょう。――「そうなのだ。だからあなたは内なる魂のいとなみの中に認められるもの、感覚によって得られる「感じ」に言及してこなかったのだ。」

でも、そうではないのです。この「感じ」は、魂のいとなみの特別の要素ではないのです。なぜなら、皆さんはこの「感じ」の中に、その内容を区別しなければならないのですから。例えば「赤」を感じたときには、その色の「感じ」のために、その色を他の何かから区別しなければなりません。もしも「赤」が内なる魂の体験であったなら、赤という色の知覚をわざわざ外から受け取ることはなかったでしょう。色の内容は、まだ内なる魂の体験ではありません。皆さんの前に置かれている対象が赤いのです。「赤」

という色の質、色の特性は、皆さんの魂から生じたのではありません。皆さんの魂から生じたものは、それとはまったく違ったものです。即ち、赤い色が眼の前にあったとき、何かを担っていくことができるように、皆さんの行った活動が魂の活動なのです。この活動なら、皆さんの内なる魂の体験であり、そしてそれは今日述べた二つの基本要素、判断と愛憎の結びつきに他ならないのです。しかし私たちは厳密にこの問題に関わっていかなければなりません。私たちが赤い色に向き合い、内なる魂の体験の中で赤の印象を担い続けるとき、何が生じているのでしょうか。

私たちの魂のいとなみの中で、愛と憎とは欲望から発し、そして判断はイメージに集中する、と申し上げました。このことが本当なら、私たちが感覚体験をもち、感覚から受けとった「感じ」を保持しようとするときは、この両要素に関わる魂の働きにも注目しなければならないでしょう。どうぞ考えてみて下さい。例えば赤い色の印象をもったとします。そのときの体験から、一体どんな魂の働きが生じるでしょうか。ここでも愛と憎が、もう一方では判断が魂の中から生じてくるでしょう。

図を見て下さい。ここが外界と魂の世界との境界です。水平に引かれた線の上が外界、下が魂です。私の述べたことが正しければ、魂と外界との境界で何かが感覚器官に印象を与えるとき、——Cのところで色の印象が生じたとしますと——、魂の内部から判断

と愛憎がそれに応えて現れて来ます。なぜなら、そうでなければ魂にはこれらの現象だけしか現れて来ないことになりますから。ですから私たちが赤い色の前に立つとき、この魂の体験に応じて、魂の中の判断と愛憎の働きが、表面に現れてきます。

そこで今、判断と判断、欲求と欲求との間に存するひとつの重要な相違に気がつきます。どうぞ考えてみて下さい。皆さんが夢を見ていたとします。またはどこかに座って、多分退屈しきって列車を待っていたとします。そして皆さんの魂のいとなみの中に、かつて体験した不愉快な事実が思い出となって甦ってきたとします。その不愉快な事実と共に、この事実がもとで嫌なことがいろいろと起こったのを思い出します。そのとき、皆さんは、そういういろいろなイメージが、新たに、嫌な出来事のひとつの集中したイメージにまとまってくるのを感じます。そしてそのイメージについて、判断を下しますが、そういうことは、まったく魂の体験の内部に留まっています。その場合、外界からは何も入ってきません。そのイメージはもっぱら魂の中で生じます。そして内なる魂のいとなみから愛と憎が現れて、そのイメージに結びつきます。その際、何ものも外へは到りません。皆さんは安らかに座ったままでいます。こういうすべてが皆さんの魂のいとなみの中に生じたとき、誰かがすぐそばに立っていたかも知れませんが、その誰かは皆さんの魂の中で演じられているものは何ひとつ見ることができませんから、周囲はそれに無関心なのです。外界全体は、愛憎と判断とから生じる魂の働きに何の意味も見ていないのです。

今お話ししたように、愛憎が判断を呼び起こすような内的な事実が生じるとき、外の世界とは無関係に私たちはいわば魂の海のまっ只中にいます。それを次のように図で示すことができます。

魂の境界内のaは最初に現れたイメージで、bは第二のイメージです。この両者はひとつに集まって新しいイメージxになります。これが判断です。そしてそのとき、愛と憎がなんらかの仕方で現れます。しかしその働きは魂の境界にまでは到らず、魂の体験内にとどまっています。

（外界）

（魂）

（愛と憎）

感覚体験の場合はまったく違います。感覚体験が生じるためには、私たちは魂の境界にまで行かなければならず、外界にまで歩み入らなければなりません。まるで私たちの魂のいとなみが流れとなって、直接外界の境界でせき止められるかのようです。そのとき、何がせき止められるのでしょうか。欲求もしくは愛と憎が境界にまで流れていき、そして判断能力もそこまで流れていき、そして境界のところでせき止められるのです。

その結果、欲求も判断も立ちどまらなければなりません。魂がそれらを知覚しないままに、欲求と判断は魂のいとなみの境界にまで流れていって、そこでせき止められるとき、感覚の「感じ」が生じます。感覚の「感じ」とは、内なる無意識的な判断と無意識に働く愛と憎とが合流したものに他なりません。これら無意識に働く判断並びに愛と憎は、外へ向っていってせき止められ、捕えられます。実際に魂の中で感覚の「感じ」として保持されるものは、このようにして生じます。

ですから私たちは次のように言うことができます。――このあとの講義の中で、これらすべてのことをもっと厳密に考察するつもりですが、――魂の海の中で、愛と憎、判断が実際に大波となって打ち寄せると、判断は魂の内部で、イメージにまで集中します。しかし魂がこの同じ大波を境界にまで流し込ませ、その流れが境界に打ち寄せると、境界は欲求の流れと判断の流れをせき止め、その結果欲求と判断のこの合流が「感じ」となって現れます。「感じ」は厳密な意味で、魂のいとなみの中での判断と欲求の合流したものなのです。

日常生活の中で魂のいとなみに豊富な内容を与えてくれるのは、感覚体験です。自分の内面に眼を向ければ、そこで体験されるものの大半が感覚によってもたらされた内容であることが分かります。感覚によっては体験できない高次の存在についてのイメージを持つためにも、非感覚的なものを感覚的に体験することが大切なのです。つまり、たとえ微妙な仕方であっても、色や音の「感じ」を通して具象的にイメージするのです。言語でさえも、こういう仕方で高次の内容をも感覚的にイメージすることの大切さを教えています。平生そういうことを意識することがあまりないのは、感覚的な表現が、日常ではごく曖昧なやり方でなされているからです。いつもは感覚とは無関係な言葉の組み合わせをしていると思っています。三角形をイメージするとき、そこには色の印象は伴っていませんし、どこにも感覚を思わせるものはありませんが、大抵の人にとって三角形のイメージを非感覚的にイメージすることは不可能なのです。どうしても感覚的にイメージしてしまうのです。三角形の概念を感覚的にイメージせざるをえない理由は、私たちの言語そのものの構造に基づいています。言語を用いるときは、どんな場合にも、感覚化せざるをえないのです。例えば、「感覚的なイメージを三角形の概念と結びつけざるをえない」、と述べるときの「結びつける」という言葉は、すでに感覚的なイメージなのです。何かと何かをくっつけるのですから。言葉そのものの中に、感覚化がいたるところで生じているのです。ですから人間の魂のいとなみは、外界の感覚印象から得たものから成り立っているとも言えるのです。

けれども、外的な感覚体験の下に直接置かれていないイメージがひとつだけあります。それは、いつも繰り返して内的体験の中に現れてくる自我のイメージです。もちろん、いつもは外的な感覚体験と結びついていますが、純粋な魂の事情に眼を向けるときには、こう言わざるをえないのです。——「人間は本来、ほとんど常に感覚の世界の中で生きている。そしてこの感覚世界の内部で、繰り返して自我のイメージが表面に現れてくる。」

自我の背後には一定の意識が働いていますが、しかし私たちが自分の魂のいとなみを調べてみると、自我が常にイメージとなって存在しているわけではないことに気がつきます。私たちは自我だけをイメージするのではなく、その自我は赤、緑、青のような色と結びついたり、そこから離れたりしています。しかしそれにも拘らず、どんな感覚体験にも存在していないものを、私たちは自我の中にイメージしているのです。

御存知のように、私たちは欲求と判断を感覚の印象においてせき止めています。私たちの魂を自我として体験することもあり、音や色の体験でさえも自我体験でありうるのですが、外界の中で自我そのものを純粋に体験することは決してありません。それは常に感覚によって得られたイメージの間に現れます。

けれども自我のイメージは、色や音のように外界からやってくるのではないのです。魂の海から立ち起こって、他のすべてのイメージにつけ加わるのです。外からの印象によって惹き起こされる他のすべてのイメージも、この魂の海の中から立ち現れます。しかし自我のイメージは、外からの印象がなくても立ち現れるのです。この事実の中に、自我のイメージもしくは自我の「感じ」と、感覚体験と結びついた他のイメージや「感じ」との間の唯一の相違点があるのです。

さて、外からの刺戟で惹き起こされるイメージにつけ加わる自我のイメージが、私たちの魂のいとなみの中から立ち現れるというのは、重要な事実です。これは注目すべき重要な事実なのです。ではこの事実を、どう説明したらいいでしょうか。

現在の哲学者、心理学者の中に、神智学運動の外にも、自我のイメージの重要性を教える若干の人びとがいます。カール・ウンガー博士は、その認識論上の考察の中で、繰り返してこの人たちのことを取り上げて、詳論しています。しかし不思議なことに、その人たちは一点において的をはずしています。その一例として、フランスの哲学者ベルクソンを取り上げてみましょう。彼は無数の箇所で、自我を論じています。そして繰り返して、ひとつのことを強調しています。彼の言う自我のイメージの非常に重要な特徴をです。すなわち、自我のイメージは外からのきっかけなしにも、魂の知られざる深みから生じてくる。そしてその自我のイメージは、持続的であれ、持続的なものを目差すのであれ、感覚体験のすべて、他の魂的体験のすべてから区別される。自我のイメージがいわば自己を体験しており、自分の真の姿を体験しているからである。そして自我がそのイメージの中で自分の真の姿を体験するとき、それと共に、移り変るものではなく、持続するものが示されているのだ。

これが何人かの、神智学者ではない哲学者、心理学者の自我についての研究成果なのです。

けれどもこの考え方の根底には、欠点があります。こういう考え方を提示しなければならないという事実は、ベルクソンが行うような論証にとって、宿命的とも言える欠点です。考えてみて下さい。自我のイメージが提示するものの中に、本来の人間存在があり、従って魂はそこにおいて、この自己存在の内部にいる、とします。自我のイメージがそれをもたらすのだとします。そうすれば、正当な問いは次のように出されなければなりません。――「では夜、眠っているときはどうなのか。」

そのときの人間は自我のイメージの中にはいません。自我のイメージは完全になくなります。

ですから自我のイメージをもとにして、自我を論じるときの一切の概念は、覚醒時の生活にとってのみ意味をもっているのです。なぜなら、自我のイメージは眠るやいなや、消えてしまうのですから。そして次の日の朝ふたたび新たに現れてくるのですから。ですから持続的ではないのです。

もしも自我のイメージそのものが自我の持続を証明しているというのなら、眠ったあとでもイメージが持続していなければなりません。でもそうではないのです。自我の持続もしくは自我の不死を単なる自我のイメージによって証明することはできないのです。夜になると存在しなくなるのですから。「死んでしまったら、自我のイメージはなくなってしまう」、と考えるのは、まったく正しいことになります。

自我のイメージは、欠けることがあり、不滅ではないのです。それは毎日消えてしまいます。ですから一方で、自我のイメージのまったく重要な意味を、外からの何ものによっても惹き起こされるのではなく、自我がみずからを実際に感じとることのできる「自我のイメージ」のもつ重要な意味を認識する必要がありますが、もう一方で、このイメージは夜になると、存在しなくなるのですから、自我のイメージは自我の存在を証明できないのです。

以上、今日は明日から打ち立てようとするものの土台を数え上げる必要があったのです。すなわち、判断と愛憎が魂の波立つ海に存在しています。魂のいとなみは基本的にはこの両者から成り立っています。また、魂と外界との境界には、感覚の働きが欲求と判断の意識されざる合流の中で現れます。感覚体験は私たちの魂のいとなみの中に取り込まれます。そして感覚体験の内部で、外から呼び起こされるのではなく、自我のイメージが現れます。しかしこの自我のイメージは、魂の体験となったすべての感覚体験と同じひとつの運命を共にしています。なぜなら、音や色の印象やその他の感覚体験は、夜になると、自我のイメージ同様、無意識の闇の中に沈むのですから。

そこで私たちはこう問わざるをえません。――「一体、自我のイメージの卓越した特徴は、どこから来るのか。」そして「自我のイメージは魂の要素である判断並びに愛憎とどのような関係にあるのか。」

本来の魂の中心である自我のイメージと他の魂のいとなみとの関係についてのこの問いで、今日の話を終えようと思います。明日はこの問いから始めるつもりです。

――第一講終り

心智学　第二講　人間の魂の諸力の対立

ベルリン　一九一〇年十一月二日

昨日は私たちの心智学考察を次のようにまとめました。――一方で人間の魂の波立ついとなみは、基本的に二つの要素に、すなわち判断と愛憎体験とに還元されました。更に、感覚から受けとる「感じ」が私たちの魂の中に立ち現れ、私たちの魂が基本的にそういういろいろな「感じ」に充たされ、それが私たちの魂のいとなみとなって波立つのです。

更に私たちは、この魂のいとなみの内部に、これらすべてと極端に違っている事柄も現れてくる、と述べました。それは日常生活においても外的に経験できる事柄です。私たちが外界の中に生きるときの体験は、私たちの中で変化を遂げて生き続けます。その諸体験を展望しますと、その波立つ諸体験の内部に、他のすべての体験とはまったく異なる種類の知覚内容が立ち現れてくるのです。通常、私たちのすべての体験内容は、外からの感覚的な刺戟によって惹き起こされ、そして更に私たちの内部で変化を遂げます。知覚が感じとられ、その感じとられた印象が、私たちの内部で生き続けます。

けれども、私たちの内部に生きている自我知覚は、それとはまったく違うのです。外界によって惹き起こされる他の諸体験の波の奥から立ち現れ、そして私たちの魂のいとなみのいたるところに関わってくるのです。この知覚は、外からでは惹き起こすことができないので、魂のすべての他の体験とは違うのです。ですから、自我感情と他のすべての体験とは、私たちの魂のいとなみの中で、対立して存在しているのです。この対立の背後にどんな秘密が隠されているかは、今回の連続講義の中で順を追ってお話しするつもりです。しかし、この対立をあらかじめはっきりと意識しておくことが必要です。

私たちは、外界体験のすべての中に、自我知覚を持ち込みます。私たちの魂の中には、二つの側面から波立つ働きが押し寄せてくるのです。そのことを私たちは、抽象的に述べてきたこの対立の中に感じ取ることができます。そして大切なのは、私たちがこの魂のいとなみを、――今は、このいとなみだけを問題にしています――魂のどんな小さないとなみの中でも、どんな抽象的なものの中でも、そしてどんな具体的な、どんな大きないとなみの中でもよく観察することなのです。よく感情を働かせて観察することが大切なのです。

この魂のいとなみは、はじめから統一した在り方をしていません。絶えず対立し合う、ドラマチックな戦いの場なのです。そして繊細な感覚を働かせ、深い感情につき動かされてこの魂のいとなみに耳を傾ける人は、そのドラマチックな特徴に気づかぬ筈はありません。

私たちの魂は、この対立し合う諸力を前にして、この対立に没頭し、自分ではその対立を自由に処理できないと感じています。どんな卑小な人間も、どんな偉大な天才も、魂のこの対立性、この相容れない二つの本性にただ従うしかないのです。人間の魂の中で波打つこの対立を感じ取るために、最大の天才の場合にもこのことが言えると申し上げたいために、昨日私は若きゲーテの詩「永遠のユダヤ人」を冒頭で紹介いたしました。

皆さんが昨日から今日にかけて、このゲーテの詩を読み直してくださったら、きっと奇妙な感じをお持ちになったと思います。この感じが今回の連続講義の基本になるのです。そこでこの感じを少し明確なものにしてみましょう。抽象的な仕方で魂のいとなみを述べるよりも、むしろこの魂のいとなみの中に、いわば血を流し込みたいのです。

昨日朗唱された「永遠のユダヤ人」を、あとで読み直してみた人は、「これは朗唱のときとまったく違う！　ゲーテの作品とは別のものが朗読された！」と思ったでしょう。実際、昨日は朗唱用に手を加えたのです。文献学にとっては野蛮で、おそろしく冒瀆的な行為だと思われるような仕方で手を加えました。ゲーテの作品通りには朗読されませんでした。或る部分は変えられ、別の部分は省略され、出来上がったものは、まったく違ったイメージを与えています。

もちろんこういうことは、文献学者に対しては許されません。しかし、人間の魂のドラマを深く展望しようという特別の意図を持っているので、敢えてそうしたのです。「永遠のユダヤ人」は、ゲーテのもっとも初期の作品なのですが、昨日皆さんの前で朗唱したものは、この詩の中に晩年の円熟したゲーテの魂の前に現れてもいいような内容を加えました。晩年のゲーテなら、こう述べたことでしょう。――「これなら今の私でも責任がもてる。」

それに反して、昨日省略したり、変えたりした部分については、眼をそむけ、多分こう言ったことでしょう。――「こんなことを書いた自分がちょっと恥かしい。」

私はゲーテを無条件で認めているのですから、今日ゲーテの「永遠のユダヤ人」についてこんな語り方をしても、許していただけると思います。この詩はゲーテの青年時代のもっとも初期に書かれました。これを書いた頃のゲーテは、もちろんまだまったくの役立たずで、彼から何かを学べるなどとは、誰も考えていませんでした。それとも、ゲーテから何も学べない、などと言うことは、そもそも冒瀆的な言い方でしょうか。しかし当時のゲーテは、まだ文字を正確に書くこともできなかったのです。ですから、「永遠のユダヤ人」の中の或る部分は役に立たない、と言うことも許されると思うのですが。もちろん、どんな偉大な芸術家の作品にも、特に最初期の作品にははっきりと現れている、あの思い込みの強い時代の好みに、私たちがついて行く必要などありません。そこには作者自身の弱みが示されているだけなのです。ゲーテの若い頃の詩には、ゲーテ自身とは言えないようなものがあります。若いゲーテの魂の中には、彼の時代環境だけに由来する考え方、感じ方がざわめいていました。そういうものは、私たちの心に訴えかけてきません。ただ若いゲーテの心に訴えかけていただけなのです。この詩には「ゲーテの魂の同時代的なものとゲーテの魂の永遠な＝神的なものとの間の結婚」とでも呼びたいものが現れています。そこには、全人類にとっての永遠なるものも表現されており、それは私たちにとって、私たちの後の世代のすべての人びとにとって価値あるものです。この二つのうちのひとつは、ゲーテ自身だけに関わりのある事柄であり、もうひとつは、私たちや私たちの後の世代にも関わりのある事柄です。この二つをばらばらにしました。若いゲーテの中のこの二つのゲーテ、この二つの魂を、一刀両断にしました。そしてすでに若いゲーテの中にあって、彼の最晩年にいたるまで働き続けたものを、若い頃のゲーテだけの中にあったもの、老ゲーテの中では死んでしまっていたものから切り離して、それだけを取り出したのです。

　それによって私たちに示されたのは、若き天才の中に、自分を未来に向けて発展させようとしている力が働いていたことと、周囲の環境に由来する力が働いていたことです。青年時代のゲーテの魂の内面に眼を向けると、その魂は、全生涯を貫いて、天分を担い続ける英雄ゲーテと、自分の中で克服しなければならなかった別のゲーテとの間の闘いの場のように思えます。そして、もしもこの闘いが存在しなかったとすれば、ゲーテはゲーテにならなかったでしょう。

　この場合に魂の中の対立性が、手にとるように見えるのです。魂は決して統一されてはいません。そうでなければ、停止したままで先へ進めないでしょう。ですから私たちは、はじめから魂の中の両極性、対立性を感じとることができなければなりません。この感じが持てなければ、魂のいとなみについて何も言えないでしょう。ゲーテのような豊かな魂に接すると、そのドラマチックな魂のいとなみに畏怖の念を覚えざるをえないのです。事実、このかけがえのない人生の運命の演じる戦いの中に、人間の魂の真の価値を見てとることができるのです。

　そしてこの魂のドラマからは、もっと別の事柄をも見ることができます。ゲーテの魂のこの対立性を、もう一度取り上げてみましょう。昨日の朗唱と今申し上げた説明を通して、何が見えてくるでしょうか。

ゲーテの魂のいとなみを展望すると、老年のゲーテは、ただ一方の魂の力だけに従おうとしていたことが分かります。この一方の魂の力を、昨日の朗唱においては、イメージ、感情などの魂の内容として、他方の魂の内容から切り離しました。ゲーテは後年、自分自身の魂の力を通して、それをいわば自分の中から取り出して見せたのです。ゲーテは生涯を通じて、自分で手を加えることなしに、この二つの力に帰依し続けました。そのように、どんな人も、魂の持ち主として、自分の主人であるだけでなく、自分に権力をふるう内的な力に帰依してもいるのです。この内的な力は、自分の知性によっては把握できない力なのです。なぜなら、「永遠のユダヤ人」を書いたときのゲーテが、もしも取り込むことのできるすべてを自分の魂の中に取り込んでいたなら、この詩はもっと芸術的なものになっていたでしょうし、そして昨日朗読したようになっていたでしょう。いずれにせよゲーテのこの作品のような内容にはならなかったでしょう。

人間が自分の魂のいとなみにふけっていますと、そこに外界が働きかけてきます。私たちが赤いばらの花の前に立つとき、その花を赤くないように思わせる力は働いていません。そのばらの花は、赤いばらの花として私たちの内部にその赤い色を生き続けさせています。ですから特定の仕方で魂のドラマを演じる必要を私たちに感じさせるものが、私たちの内部に存在しているのです。すべての感覚的知覚に際しては、外界が私たちの主人です。魂のいとなみのこの対立に眼を向けるとき、内なる魂のいとなみの中にも同じような主人がいるのを認めなければなりません。日々、年々、時代から時代へと魂がどのように進化していくか、そして内なる力を通して、どのように先へ先へと追い立てられ、ますます豊かになっていくかを考察するなら、それを認めなければなりません。

私たちの物質生活におけるこの単純で具体的な事実からも分かるように、私たちは感覚的知覚を通して、外的な強制を、外なるいとなみに関する主人を認めなければなりませんが、同様に私たちの内部にも主人を認めなければなりません。私たちがどこにいようとも、空間のどの地点に立っていようとも、外界は私たちの感覚的知覚を支配しています。そして私たちは、感覚的知覚に関するこの支配を認めなければ、幻想に陥るしかありません。私たちがみずからの内部を進化させようとするのであれば、魂のいとなみのドラマチックな対立に眼を向けなければなりません。そして外界におけると同じように、私たちの内部にも支配するものがいることを認識できなければなりません。この支配者は、例えば七年後、二十年後、三十年後に、またはもっと後になって、私たちが別の魂のいとなみを持てるようにしてくれるのです。以上のことは、これから取り上げる事柄を生きいきとイメージするために述べられたのです。

私たちがゲーテの例をあげて具体的に示した魂のドラマは、ただ判断と愛憎という二つの魂の要素だけから成り立っています。昨日言ったように、判断はイメージに到り、愛と憎は欲求から生じるのです。多分皆さんは、こう述べたことの中に、容易に矛盾を指摘なさるでしょう。なぜなら、こう言えるからです。――「あなたは判断がイメージに到ると主張するが、そうだとしたら、感覚的知覚によってイメージが生じるという単純な事実と矛盾してしまう。」実際、ばらの花を前にして、「赤い」という印象をもつなら、判断を働かさなくとも、「赤い」というイメージが生じます。

更にこうも言えるでしょう。――「だから判断がイメージに到るのではなく、逆であって、先ずはじめにイメージがあるに違いない。そのあとでそのイメージをもとにして判断するのだ。」

この外見上の矛盾は、そう簡単には破れません。簡単にはその矛盾の本質を洞察できません。魂のいとなみをいろいろ観察して、この外見上の矛盾を打破するための鍵を手に入れなければならないのです。

その際特に注意しなければならないのは、イメージは魂の中の独自の生きものであり、固有の生き方をしている、という事実です。どうぞ、このことを真剣に、深刻に受けとめて下さい。イメージは寄生虫のように、魂の中で独自の生き方をしているのです。そして他方、欲望もまた、魂の中で独自の生き方をしています。私たちの魂のいとなみの中で、イメージと欲望、欲求とは自立した本性として現れています。イメージが独自の生をいとなんでいることは、容易に理解できます。次のような場合を考えてみればいいのです。私たちが受け取ったイメージをすぐにふたたび思い出そうとしても、自分の魂の力ではそうすることができない場合をです。昨日受け取ったイメージが、ふたたび私たちの魂のいとなみの中に戻ってくることを拒む場合です。つまり、そのイメージを忘れてしまったとき、イメージは意識に上ってくることを拒んでいるのです。そこには闘いが演じられています。イメージを引きずり出そうとする私たちの内なる魂の力と、私の中に生きている別のもの（イメージそのもの）との間の闘いです。この闘いは、イメージとの闘いなのです。外界で何も生じなくても、私たちはイメージをふたたび思い出すことができますから、イメージは私たちの内部にあるのですが、かならずしもすぐに意識の中で存在を主張しようとはしません。

人によって、この闘いは非常に異っています。魂の中に生きていながら魂の力の直接の敵のような態度をとるイメージがあります。そのイメージと私たち自身の魂の力との違いは大きく、その相違は人によって驚く程にさまざまです。或る人は、イメージを喚起するのに、何の困難も感じないで、何でもすぐに思い出すことができます。別の人は、非常に忘れっぽく、自分の中のイメージをふたたび意識しようとしても、どうしていいか分からないのです。人間の心に通じている人にとって、或る人が体験内容をどれ程すぐに思い出せるかを知るのは非常に重要なことなのです。このことは人間本性の非常に深い層を測るための尺度になります。自分のイメージからのこの距離は、心の健康または病気に関わることなのです。健康と病気は、この両極端を移行するので、そういう内密な些事においてさえ、心と体についての深い示唆が得られるのです。魂が思い出すためにイメージと格闘する仕方から、当の人のどの部分に欠けているところがあるのかを推測できるのです。私たちがいわば魂を通して、自分のイメージ世界との格闘の体験を知るとき、魂を通して、魂とは異なる体の状態にも眼を向けているのです。

魂の中のイメージが、どのように独自のいとなみを示しているか、別の仕方でも知ることができます。イメージは全体として、私たちが完全に支配しているわけではありません。特定の体験を例にとればそのことがよく分かります。例えば私たちに話しかけてくる誰かを理解できるかできないかは、そのときの魂の中のイメージの在りように依存しています。私が皆さんにいろいろな講義の中でお話しするとき、皆さんは私を理解していらっしゃるでしょう。しかし私のことをまったく知らず、しかし現代人としての教養は十分に身につけた誰かを皆さんが私の講義に連れていらっしゃるなら、多分その人は私を全然理解しないでしょう。なぜでしょうか。皆さんは多分長年、その人とは別のイメージを身につけてこられました。現代の考え方に由来するイメージと、皆さんが長年身につけてこられたイメージとは、まったく対立しているのです。魂の中に生きているイメージと、現代の教養とが対立しているとき、人の理解力は極めて非力なのです。何事かを理解しようとしても、その理解を可能にするイメージがなければ、何の役にも立たず、ただイメージとイメージとがぶつかり合うだけなのです。皆さんの場合でも、御自分の魂のいとなみに耳を傾けてみると、自分の自我がごくわずかな役割しか演じていないことに気がつくと思います。特に、皆さんの心を捉えるものに引き込まれるときは、自我を忘れる最上の機会でさえあるのです。そして皆さんが心の働きに耳を傾ければ傾けるほど、ますます自我を忘却する機会がより多くなるのです。

事柄に没頭してよく納得できたときの瞬間を、あとから思い出してみると、こう言わざるをえなくなるような場合がよくあります。――「私の自我などどうでもよくなるくらい、われを忘れていた。」

夢中になって、自分を失っているように思えるときがあるのです。何かを特によく理解できたときは、自分を失っているようになります。そういうときは、自分の自我さえ排除して、自分の中にあるイメージを自分の中に入ってこようとする別のイメージに対置します。そのとき、闘いのような何かが生じます。イメージとイメージの闘いです。そして皆さん自身は、このイメージの闘いの現場になるのです。すでにあるイメージと、これから新たに入ってこようとするイメージとの間の戦場になるのです。

何かを理解するのに必要なイメージを魂の中にもっているか、もっていないかで、心の在りようが大きく変ります。理解するのに必要なイメージを持たずに、或る問題に耳を傾けるとき、――日常生活の中でも、「不用意に話を聞く」、と言いますが、――そういうとき、非常に注目すべきことが生じます。不用意に耳を傾ける人が、今述べた魂の状態のために、相手の話を理解することができないとき、背後からデーモンのような何かが近寄ってきます。それは何なのでしょうか。それは魂の中に生きている自我なのです。その自我が、まるで背後から襲ってくるかのように現れます。私たちが帰依し、われを忘れることができる限り、自我は現れてきません。しかし理解できず、訳が分からないときには、自我が現れます。ではそのときの自我は、どのように現れるのでしょうか。

魂に耳を傾ける人は、外から何かが魂の中に働きかけてくると、その何かが魂に不快感を与えることに気づかされます。そういうとき、この不快感が示しているのは、魂の中で古いイメージが、入ってこようとする新しいイメージに働きかけをしていることなのです。この働きかけは、ただいい加減に働きかけているのではありません。イメージは自分の魂を内的に満足させようとするか、それとも不満な状態にしてしまうかするのです。私たちは、それほどにまでイメージに依存しているのです。そしてこのような場合に、非常に重要な事柄を、すぐにむき出しに生活の中に現れてこないとしても、見てとることができます。魂の中の理解されない部分によるこの不満な状態は、その魂の状態を超えて、人間本性のもっと深層にまで働きかけてくるのです。

こうして無理解による不満から生じるものが、身体の中にまで有害な作用を及ぼすこともありえます。魂の深層にまで作用を及ぼす或る種の力は、その人の健康や病気を左右するにまでいたるのですが、その違いは、その人が理解しない仕事に関わらざるをえないでいるのか、それともすべてを理解できた上で仕事に関わっているのかによって決まるのです。このことは、通常私たちが日常生活の中で問題にしている事柄よりも、はるかに重要なことなのです。しかし、もっと先まで行かなければなりません。

すでに述べたように、私たちの内部のイメージは独自の生活をいとなんでいます。まるで私たちの内部に生きものがすんでいるようです。もっと別のものと比べてみると、このことがよく分かります。私たちの魂のいとなみには、外界から刺戟を受けたいと思ったり、深い印象をもちたいと思ったりしても、外界が何も与えてくれない瞬間があることを思い出して下さい。印象を受けとろうとしても、外界が私たちの傍らを通りすぎてしまうのです。そういうとき、私たちは通常「退屈」してしまいます。退屈しているときの魂は、印象を求めているのに、いくら求めても応えてくれるものがなく、不満足なままの状態に留まっています。どうしてそういう退屈が生じるのでしょうか。

私たちが日常経験の中で気づかされるのは、人間だけが退屈を感じることができるということです。動物はあまり退屈したりしません。更に言えば人間の場合でも、不思議なことに、素朴な魂は、要求の多い、複雑な魂よりも退屈することが少いのです。世の中の経験を積めば、都会の人よりも田舎の人のほうが退屈しないことにも気がつきます。都会の人が田舎で退屈を味わうというのではなく、田舎の人が田舎で退屈するかどうかということです。複雑な魂のいとなみに眼を向けてみて下さい。

退屈は私たちの魂のいとなみから直接生じてくるとばかりは言えません。どうして人は退屈するのでしょうか。イメージの独自のいとなみによってなのです。新しい印象を得ようと望むのは、私たちの古いイメージです。古いイメージは、また生産的になれるように、新たな印象を受けとろうとします。ですから退屈すると、そこから逃れられなくなります。過去の生活の中で得たイメージは内面で独自の生活をいとなんでいますが、そのイメージが新しい刺戟を求め、そのために激しい欲望を抱くのです。そしてその欲望が充たされないと、その充たされぬ欲望が退屈となって現れるのです。これは私たちが自分自身の内面生活の中でよく学ばなければならない魂の特性です。ですから、あまりイメージの豊かでない人、あまり欲望をもっていない人は、新しい印象を得たいと思わない限り、退屈することもないのです。

とはいえ、いつも退屈し続けることが高級な人間の特徴である、とは思わないで下さい。あまりにもイメージに乏しいので、あまり退屈したことがない、という人よりもましであるとはいえ、いつもあくびばかりしている人がもっともすぐれた魂の持ち主であるというのではありません。退屈に対しては、一種の治療法があります。魂をもっともっと発達させようとしていたら、退屈などしているひまはないのです。

動物はなぜ退屈しないのでしょうか。動物は、環境に対して感覚の扉を開きますと、外から絶えず印象を受けとります。その印象は内なる魂のいとなみに働きかけ、刺戟を与えます。外界での経過と動物の内部での経過は、同時並行して生じます。ひとつの印象が通りすぎると、次の新しい印象がやってきます。動物はその都度印象に没頭します。そこには一定の規則正しさが支配しています。さて、動物に対する人間の長所は、別のテンポを用いることができるということです。魂のいとなみの中でイメージが次々に生じるとき、人間は外界のテンポとは異るテンポをもつことができます。人間の場合、何

（外界の時間経過）

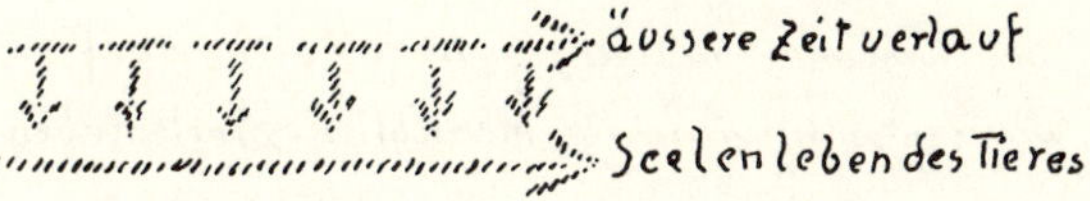

（動物の魂のいとなみ）

かが印象を与え、そして過ぎ去っていったあとで、自分を印象から切り離し、いわば出来事の外的経過、外的な時間の歩みを自分の中から閉め出すことができます。外界の経過に従わなくてもいいのです。

心の内部でも時間が経過します。その時間は、外的な印象と結びついていませんが、過去の生活のイメージがこの内なる時間に働きかけます。そうすると次のような事態が生じます。

もう一度、動物の魂のことを考えてみて下さい。動物の内的な体験は外界の時間の経過と並行しています〔図参照〕。動物の内なる魂のいとなみは、外界の時間経過に帰依し、そしてまた自分の体の知覚にも帰依しています。

実際、例えば動物が食物を消化するときも、内からイメージが生じて刺戟を与えます。この動物の魂の在りようを観察するのは、非常に興味深いことです。動物の場合、外界の時間経過が内面に絶えざる刺戟を与えていますから、

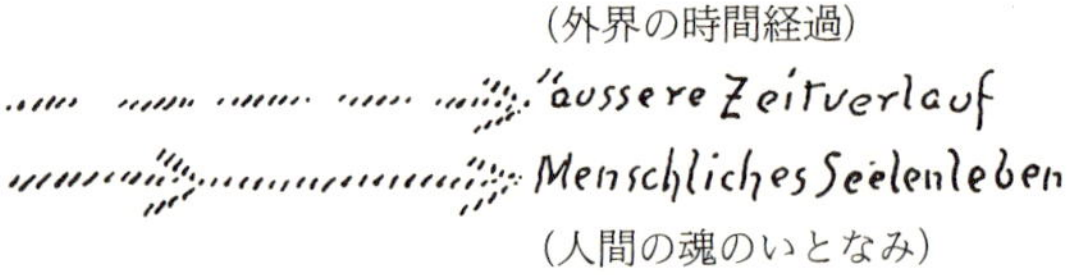

動物にとっては生きているどの瞬間も退屈する余地はないのです。

人間の場合は違います。外界の対象は、いつも興味深いわけではないのです。事物がもはや興味をひきつけなくなります。けれども外界の時間は経過していきますから、人間の内なる魂のいとなみと外界の時間経過との関係は上のような図で表せます。

外から印象が人間の魂に働きかけてきます。人間はそういう印象を数限りなく体験してきましたから、その印象にもはや興味をもたなくなっています。そうすると、内なる魂はいとなみを中断します。そのときも魂のいとなみと共に時間が経過していきますが、時間は空虚なままなので、魂は退屈しています。充たされぬ時間のせいで、退屈しています。しかしそういうときの充たされぬ時間の中には、何が働きかけてくるのでしょうか。欲求を抱きながら、何も得ることのできずにいた古いイメージが働きかけてくるのです。動物の場合、一定の方向から絶えず刺戟を受け続けますが、人間の場合、過去から未来への時間方向の中で、欲求が印象を求め、イメージが新しい内容、新しい豊かさを求めているのです。そのイメージは過去から未来へ向って、独自の生活をいとなもうとしているのですが、このことが動物に対する人間の長所なのです。そこで誤解をさけるために、次のことも述べておきたいと思います。

退屈に対しては、治療法があります。イメージの中には、欲望だけでなく、内容も生きていますが、その内容をイメージは過去から未来へ担っていきます。イメージそのものが何かを過去から担ってくるのは、魂が高度に発達していることの証拠です。自分のすでにあるイメージの中に興味をひくもの、未来の魂をも充たしうるものがあるかないかは、大きな違いです。ですから或る時点で退屈することがあっても、その魂がすでにある内容豊かなイメージによって充たされるなら、そのイメージが退屈を癒して、更に未来へ向けて働き続けるでしょう。

ですから、退屈を自分で癒せる人とそうできない人との間にも、大きな違いがあるのです。この違いは、イメージが独自のいとなみをもっているので、私たちがそのいとなみを自由にすることができず、もっぱらそれに帰依するしかないことを示しています。

私たちは、イメージを内容豊かなものにしようとしなければ、退屈するしかありません。内容豊かなイメージによってのみ、私たちは退屈せずにいられるのです。このことは非常に重要です。なぜなら、通常の人間生活は、充実した魂のいとなみと外的生活全般との間に一定のバランスを保っています。内容の貧弱な魂、つまり退屈している魂も、時間の中を生き続けます。時は待っていてはくれないのですから。しかしその魂は身体にとって有害な魂なのです。退屈ばかりしていると、病気の原因になります。「死ぬほど退屈だ」と言いますが、もちろんすぐに退屈のあまり死んでしまうわけではないにしても、その退屈は実際に心に有害な作用を及ぼすのです。そしてその毒の作用は魂の領域全体に拡がっていくのです。

ですから、きっと皆さんには殆んどペダンチックな感じさえ与えたかも知れませんが、今日はいくつか大切な事柄を率直に述べさせてもらいました。現実の魂のいとなみの中にますます深く入っていくことができなければ、何にもならないからです。魂のドラマに通じるには、微妙な相違に眼を向けなければなりません。このドラマの主人公は中心に位置する自我です。私たちのすべての中には、通常の私たちよりももっと賢明な誰かがひそんでいます。この誰かが私たち自身よりも賢くなかったなら、私たちはひどい人生を過ごすことになったでしょう。

私たちはつい、魂について、霊について、体について、奇妙な考え方をしてしまいます。こういう問題をさまざまな仕方でごちゃまぜにしてしまいます。まだ学問が見霊体験に基礎を置いていた古代の人びとは、体のいとなみ、魂のいとなみ、霊のいとなみを正しく区別できていましたが、九世紀におけるローマ・カトリック教会の或る公会議で、霊が人間の中から取り除かれ、そして人間は体と魂から成るという教義が一気に決定されました。霊は本当に取り除かれてしまいました。皆さんがキリスト教の教会史をお知りになったら、霊が取り除かれた結果どういうことになったか、納得していただけると思います。もちろん何人かの人は、「霊」としか言いようのないものが人間の中に生きていると思っていましたが、そう思う人は悪しき異端者にされてしまったのです。人間を知るのに体と魂とでは満足できず、第三に霊を導入しようとするのは、ひどい異端者のやることだったのです。このことは、体と魂と霊について語るという、絶対の正しさが確信できなくなってしまったことの結果にすぎません。そして体、魂、霊について語るのをやめた瞬間に、人びとはすべてをごちゃまぜにしてしまいました。霊、魂、体だけでなく、すべてをごちゃまぜにするようになったのです。何が霊で何が魂なのか分からなくなったとき、他のことも見えなくなってしまい、その結果、精神生活への自由な展望が失われてしまったのです。

しかし、人間の本性について不十分な区別しかできなくなったあとでも、善き霊とも言えるものが人間を守ってくれていました。ですからヨーロッパの人間は、真実についての感情を、まったく暗い状態で保ち続けました。言霊が人間のまわりで働いていた結果、そのような暗い真理感情を保つことができたのです。

　言語は本当に人びとよりも賢いのです。人間は言語を随分荒廃させてしまいましたが、しかし言語のすべてが荒廃してしまったのではありません。言語は一人ひとりの人間よりも、もっと正しく、もっと理にかなっています。ですから言語は、人間の魂を刺戟し、人間の魂に印象を与えるのに、非常に正しい働きかけをしてくれます。それに反して人間が自分で判断すると、判断を間違ってしまうのです。そこで言語に従う人が正しい感じ方をする例をあげてみようと思います。

　皆さんが第一に木の前に立ち、第二に鐘の前に立ち、第三に人間の前に立ったと考えてみて下さい。皆さんは、外界が語る事柄から、それ故直接的な感覚印象から判断し始めます。自分の魂のいとなみを活発に働かせて、木に向って、鐘に向って、そして人間に向って判断します。木を見ると、「青葉が茂っている」、と言います。そう言うとき、言葉の精霊に従ってそう判断しているのです。

　次に鐘を見て、その感覚印象を表現しようとするとき、「鐘が鳴る」と言います。鐘が音を発する瞬間に、皆さんは自分の知覚したことを、「鐘が鳴る」という言語判断で表現します。

ですから「青葉が茂っている」と言うことで、緑樹を表現しました。そして鐘の印象を、「鐘が鳴る」と言うことで表現しました。

今、私たちは人間に向って、「人間が語る」と言います。外的な知覚を言葉にして、「人間が語る」と表現します。

以上の三つの判断、「青葉が茂っている」、「鐘が鳴る」、「人間が語る」という三つの種類の判断を考察してみましょう。この三つの場合、いずれも感覚印象について述べられていますが、言語判断として較べてみると、感覚印象がとても異っていることに気がつきます。第一の判断「青葉が茂っている」の場合、それによって何が表現されるのでしょうか。木に関わる事柄が表現されていますが、三時間後も、六時間後も同じである何かが表現されています。持続する何かがです。「鐘が鳴る」の場合はどうでしょうか。同様に空間に存在しているものが表現されているでしょうか。いいえ、違います。空間にはまったく存在せず、時間内に生じる何か、生成し、流動する何かが表現されています。言葉の精霊は非常に賢いので、空間内に置かれているものと時間内に生じるものとを同じ仕方で語ることができないのです。木が空間内に持続して存在している限り、言語は「茂る」という動詞を直接使うことができません。「している」という助動詞に助けを求めなければなりません。言語的に時間を持続して生きられるようにしてくれるものをです。その場合は「茂っている」と言わなければなりません。「青葉が茂る」と言うと、もはや持続ではなく、言霊は私たちのイメージを時間の経過へ、緑色の生じることへ移します。実際、言語の中には精霊が、すばらしい精霊が働いているのです。言語は人間によっていろいろにそこなわれましたが、空間内に置かれているものに対して直接、動詞を用いることを許さないのです。

そして経過、生成に関わる「鐘が鳴る」の場合、私たちは「している」という助動詞で経過を表現できません。せいぜい「鐘が音を発している」という言い方をすることで、動詞の意味を状態に変化させることができるだけです。しかしそういうようにして不自然な言い方に変えてしまうと、言語をそこなってしまいます。

さて、第三の判断、「人間が語る」はどうでしょうか。この場合、感覚的知覚を「語る」という動詞で表現しています。一体、「鐘が鳴る」と「人間が語る」の間には、どんな違いがあるのでしょうか。前者の判断では、問題点が語られています。なぜなら、音が問題なのですから。しかし「人間が語る」の場合は、問題点にはまったく触れられていません。「語る」だけではまったく表現されていないものが問題なのですから。すなわち人間の語る内容が問題なのですから。

動詞が表現するものは、感覚の刺戟なのではなく、表現の内容なのだとすれば、ここでの皆さんは、言語を使って内容の前で立ちどまっているのです。「鐘が鳴る」という判断をするときの皆さんは、なぜ立ちどまらずにすみ、そしてもう一方の場合はなぜ内容の前で立ちどまるのでしょうか。なぜなら、あとの場合、生きた魂に直接迫っていこうとしているからです。言霊が許してくれた言葉ではまだ内容に関われません。まだ私たちが向き合っているものを外的なものとして性格づけています。私たちが鐘の内面を言葉にするときは、その金属質な内面を「鳴る」という言葉で表現します。しかし私たちが魂の内面性をもつ生きた人間の前に立つとき、すでに言語を通して、内面性を言葉にすることから護られています。

そのように、言語の霊は場所や空間に関わる事柄と、過程や生成に関わる事柄、魂の内面性に関わる事柄との間の区別を理解できるものにしてくれます。私たちが魂の内面性を外から述べるときは、言語の中で、その内面性に対し、おずおずと畏敬の念を抱いて立ちどまります。私たちはそう語ることで、魂の内面性を大切にしているのです。そして、このあとの講義の中で述べますように、私たちは魂を、周りを境界づけられたものとして、その境界にまで内部から波打つもの、その境界に向って内部から打ち寄せるものとして捉えたいのです。その魂を外から記述するときの私たちは、内面性の前に立

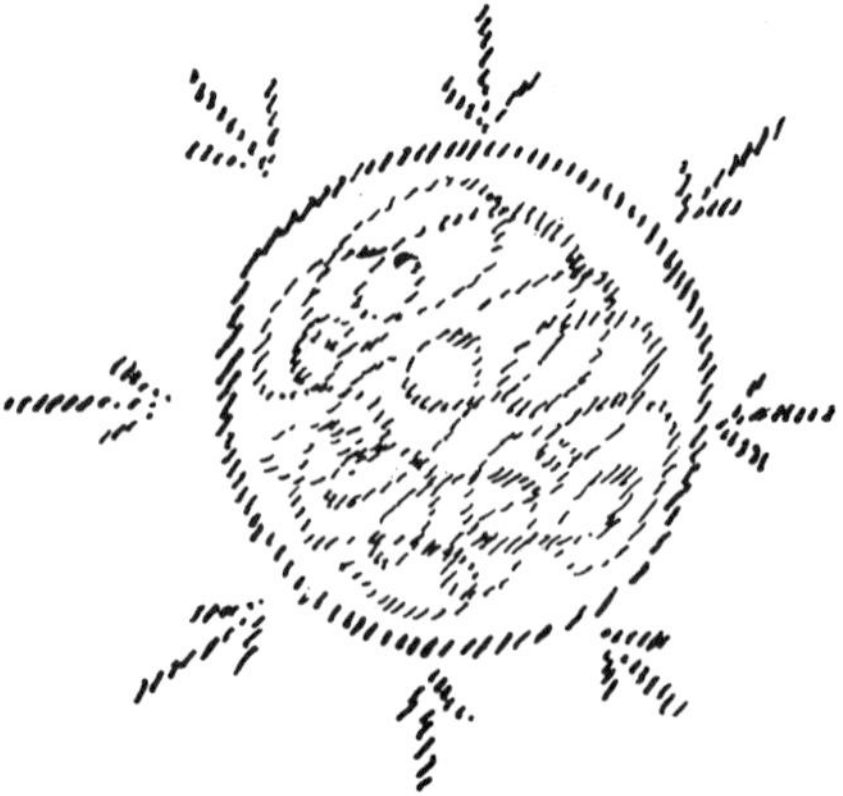

ちどまるように、言語の霊によって強制されているのです。

魂の真の本性を一種の内的構造物として捉えるとき、外から来るものは、内部でそれに抵抗しているものにぶつかります。このことを、はっきり知っておくことが大切なのです。従って、魂を円形にイメージしたいのです〔図参照〕。その円へ向ってあらゆる方向から感覚体験が打ち寄せてきます。そして内面に打ちあたり、内なる魂のいとなみが波立つのです。

しかし今日言いましたように、この魂のいとなみは、内的に独立してはおらず、自立したイメージの独自のいとなみを内部に抱えています。内面生活の中に取り込まれたイメージは、時間の中で生き続けています。

イメージのこのいとなみは、魂の中で外界から区別されているのですが、そのイメージは、魂の中に起源をもつイメージである限り、私たちの最高の喜びと最大の苦しみの原因になっています。そのことについては明日からお話しいたします。また、イメージが私たちの魂の中に呼び起こす苦悩を癒すのは、何といっても霊なのです。しかし、外なる身体生活において、空腹が充たされなければならず、そうすることが健康を促すように、内なる魂のいとなみにおいてもそう言えます。つまりイメージは他のイメージによる内的な養分の摂取を求めています。

しかし空腹を充たす以上に食べ過ぎてしまうと、健康がそこなわれます。魂の運命は、新たに入ってくるイメージが健康を促進するのか、または健康をそこなう働きをするのか、ということと無縁ではありません。霊はイメージの飢えに対して健康を促す働きをするだけでなく、イメージの過剰に対しても医師として働いているのです。

——第二講終り

ゲーテ「永遠のユダヤ人」断片

高橋 巖 訳

真夜中に唄い始めた。
狂ったようにベッドからとび起きたあの時ほど、
胸の高まりを感じたことはなかった。
私は旅人を唄い始めた。
数知れぬ奇蹟を見てきた男の唄だ。
冒瀆的な嘲りの中でも、
計り難い神は奇蹟をあらわし給う。
どんな時にも、いかなる場所でも。

名調子の詩を詠む才のない私だが、
衝動が、そして義務が、
私を詩作に駆り立てる。

聖地ユダヤに靴屋がいた。
その信仰心を知らぬ者はなかった。
教会が堕落していた時代に
半ばエッセネ派、半ばメソジスト、
ヘルンフート派でそれ以上に分離派。
十字架の苦悩に深く心をいたし
頑固なあまり馬鹿げたふるまいに
及ぶことも多々あった。

祭司は昔も今も相変らず
役職につけば同じになる。

けれども靴屋とその仲間は、
日夜奇蹟を祈った。
みんな金《かね》のために説教しているのに、
自分に霊が降りたふりをする。
シオンの娘に気を配ったふりをする。

ああ、どの祭壇にもどの説教壇にも
モーセとアーロンはいない。
神礼拝は世俗の行事になりはてた。

「大バビロンに禍いあれ、
主よ、この大都市を地上から
抹殺して下さい。
棒ぐいにしばって焼いて下さい。
そしてその栄光を私たちに下さい。」
群衆はそう歌い、寄り集まり、
霊の火、愛の火を受けながら、
神殿の中では退屈し、あくびをした。
しかし、美は誰の手のとどくところにも残っていた。
そして誰もがたわごとのように美を語った。
実際、教会の中の司祭は皆、人びとに
信仰を説き、人びとを拘束し、
そしてまた外に送り出す。

司祭だって他の人と同じ罪人のくせに。
あんな利口者にはなりたくない。

もっとも偉大な人物も人の子だと言う。
もっとも偉大な頭脳も他の人と変りない。
それなのに司祭らは逆だ。
他の者たちと共に足で歩こうとしない。
人の頭の上を歩こうとする。
皆の大切なことを馬鹿にする。
真の賢者が敬うものが彼らを怒らす。

司祭たちは大声でわめいた。――
「最後の時が来た。
罪人よ、悔いあらためよ！」
あのユダヤ人は語った。――
「そんなことではだまされない。
最後の日のことは前から聞いているが、

父を知っている人は、
みんな火刑に処せられてしまった。

友よ。人間は馬鹿だから、
神を自分に似せて考える。

おどされた心が助けを求め、
罪人が熱い涙を流すのを見るとき、
どんな思いが私の心を襲うかを
友よ、お前は感じてはくれない。……」

父は玉座にあって愛する子を呼んだ。
二度も三度も叫ばなければならなかった。
すると息子はあちこち
星につまずきながらやってきた。
そして「何か御用ですか」、ときいた。
父は「どこにいた？」とたずねた。

「私はあすこでまたたいているあの星で
手にあまる仕事に取り組む人たちを
助けていました。」
父はひどく怒って言った。
「余計なことをしたな。
あの地球をよく見てみろ。お前がいなくても、
美しい、よく出来た星じゃあないか。
お前は人間好きの血をしているから、
こまった者たちをすぐ助けようとする。」
……

その後子は地球に降りてきた。
よく見ると、海と陸がまじかに見え、
しばらく忘れていた気持ちが
こみ上げてきた、
人間が自分と一緒に仕事をしていた
時のことを思い出して。

子は山の上にしずかに立ち、
友なるサタンがはじめの頃に、
世界のすべてを、その美しさのすべてを
指し示したのを思い出した。

子は天空を飛翔しつつ
大気を味わい、世界のもっとも
しあわせな状態も、すでに悲しみの
予感を含んでいるのだ、と感じた。
子は苦悩の丘での最後の時を思い出して
思わずこうつぶやく――
「地球よ、限りなくお前を愛している。
私の兄弟たちよ、お前たちのすべてに幸いがあるように。
三千年後の今、私の心臓から
ふたたび血が流れる。
そして喜びの涙が私のつらい瞳から
流れ落ちる。

私の兄弟なる人間よ、
どんなにお前にあこがれていることか。
お前は心も愛もまずしい故に、
心の底から私に訴えかけてくる。
私は来て、お前を大事にしたい。
この世は、混乱と秩序と誤謬に充ち、
喜びと悲しみが入り交っている。
母は私を葬るために生み落とした。
天地創造に立ち合った私でも、
この母のことはよく分らない。
人間よ、お前は感覚を曇らせて、
私の日の来るのを願っている。
お前を襲う蛇のような欲望から、
お前は逃れようとするが、
逃れても逃れてもまたつかまる。
そのことが星空の広間から呼びかけてくる。
そして神の胸を安らわせてはくれない。

私はもう一度お前のところにくる。
そして種を播き、実をみのらせる。

人間はものほしげにあたりを見廻す。
その眼は人間を裏切っている。
この世はまったくあの頃のままだ。
闇の霊なる古代の主が、
おそれはばかることなく、
明るい日の下でも
傲慢にふるまっている。」

救世主は、叫んだ。
「私の言葉から流れ出た光は、
どこにあるのか。
私が天からつむいできた糸は、
どこにあるのか。
私の血から生じた忠実な証人たちは

どこへ行ったのか。
ああ、私の送った聖霊は
どこへ行ったのか。
聖霊の息吹きはみな消えてしまった。
自然の愛するいとなみは
永遠の渇望と曲がった爪の手で、
おぞましい、ひからびた腰つきで、
盗みを働き、
豊かにみのった畑を眺める隣人の
無邪気な喜びをだいなしにする。
君主は奴隷をあの大理石の家に閉じこめ、
その中で狂った羊たちが狼を産み出すようにしむけている。
人間の髄を集めて、気まぐれを満足させている。
私の名の下に、
幾千人もの人間の生き血をすすり、
貧しき子らのパンで
自分のからだを満足させている。」

彼はいたるところに十字架を見た。
キリスト教徒は自分と教会の十字架のために
キリストとその十字架を忘れ果てた。
隣の国へ行くと、そこにも十字架が
教会の旗に印されていたが、
神がその土地にいるとは思えなかった。

或る男が言った。「ここは
あらゆる願いのとどく平和の港だ。
ここは国の中心の地、正義と宗教の
支配するところだ。」

彼らはますます近づいてきた。
しかし主は自分のものをそこに見なかった。
彼の内なる信頼は少なかった。
以前はいちじくの木のところへ行った。

けれども今、もっと先まで行って、
その木の枝の下を見ると、
みんなは門までやってきた。
その中で、高貴な顔だが質素な服をまとったキリストは、
見知らぬ者のように見えた。
人びとは語った。「この人は遠くから来たに違いない。」
書記が彼の名をたずねると、
彼は謙虚にこう答えた。——
「みなさん、私は人の子です。」
そして静かに立ち去った。
彼の言葉は昔から力強かった。
書記はぼーっとつっ立っていた。
番人はなにがなんだか分らなかった。
誰も何も言わなかった。
彼はまっすぐに通りぬけていった。
そこで彼らは口々に問うた。
「この人は奇妙なことを言ったね。

人の子、と彼は言った。」
彼らはいつまでも考え続けた。
ついにブランデー好きな伍長が語った。
「君たちはどうしてこんなことに頭を悩ませているのかね。
自分の父は人間だ、と言ったのだ。」

キリスト教徒はそのお伴に言った。
「お前たちが知っている神人のところへ連れていってくれ。
お前たちの主任司祭のところへだ。」
主任司祭は、
高座についてはいなかったが、
心臓には厚い皮膚が被っていて、
一緒に歩いているのが誰なのか、
えんどう豆ほどの大きさにも感じていなかった。

主任司祭の家に着いた。その家は
大昔から立っていた。

宗教改革にもおいしいところがあった。
そして司祭から家屋敷を取り上げ、
別の司祭に恩着せがましく与える。
その司祭は司祭で、しかめつらよりもおしゃべりが好みなのだ。
彼らは扉をノックし、ベルを鳴らす。
それから彼らが何をやったのか、
誰も知らない。
ともかく、中から料理女が出てきて、
前かけからキャベツを取り出して
語った。「主は修道院におられます。
今日は彼とお話しできません。」
キリスト教徒は言った。――
「一体修道院はどこにあるの。」
「それを知ってどうなさるの。」
料理人たちは答える。――
「誰でもがその方向へ行くとは限らない。」

心智学　第三講　外的な感性と内的な感性――感情と美的判断――感情と意志

ベルリン　一九一〇年十一月三日

今日はふたたび詩の朗読から始めようと思います。この詩は、今日と明日お話しすることの理解に役立ってくれる筈です。今回の詩は、詩人とは言えぬ人物の作ですので、この人物の他の業績に較べると、思いつきの産物にすぎないように見えるかも知れません。この人物の魂の奥底から現れた魂の開示とは思えないかも知れないのですが、しかしまさにそうだからこそ、今回の連続講義のテーマに関わる事柄を、特によくこの詩が示してくれているとも言えるのです。

この詩を作ったのはドイツの哲学者ヘーゲルなのです。彼はこの詩の中で、人類の秘儀参入の秘密を扱っています。

（ここで「エレウシス――ヘルダーリンに捧げる」が朗読される）［本講末尾、二一二頁以下参照］

これまでの二回の講義で、私は、魂のいとなみが、どんな場合にも判断と、それから欲求に関わる愛憎体験という二つの要素を示していると主張してきました。しかしそのような主張だけでは、魂のいとなみのもっとも重要な働きである感情が無視されているように見えます。魂は、その内的な在りようを感情によって体験しています。ですから、この講義を聴いて、魂の本来の働きとは言えないものによって魂のいとなみが論じられており、感情の高まりや感情の揺れ動きが顧慮されていない、と思った人がいてもおかしくありません。

そこで、昨日取り上げた魂のドラマを、先程の二つの要素から出発し、そこから感情に迫っていくことで、よりよく理解できるものにしていきたいと思います。そのために、ここでも卑近な事実から始めたいと思います。私たちの感覚の門を通して獲得される感覚体験からです。感覚体験は私たちの魂のいとなみの中に入ってきて、魂の中で生き続けます。魂の波は、感覚の門のところにまで打ち寄せ、そして、この感覚の門から自分の中に感覚知覚の体験を取り込みます。そうすると、この感覚体験は、魂のいとなみの中で独立したイメージとなって生き続けます。どうぞ、この事実を欲求に由来する愛憎体験と較べてみて下さい。愛憎に関わるすべては、外からではなく、魂の内奥から現れてくるのです。

魂を観察しますと、先ず魂の中心から欲求が立ち上がってきます。表面的に考察するだけでも、この欲求が魂の中で愛憎の体験に到ることは明らかです。けれども、もしも私たちが欲求をもともと魂の中にあるものだと考えるなら、間違ってしまいます。

欲求は魂そのものの中に求められるべきではないのです。魂の全体に眼を向けるなら、欲求は外界に向き合ったときに現れ、そして愛と憎は、魂そのものの中で欲求の表現となって生じます。イメージを問題にする限り、魂の最大の体験範囲は、魂のいとなみの境界に存する感覚の門にまで拡がります。これに反して、魂の中で働く欲求は、愛と憎となって魂の中心点から立ち現れます。

そこで今、私たちが認識してきたことを図で説明してみましょう。魂の内面を図に描くには、円の内部として描くのがいいのです。その円の内部には、多様な魂のいとなみが現れています［次頁図参照］。

感覚器官を実際に門として考察してみましょう。これまでも「人智学」を取り上げたとき、そう申し上げました。ここではただ、外界に向って開かれた門として考えるだけで十分です。内なる魂のいとなみを図に表すときには、愛憎となって働く欲求の流れが中心からあらゆる方向へ向って湧き起こってきます。私たちの魂は、欲求の流れにまったく充たされており、その流れが感覚の門のそれぞれにまで打ち寄せてきます。

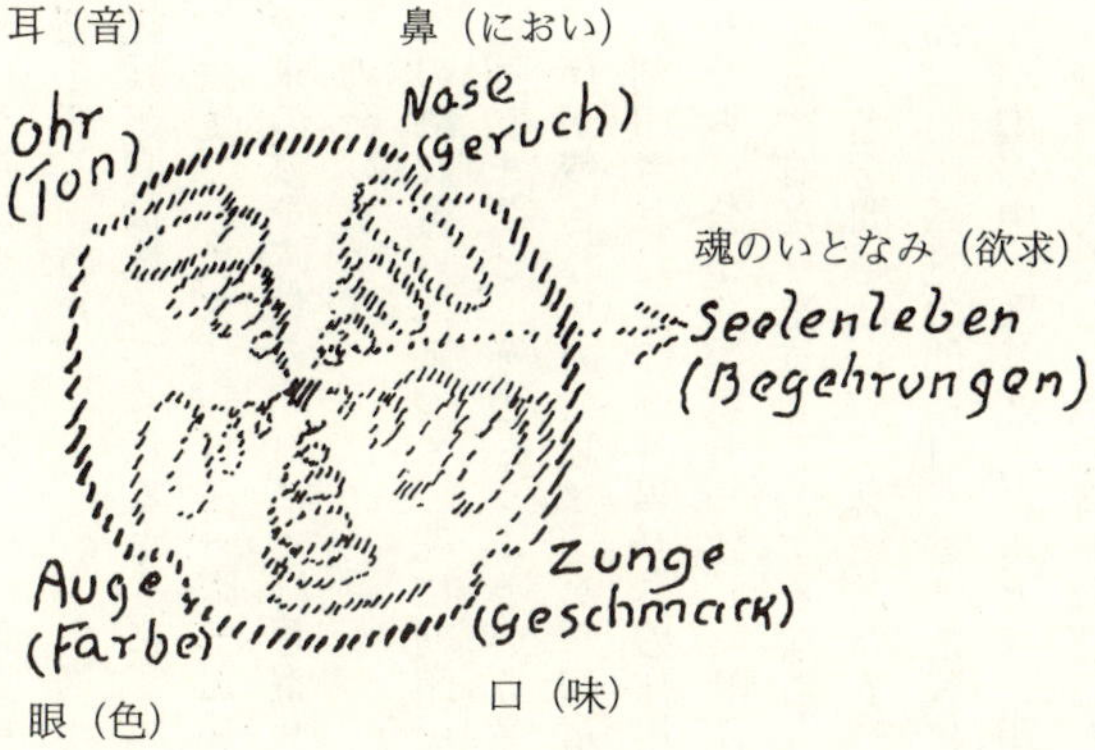

例えば聴覚による音の体験、視覚による色の体験は、どのようにして生じるのでしょうか。外界の内容を顧慮しないで、感覚知覚、つまり魂と外界との相互交流が生じる瞬間を考えてみましょう。感覚器官の門を通して、外界から直接色や音が現れてくる瞬間のことを、生きいきと思い描いて下さい。次にこの感覚体験から離れて、魂が更に時間の中で記憶像（記憶のイメージ）としてその感覚体験を持ち続けていると考えてみて下さい。

前に言いましたように、感覚知覚の記憶像と感覚知覚そのものとを区別することが大切です。この区別がなされませんと、ショーペンハウアー主義から先へ進めません。ですから、魂の中の記憶像として体験されるものと、感覚知覚として体験されるものとを区別しなければなりません。では、魂が感覚知覚の門を通って外界にさらされる瞬間に、何が起きるのでしょうか。

経験が直接教えてくれるように、私たちの魂は、本当に欲求と愛憎の満々たる流れの中で生きています。昨日と一昨日に述べた範囲内においてはです。そして魂がみずからの欲求の波を感覚の門にまで打ち寄せるとき、この欲求は感覚体験の瞬間に外界と本当に触れ合います。

この触れ合いによって、魂に刻印が押されます。ミラーという名が刻まれた印章を封蠟に押しますと、そのミラーという名が封蠟に刻印づけられます。ではこの刻印の中には、何が残されたのでしょうか。印章によってつけられたミラーの名が残りました。そこに刻印されたものが外界からの作用と一致していないなどとは言えません。そう言うとしたら、公正な観察と一致しません。カント主義と一致するだけです。皆さんがただ外なる物質だけを見ようとするなら、それだけですでにカント主義です。しかしミラーという名を問題にして、真鍮という物質を問題にしないなら、こう言わなければなりません。――感覚の門に打ち寄せた魂に、外からひとつの刻印が押されたのだ、と。この刻印が魂の中に取り込まれるとき、印章そのものが取り込まれるのではありません。印章を取り込んだり、色や音を取り込んだりするのではなく、刻印づけられたものだけを取り込むのです。その場合、感覚体験の中に生きているのは、欲求と愛憎です。

欲求、愛憎とは何なのでしょうか。単なる感覚体験においても、愛か憎の働きをそこに感じとることができます。直接的な感覚体験の中でも、一種の欲求が外へ向けて迫ってきます。もしも欲求に似たものが感覚体験に侵入しなかったなら、私たちは、更なる魂のいとなみの中にその欲求に似たものを受けとることはなかったでしょう。そして記憶像は何も生じなかったでしょう。

けれども音や色の知覚、においの知覚などに内部から欲求が働きかける場合があります。そうすると、その働きかけが注意力の働きに変ります。もちろん私たちの感覚体験は、外界と感覚器官との間に存在する法則に従って、私たちに印象を与えます。けれども私たちの受けとる印象が、魂のいとなみの中で更に生き続けるためには、注意力が内部からその印象に向っていかなければなりません。その注意力が大きければ大きいほど、魂は感覚体験を記憶像として担い続けていくのです。ですから外界と結びつくときの魂が、内部に存在する欲求の働きを魂のもっとも外側にまで送り出しますと、その働きが、注意力となって現れるのです。

もう一方の魂のいとなみである判断は、この直接的な感覚体験の場合には、排除されています。その場合には、欲求が、つまり外的な印象に対して帰依し、身をさらす魂の行為があるだけです。感覚印象の特徴は、注意力が判断力を排除することにあるのです。魂が赤い色や或る音に身をさらすとき、そこには欲求だけが働いており、判断は抑えられ、排除されているのです。正確に考察しようとするなら、正確に境界を定めなければなりません。例えば、赤い色を見て「赤い」と言うときの私たちは、すでに判断していています。色の印象に帰依しつつ留まり続けるときにのみ、魂と外界との間に対応関係が生じるのです。欲求と外界とのこの相互作用を通して、魂の中に一体何が生じるのでしょうか。

正確な認識を得るために、ここで感覚的知覚と感覚に感じとったこととを区別したいと思います。前者の感覚的知覚は、外から来る印象に身をさらしたときの体験でしたが、〔後者は、前講では「感じ」と表現しました。ここでは「感覚的感性」と言い換えておきます——訳者〕感覚的感性は魂の内部で持続する体験です。その持続の中で、欲求がさまざまに生じます。注意力は、そこに欲求が生きていることを示しています。ですから、私たちの魂の中に生き続けるのは感性であり、感性はさまざまな形をとった欲求なのです。実際、私たちは自分の魂の本質を、感覚像、感覚的感性としても体験しているのです。私たちの魂の中の波打つ欲求を貫いて、感覚的感性が生じます。

すでに見たように、感覚的感性は、感覚の門のところで、魂のいとなみと外界との間に生じます。しかし、一度こう考えてみて下さい。私たちの中の欲求能力が魂のいとなみの境界にまで行かず、魂のいとなみの内部に留まり続けたとします。感覚体験は、欲求能力が魂の表面にまで達した場合でした。しかし、欲求が魂の前面に現れてきたのに、魂のいとなみの境界までに到らず、いわば魂の内部で鈍らされ、そこに留まり、感覚の門にまでは達しなかった、と考えてみましょう。その場合何が生じるでしょうか。

欲求が現れても、先へ進まなくなってしまったとき、感性が生じます。感覚的感性は、外からの力、つまり感覚的印象が欲求を先へ進めなくしてしまうときに生じます。外界と直接触れ合った欲求が、先へ進まなくなり、——境界の少し手前で——魂の内部へ引き返さなければならないとき、内的な感性が生じます。そしてその時生じる内的な感性こそが、感情なのです。

ですから感情は、変化した欲求なのです。感情は、立ちどまり、みずからの内部に立ち帰った欲求なのです。この欲求は、魂のいとなみの境界にまでは打ち寄せることなく、魂のいとなみの内部で生きています。ですから感情もまた、欲求能力を本質的に含んでいます。そうであるとすれば、感情そのものは、魂の新しい要素なのではなく、本質的に、現実的に、魂のいとなみの内部で演じられる欲求経過に他ならないのです。[次頁図参照]

（魂の境界）

Begehren, das nicht bis zur Grenze der Seele geht, wird Gefühl

（魂の境界にまで達していない欲求が感情になる）

今述べたことをふまえて、判断と、そして欲求に由来する愛憎体験とを、ここで性格づけてみましょう。私たちは次のように言うことができます。――魂の中の判断はすべて、一定のときに終ります。しかし欲求もまた、一定のときに終ります。

魂の判断は、決断が生じ、判断が正しいイメージを生じさせたときに終ります。そして欲求が終るのは、満足を見出したときです。ですから実際に、私たちの魂の中のどんな欲求も、満足を求め、そしてどんな判断も決断を求めているのです。魂のいとなみの中で、一方では判断がまだ結論にいたらぬ間、決断にいたろうと努めています。そしてもう一方では、欲求が満足を見出すまで満足を求めています。

ですから次のように言うことができます。——魂のいとなみは、判断と欲求という両要素から成り立っています。そして私たちの魂のもっとも重要な事実は、——どんな魂もこの両要素を内に含んでいるので——決断と満足へ向って魂が流れていく、ということなのです。私たちが魂のいとなみをその流れの中で考察するとき、そのいとなみは、実際に決断を求め、満足を求めて流れているのです。

感情生活を考察するとき、多様な感情生活のこの二つの根源を、容易に見てとることができます。感情生活の中には、例えばいらだち、希望、憧れ、疑惑、絶望のような現象が見られます。これらの言葉を具体的に理解しやすいものにするには、満足と決断という二つのキー・ワードが必要なのです。

いらだち、希望、憧れ、疑惑、絶望、これらさまざまな感情のいとなみはすべて、判断力が決断を下し、欲求能力が満足を見出すための働きの中で現れています。どうぞ一度、いらだちの感情を生きいきと思い出してみて下さい。いらだちの中には、満足を求める働きが現れています。そしてそこには魂の中を流れる欲求が生きています。いらだちは満足を見出したとき、その働きを終えます。その場合、判断力は殆んど働いていません。

希望の感情を取り上げますと、希望の中にも欲求の絶えざる流れが容易に認められますが、その一方で判断力が決断を求めて働いています。希望の感情を分析すると、そこにこの両要素が流れているのが容易に見てとれます。すなわち、決断を求める判断の中に、欲求が染みこんでいます。そしてまさにこの感情の中でこの両要素が互いに均衡をとって存在し、天秤の両方の皿に同じ重さのおもりが乗っているように、絶対のバランスを保っているのです。ですから希望の感情は、他からの影響を受けようとしない感情なのです。そこでは、満足を求める欲求とまったく同じ程度に、正しい決断が求められています。もうひとつ別の感情は、実現を求める欲求の働きによって生じますが、しかしこの欲求は、自分では決断を下すことのできない判断力に貫かれています。欲求が決断を下すことのできない判断力と結びついているのです。それが疑惑の感情です。

このように、広範囲の感情の働きの中で、判断と欲求とが特別の仕方で共に働いているのです。もしも感情の中にこの両要素がまだ見出せなかったなら、更にそれらを求めていかなければなりません。まだ求め方が不十分だったのですから。

魂のいとなみの一方の要素である判断の意味を知るには、こう言えなければなりません。——判断はイメージとなって完結する、と。このイメージは、生活上、真実であるときにのみ意味をもっています。真実はその根拠を真実自身の中にもっています。魂だけでは、真実かどうかを決めることができません。そのことは、魂本来のいとなみと真実との関係を考えてみれば、誰にも感じとれます。ただ次のように考えてみればいいのです。魂の中の判断は、熟慮とも言えますが、判断＝熟慮は、最後にはイメージに到ります。しかしそのイメージは、判断＝熟慮によって正しいイメージになるのではなく、まったく別の、魂の恣意を超えた、事実に即した理由から正しいイメージになるのです。ですから正しい決断をしようと努める際の判断は、魂の恣意を超えたところで生じるのです。

知られざる地下の深みからのように、魂の内奥から湧き出て魂の四方八方へ拡がっていく、魂のもうひとつの要素が欲求です。この欲求もまた、魂の外にその根源が見られます。欲求も決断も、外から私たちの魂の中に入ってくるのです。しかし、欲求の結果である満足は魂の内部に生じます。そして外にその根拠をもつ真実のための闘い、決断に到る闘いもまた、魂の内部で演じられます。私たちは魂の内部で判断するときには、いわば闘士であり、欲求するときには、享受者です。判断するときは、始めだけが魂の働きであり、決断するときには、私たちを魂のいとなみから引き離します。この区別は重要です。欲求の場合は逆で、始めではなく、終りに生じる満足が魂のいとなみの中で生じるのです。

この魂の中に生じる満足をよく見てみましょう。先程私は、感性は基本的に、欲求が魂の境界にまで打ち寄せる働きであり、感情は魂の内部で欲求がいわば自分自身と向き合う働きであると言いました。魂が自分自身の中で、満足という欲求の結果を体験するとき、そこに感情が生じるのです。

しかしそれは、感情のひとつの現れにすぎません。欲求が魂の内部でひとつの結果をもったわけです。別の感情は、私たちの欲求が外の対象に向うときに生じますが、そのときの欲求は、感覚知覚とは異り、外的な対象のいたるところにまで及ぶのではありません。色彩を知覚するときの欲求は外界にまで及びますが、その欲求が魂の内部で感情となるときも、まだ外的対象を欲求し続けています。丁度磁石の針が極に達することなく、極に向っているように、遠隔作用のように対象に関わっています。ですから、外界が魂の境界にまで達していない場合も、魂の内部で欲求を働かせることができるのです。その場合、欲求が対象に向い続けます。対象が欲求を満足させなくとも、欲求し続ける感情が生じるのです。その場合、魂が対象に向き合い欲求が刺戟されても、対象はこの欲求を満足させることができません。欲求が魂の中で働き続けても、満足が得られません。

この現象を考察するために、この現象と、魂の中で結末を見た欲求（満足）とを比較してみると、この二つの欲求、魂の中で結着をつけた欲求とそうでない欲求との間には、大きな違いがあります。満足に終った欲求は魂の中で生き続け、いわば中立化して、魂の内部で魂のすべてに健康な影響を及ぼしています。欲求が満足させられぬままに魂の中に生き続ける場合、魂が対象を失ったあとでも、魂はいわばその無に対して生なましい関連を保ち続け、その結果、魂は満足されなかった欲望の中を生き続けます。現実に基づかない内的な現実となって生き続けるのです。この事実だけからも分かるように、満たされぬ欲望は、体の働きに対しても好ましからざる影響を、病気の原因となるような影響を及ぼすのです。満足した欲望が生み出す感情と、いわば立ちどまったままの欲望が生み出す感情とは、はっきりと区別されなければならないのです。事柄がむき出しのまま現れているときは区別するのが楽ですが、微妙な現れ方をするときは、何が問題なのか分からなくなってしまうのが常です。

誰かが或る対象に向き合っていたとします。そのあと、その人はその対象から離れてしまうと、欲求は対象にまで達することなく、魂の内部に生きるしかありません。その人は、立ち去ったかつての何かが喜びを与えた、または嬉しいものではなかったと語ります。その場合の欲求は、たとえ表面には現れていなくても、満足させられて、または満たされずに存続していきます。

魂のいとなみにとって非常に特徴的な、特別の感情も存在します。感情——結着を見た感情もそうでない感情も——は、外的な対象に向うことができるだけでなく、内なる体験に向うこともありえます。満たされぬ欲望がずっと昔の記憶にまで遡ることもあります。満たされた欲求、満たされぬ欲求のきっかけが、私たち自身の内部に存在する場合です。ですから、外なる対象による欲求と自分自身の内的欲求とを区別してみて下さい。例えば私たちの内面生活には、満たされぬ欲求を示す別の内的体験があります。

或る事柄について考えるとき、私たちの判断があまりに弱く、いくら考えても結論に達せず、決断できぬままに決定しなければならないとします。そういうときの私たちは、自分の欲求に対して不満な状態のままでいます。そうすると、不満足な感情は苦しい、辛い体験になります。しかし感情の中には一つだけ、判断し決断することも、欲求し満足することもないのに、苦しみを感じさせない場合があるのです。外的な対象に直接欲求で向き合うのでも、私たちの内的な体験に直接向き合うのでもない感情です。日常の感覚体験の場合、私たちの欲求は対象に直接向き合いますが、その際は判断していません。判断し始めると、すぐに私たちは感覚体験を超えてしまいます。しかし、もしも判断を、欲求と同じように、外界の感覚印象の直接現れる魂の境界にまで働かせるとしますと、——対象によって呼び起こされた欲求を働かせて、判断力を印象のまさに境界まで行使するとしますと、そのときの魂の中には極めて独特な感情が生じるのです。この

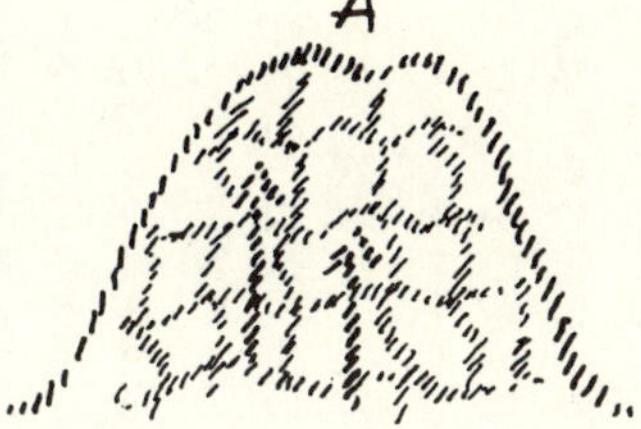

感情は次のように説明することができます。［図参照］

私たちの欲求（横線）が魂の境界、例えば眼にまで流れていくとします。魂の欲求が、感覚体験の門Ａにまで流れ込みます。しかしその時、判断力も働き、同様に外的な印象にまで流れ込みます（縦線）。この図は上述した独特な感情を表現しているのです。

外的な印象にまで達するこの二つの流れの違いを知るには、すでに述べてきたことに眼を向けなければなりません。判断力を行使するときの魂の活動の尖端は、魂の内部にではなく魂の外にあります。なぜなら、真実を判定するのは魂ではないからです。真理は欲求を超えています。欲求は真理の前でかぶとを脱がなければなりません。

そして、何が真実なのかを判断力で決定するためには、魂にとって異質なものを魂の中に取り入れなければなりません。つまり、図における判断力である下から上への線は、私たちの内部から出て、外的なものを包摂します。しかし私たちの魂そのものが欲求生活をいとなむとき、その欲求が境界の外へ出ることはありません。境界で魂の中に引き返すことで、自分の能力の範囲内に留まっています。しかしその欲求は、判断が真実であるかどうかを魂の内部で決定するときは圧倒されてしまいます。しかし、今述べようとしている場合では、欲求も判断も印象にまで流れていき、そして印象を前にしてこの二つの流れが完全に結び合うのです。その時の欲求は流れ出ることなく、いわば真実という異質のものの前で圧倒されることもなく、力を発揮して、魂の境界にまで行った判断を引き戻すのです。

　そのときの欲求は、魂の境界にまで打ち寄せ、そこで判断と共に自分の中に引き返すのです。しかし私たちは、どんな判断を引き戻すことができるのでしょうか。引き戻せるのは、なんらかの意味で芸術と美に関わりのある美的判断だけです。私たち自身の魂がその境界にまで達し、外界の対象のところで引き返し、判断しつつ自分自身の中に立ち戻ることができるのは、芸術を考察するときだけなのです。そう言うと奇妙に思われるかも知れませんが、よく自分の魂を観察してみれば、納得していただけると思います。

　例えば「システィーナのマドンナ」か「ミロのヴィーナス」のような真の芸術作品の前に立ったとき、その対象は欲求を刺戟するでしょうか。確かに刺戟するでしょう。けれどもその作品そのものによってではありません。対象それ自身によって欲求が刺戟されたとしても、その欲求が惹き起こされるかどうかは美的感覚とは無関係です。私たちが「ミロのヴィーナス」の前に立って、内的に何の刺戟も受けないということも十分ありえます。しかし、そういうことがあったとしたら、その対象に心が向いていなかったからです。そういう無関心は、「ミロのヴィーナス」に対してふさわしい魂の働きを向けていなかったからなのですが、すぐれた芸術作品に対してふさわしい魂の働きを向けたときは、欲求の流れが境界にまで流れ込み、そしてそこから何かが戻ってきます。しかしその戻ってきたものは、単なる欲求ではありません。対象を求める欲求ではなく、「何という美しさか」と判断する欲求が戻ってくるのです。

魂の中で欲求力と判断力がみずからと真剣に向き合うのです。その際外界は、私たちの内的活動を活発にしてくれる限りでのみ、私たちに満足を与えてくれます。私たちが「ミロのヴィーナス」を美的に体験できるのは、自分の魂の中でそれを体験する限りにおいてです。直接的な印象をもつとき、私たちが内的活動を外へ流せば流すほど、その活動は内へ戻ってきます。ですから美を享受するには、芸術作品を眼の前にしなければなりません。魂の働きが境界にまで迫っていかなければならないのです。ですから芸術作品を回想することは、どんな場合でも美的判断とは異っています。美的判断は、芸術作品の直接的な印象の下でしか生じないのです。そのときは魂の波が境界にまで打ち寄せます。喜んで境界にまで達し、そして美的判断となってふたたび戻ってくるのです。

今述べたのは、欲求が外の何かの前ですっかり無力になってしまう場合です。つまり美の場合、欲求なのか判断なのかが分からなくなります。そして決断が下されるのは、自由に魂の境界に接した欲求、判断とひとつになった欲求によって促されたときなのです。

ですから内面生活は、美の中で無限に豊かな満足を体験します。欲求が魂の境界に達し、そして単なる欲求のまま引き返すのではなく、外界の事象を判断しつつ引き返すとき、魂は最高度に調和した状態にあるのです。美への帰依ほどに魂を健全にする態度は、他にほとんど考えられません。思考によって認識の成果を得ようと努めるときの魂は、欲求能力を絶えず抑えておかなければなりません。欲求は、真実の前では、かぶとを脱がなければならないのです。しかし魂の健康をどこかでそこなうことなしには、この態度をとり続けることができません。思考の領域で絶え間のない努力を重ね、その間いつも欲求を抑え続けていなければならないというのでは、身体的にも内面的にも、人間がひからびてしまいます。判断と同時に欲求をも満足させてくれるときにのみ、私たちの魂は最高度に調和できるのです。

どうぞ誤解しないで下さい、いつも美を享受すべきであり、真実の追求を不健康な態度だと言っているのではありません。「思考は体によくない。美に没頭することこそが健康のもとなのである。だから私は思考しないで、美に没頭するつもりだ。」もしもこういう言い方がまかり通るなら、真実を追求すべきではなくなってしまいます。そんなことがあってはなりません。大切なのは、魂が次のように言えることなのです。――「真実を求めることは、文化生活、個人生活を維持するための義務なのだ。だから欲求生活を抑えて、真実を追求しなければならない。」

真実であるかどうかを決めるのは、個人の主観ではありません。だからこそ真実は、欲求生活を抑制するように命じるのです。真実が問題になるときには、安んじてその命に従うべきなのです。真実を追求するときには、自己感情を排除しなければなりません。そのことに迷いがあってはなりません。自分を振り返って、自分は真実追求のために判断能力をぎりぎりのところまで働かせて、客観的な態度に徹しようとしている、と思えるとき、私たちは安んじて自分と向き合えます。そのとき、真実の追求は、限りなく私たちを謙虚にしてくれるのです。

けれども私たちがこういう仕方で、ますます謙虚になっていくと、そしていつもそういう態度で生きていくと、最後には自我が解体してしまいます。魂を充実させてくれるものが見出せず、自分の内的生活を実感することができなくなるからです。欲求の内からの高まりを抑えてしまうようなものだけに従って、自我を解体してしまうことは許されません。ですからどうしても、ここで美的判断の助けが必要になるのです。

美的判断の場合、魂の働きが魂の境界に達しても、その働きをまた魂の内部に取り戻すことができます。そのときの私たちは、真実との関連では義務だったものを、欲求の対象にしているのです。真実は私たちに対して、自分を無にして、非利己的に決断を下さなければならないと命じます。真実の追求には、他の態度は許されません。しかし、美においてはどうでしょうか。事情が違います。美を体験するときの私たちも、まったく対象に帰依しています。感覚体験におけるように、内なる魂の波が魂の境界にまで流れ込んでいます。しかしそのとき、何が魂の内部に戻ってくるのでしょうか。外からではまったく得られないものが、外からではまったく決定できないものが、すなわち私たち自身が、ふたたび魂の内部に戻ってくるのです。

私たちは自分を捧げ、そしてふたたび自分を取り戻します。真実追求と同じように、無私の瞬間が生じますが、それと同時に自己感覚を、私たちが昨日と一昨日「内なる主人」と呼んだものを、生きいきと甦らせるのです。これが美的判断の特質です。美的判断における私たちは、自由な贈り物として、自分自身をあらためて受け取るのです。

以上の話からも明らかなように、私は特に今回の講義の中で、少くとも定義づけが可能になるような説明をしなければなりませんでしたが、しかしこれまで何度となく、定義ではなく、性格づけを行いたいと申し上げてきましたように、ここでも「これを感情と呼ぶ」などと言うつもりはありません。魂を輪郭づけ、そして性格づけていくつもりです。

昨年の「人智学」についての講義では、身体性が魂のいとなみに接し、体と心のこの境界で人間を捉え、そして外的な人体形姿との関連を考察しようとしました。あのときのことを思い出して下さい。今回の講義で述べようとしている事柄の土台がそこにあります。今回の心智学講義の最後も、そこに問題を集中させて、最後に生きるための規則、生きるための智慧を提供したいと思っています。そのためにも、これまでの講義で、しっかりと土台を創る必要がありました。

今日の話から、人間の魂のいとなみの中に欲求の対象が波立っていることを示唆できたと思います。昨日言いましたように、判断のような、感情をも伴った体験は、魂の中で独自のいとなみを続けるイメージの活動に依存しています。昨日まとめとしてお話ししたのは、過去に手に入れたイメージがふたたび独自の魂のいとなみになって、独自の欲求生活を行うとき、魂の表面に、生きいきと、まるで泡のように魂の中から湧き上がってくるということでした。

私たちの内部のイメージがどんな生き方をしているのかは、私たちの人生の或る瞬間に、どんな泡が湧き出るかにかかっているのです。昨日述べた「退屈」のように、魂をそこなったり、または魂の役に立ったりする内的な事情は、私たちを幸福にしたりも、不幸にしたりもします。ですから以前獲得したイメージが自立した本性となったとき、どんな在り方を示すのかが、現在の魂の在りようを左右するのです。

そこで次のような問いが生じます。——今私が魂の中に取り入れようとしているイメージを前にしたとき、それを受容するのに無力だったとしたら、どんな態度をとればいいのでしょうか。他のイメージは、もっと楽に魂の中に入ってきました。実際とても多くのことが、イメージを受容するのに無力なのか有力なのか、容易なのか困難なのか、一旦受容したイメージをすぐに思い出せるのか出せないのか、ということにかかっているのです。では一体、どんなイメージが思い出しやすく、どんなイメージが思い出しにくいのでしょうか。

実際、これは、人生においてどうでもいいことではないのです。私たちはイメージを受けとるときに、あらかじめ何かすることができるでしょうか。あとになって思い出しやすくなるように、何かをイメージにつけ加えることができるでしょうか。できます。

イメージに何かをつけ加えることができるのです。そしてこの事実を考察するだけでも、多くの人にとってとても役に立つだろうと思います。なぜなら、どうすればイメージが思い出しやすくなるのか、どうすればもっともっと思い出しやすくなるのかを知ることができれば、外的にも内的にもずっと生きやすくなるはずだからです。

魂をよく観察してみますと、思い出しやすくするには、イメージに何かをつけ加える必要があることに気づきます。魂の働きには、欲求と判断がありますね。魂はこの二つの働きから成り立っているのですから、イメージにつけ加えるべき何かも、この二つの働きの中にしか見出せない筈です。では先ず欲求なのですが、イメージに私たちの欲求の何かをつけ加えることができるでしょうか。それにはどのようにしたらいいのでしょうか。イメージを受けとる瞬間に、できるだけ多くの欲求をそのイメージに結びつければいいのです。イメージに私たちの欲求を附与するのは、とても大事なことなのですが、そうできるのは、私たちがそのイメージを愛をもって受けとるときだけです。イメージを愛で満たすのです。そうできればできるほど、言い換えればそのイメージに関心をよせればよせるほど、自分のことなど忘れてしまえばしまうほど、そのイメージは記憶に残るのです。イメージに対して自分を忘れることができないとき、そのイメージはその人の記憶に留まらないでしょう。明日の講義で、どうすればイメージを愛の空気で包むことができるか、その手掛りになるものに触れるつもりです。

イメージにつけ加えることのできるもうひとつは、判断力に関わる事柄です。言い換えれば、判断力を行使して受けとったイメージは、そうでないときよりも、容易に思い出せるのです。ですから判断力で計り、確かめて、受けとったイメージは、思い出しやすいのです。このようにして、イメージを魂の中の空気のようなもので包み込むことができますので、イメージが思い出しやすいか否かは、当人の魂次第なのだとも言えます。あとで触れますように、私たちがイメージを愛や判断力で包み込むことは、私たちの魂にとって非常に重要なことなのです。

このことは明日お話しするつもりですが、もうひとつの問題は、私たちの魂のいとなみが、自我のセンターと常に関係しているということです。今日は、やや難しい道を通りましたが、明日は二つの方向、記憶の方向と自我体験の方向とをひとつに結びつける話をするつもりです。

すべての人間感情が欲求に他ならない、と言うと、疑念を抱く人がいるかも知れません。特に高次の、秘教上の進歩を目ざす人は、欲求を克服することを課題にしているのです。けれども「欲求を克服する」という言い方は、魂の認識にとっては不正確な言い方です。欲求は、魂そのものの中で生じるのではなく、知られざる深みから湧き上がってくるのです。魂の表面へ内部から何が打ち寄せてくるのでしょうか。それをどう表現したらいいのでしょうか。今のところ抽象的に、——明日は具体的にお話しします——、意志と呼んでおきます。意志は、欲求に対応する高次の領域の存在であり、人間のもっとも本源の存在から生じるのです。

高次の進化を目ざして欲求を克服するために闘うとき、私たちは欲求の根底にある意志を克服するのではありません。欲求の個々の現れ、個々の対象だけを克服するのです。それを克服することによって、意志を純化し、意志が私たちの中で純粋に働くことができるようにするのです。対象から自由になった非対象的な意志は、私たちの内部における最高の在り方を示しています。その場合は「生きるための意志」を考えないで下さい。その意志は非対象的な意志ではありません。どんな対象にも関わることなく、しかも欲求をもった意志を考えなければなりません。意志は、特定の欲求になっているのではなく、特定の欲求から離れているときにのみ、純粋で自由なのです。

意志は私たちの感情生活にまで働きかけてきます。そうしたとき、意志と感情とは、親和した関係にあります。意志と感情については、いろいろ一般的な定義がなされています。例えば、意志は対象に関わって、行為を生じさせる働きである、と言う人がいます。

Wille, der in sich zurück geht

（自分の中に戻っていく意志）

しかし、こういう定義をしたところで、現実がよりよく見えてくることにはなりません。あとで述べるように、こういう定義はまとはずれなのです。こういう定義づけをしようとするのなら、むしろ言語の精霊に従うべきなのです。言霊は個人の魂よりも賢いのですから。

例えば、言語は意志が直接感情に変るときの内的体験を、見事な言葉で語ります。考えて下さい。意志は外と内の境界まで行き、それから内部へ戻って力を失います。そして人はみずからの内部で力を失う意志の働きを、内から観察します。意志をみずからの内部に戻らせて、観察します。〔図参照〕

意志が外の何かに向き合うとき、このことが生じます。その場合、意志の内なる波はひとつの対象にまで押し寄せ、次いで引きとめられます。そうすると、意志は不満の感情に変ります。意志が行為にならないで、自分の中に引きこもるのです。言語は、このときの意志のことを、「嫌気」(Widerwille)という見事な言葉で指示しています。

この言葉は、直接意志を指示していません。この意志は、感情のための意志であり、自分の中に引きこもる意志です。そして言語は、意志のこの自己観察を「嫌気」という言葉で、ひとつの感情として表現しているのです。このことからも、意志は行為への出発点であるという定義がどんなに無意味なものかが分かります。意志の内部で、形を変えた意志である欲求が波立つのです。そしてその意志が働き、力を発揮するのに応じて、さまざまな魂のいとなみが姿を現すのです。

――第三講終り

ヘーゲル「エレウシス――ヘルダーリンに捧げる」（一七九六年）

静けさが私をとりまく。静けさが私の心を満たす。
仕事にいそしむ人々の果てしない心労が眠る。
今、私は自由だ。
おお、夜よ。おお、日常からの解放者よ。
月が昇り、霧が遥《はる》かな山なみの
定かならぬ輪郭を白いヴェールで覆う。
湖水が仄明《ほのあか》るく、筋目を作り、
やさしい光をなげかけてくる。
昼間の騒音が遠のき、まるでその生活が
昔のことのように思えてくる。
愛する友よ。君の面影が、そして過ぎ去った日々の想《おも》い出が
近寄り、語りはじめる。

再会の希望が強まる。
待ち望んだ抱擁の場面が、
たずね合い、ひそかに窺《うかが》い合う私たちの姿が、心をよぎる。
君のいないこの土地では、人との関係が、
友情が、すっかり違ったものになってしまった。
信頼の喜びも、友情の多年のきずなを
より強めてくれる誠実さも、
どんな誓いもいらない古い盟約の結びつきも失われた。
私たちは自由に真実に生き、
心の安らぎを規約でしばろうとは思わなかった。
しかし今、すべてが怠惰な現実と妥協している。
そして醜い現実の軋轢《あつれき》に思わず溜息《ためいき》をもらし
夢の甘美な幻想に逃げ場を求める。

おお、夜よ、輝く星空よ、私は
あなたの永遠の穹窿《きゅうりゅう》を凝視する。
あなたの永遠が、すべての願い、すべての望みを忘れさせる。

現実感覚が、ひたすら観《み》る行為の中で消える。
私は計り難い世界へ赴く。
私はその中に在って、すべてだ。すべてでしかありえない。
しかし、ふとわれに返ると、その無限が私をおびえさせる。
この直観の深い意味は、
現実感覚をもっては捉《とら》えられない。
想像力だけが、この感覚を永遠なるものに近づけ、
永遠が姿をとって現れうるようにする。——
現れたのか、崇高な霊たちよ。偉大な影よ、よく来てくれた。
何という輝きが、あなた方の額から発していることか。
嚇《おど》かさないでくれ。あなた方が発する
この輝き、このきびしさ、それは、私にはまるで
故郷の思い出のように感じられるのだ。

おお、大地の女神、デメーテルよ。
エレウシスの秘儀の主宰神よ。

あなたの聖域の門を
今、ひらいてくれ。

あなたの近くにあって、私は熱狂しつつ、
畏怖《いふ》の思いにわななきたい。
あなたの啓示を受けたい。
象徴の崇高な意味を理解し、
神々の集会の讃歌《さんか》が、
神々の摂理の聖言が聞きたいのだ。

それなのに、聖なる女神よ、
あなたの聖堂は、沈黙している。
神々はオリュンポスの山上に逃れ、
神聖を冒された祭壇に、もはや
降臨しようとはしない。
かつては人類の上に、魔法の翼をひろげた
優しい精霊たちも、堕落した人類の廃墟《はいきょ》から逃れ去った。

あなたの祭司たちも、黙したままだ。
聖なる秘儀参入の儀式の響きも、もはや
われわれの耳には達しない。
研究者の好奇心は愛をもたずに、叡智《えいち》を
むなしく求め、
そしてあなたを軽んじる。
叡智を手に入れようとして、言葉だけを掘り起こす。
あなたの崇高な思想が彫り刻まれている言葉を。
しかし何の成果も得られはしない。
ただほこりと灰燼《かいじん》を手に入れるだけだ。
あなたの生命はその中へ帰ってはこない。
それなのに、魂の死んだ研究者たちは、
腐敗と死の中で、不満を感じていない。
あわれなものだ。あなたの祝宴の、
あなたの面影の痕跡《こんせき》さえも見出せないというのに。

秘儀への参入を許されたあなたの息子にとって、

無味乾燥な記号を秘儀内容に価すると認めることはできない。
崇高な叡智の教えも、言い表し難い感情の深みも、
そのような記号と比較するにはあまりにも神聖すぎる。
時間と空間の外に立ち、無限への予感の中に沈潜しつつ、
われを忘れ、そして再び、まったき意識の中に目覚める
この魂の本質を、
もはや思考は捉えられなくなっている。
他の者に、魂について語ろうとすれば
天使の舌が必要になる。しかしそうしようと思っても、
ただ言葉の貧困を感じるだけだ。
神聖な事柄を卑小な言葉で語り、
そうすることで卑小なものにしてしまうことに
おそれおののく。語ることが罪を犯すことになる。
だから私は、おそれて口を閉ざす。
かつて聖なる秘儀への参入を許されたものが自らに禁じたことを
貧しい魂もまた自らに禁じる。
私は聖なる夜に、見、聞き、感じたことを

決して口にしようとはしないだろう。
自分の無作法な冗舌が、優れた者の畏敬の念を乱さぬように。
神聖冒瀆《ぼうとく》をあえてして神々の聖なる怒りをよびおこさぬように。
そしてオボロス銀貨とひきかえに
聖なる事柄をソフィストの遊び道具や商売道具に
売りつけたりしないように努めよう。そうでなければ
言葉は、弁舌たくみな山師の衣裳《いしょう》となり、
快活な少年への鞭《むち》となり
最後には内容空虚なものとなって
無縁な人の舌で語られるだけで終るだろう。
女神よ、あなたの欲深い息子たちが、路地や市場では、
あなたの名誉を平気でふみにじっているのを御存知ですか。
胸中の奥深くで、そっと大切に守るべきなのに。
だから彼らの口先きであなたの生命が
消費されてはならないのです。
生命《いのち》がけで、あなたを敬うべきなのです。
行為の中で、あなたをたたえるべきなのです。

聖なる女神よ、
今夜も私は、あなたを感じることができました。
子どもたちの生活がしばしばあなたを教えてくれます。
しばしば　子どもたちの行為の中に、
子どもたちの魂として、あなたを予感します。
あなたは崇高なる意味であり、
変ることなき信仰です。
すべてが破滅されようとも、
あなたへの信仰がゆらぐことはありません。

（Karl Rosenkranz, *G. W. F. Hegels Leben*, 1844より。高橋巖『シュタイナー哲学入門——もう一つの近代思想史』一九九一）

心智学　第四講　意識——自我観念と自我の力——ゲーテとヘーゲル

ベルリン　一九一〇年十一月四日

今日も、話の前に短い詩の朗読をしていただきます。今回も若い時のゲーテの作です。

（ここで「イエス・キリストの地獄行の詩的幻想」が朗読される）［本講末、二五八頁以下参照］

昨日の話と今日のこれからの話の内容をもっと身近かに受けとめていただけるようにするために、昨日朗読したヘーゲルの詩と今の若いゲーテの詩を比較してみましょう。この比較は、ヘーゲルとゲーテの魂の違いを意識させてくれます。この二つの詩の大きな違いを考えてみて下さい。時間をあまり使いたくないので、多かれ少かれ示唆することしかできませんけれども、違いの本質を納得していただけるようにしたいと思います。

ヘーゲルは純粋な思考の領域で、この詩を途方もない高みにもたらしました。すでに述べたように、この詩「エレウシス」においては、思考内容そのものが、ヘーゲルの魂の中で、創作の力になっています。昨日の詩から受けた印象を思い出してみると、こう言えるのではないでしょうか。――「そこには圧倒的な思索のあとが感じとれる。その思索は、人類のもっとも偉大な問い、いわゆる秘儀の生きていた時代の偉大な問いと烈しく格闘している。作者はこの偉大な宇宙の秘密に思考による通路を見つけたのだ。けれども、その詩作には、或る種の不器用さが見られる。作者の主要な課題が詩作にあるとは思えない。詩の形式と思考内容とを一致させようと苦労している。作者は生涯にあまり多くの詩作を試みてこなかったのであろう。」

そのヘーゲルの詩と今朗読したゲーテの詩を比較してみましょう。但し、イメージの性質に焦点を当ててです。私は第一講の冒頭でも若いゲーテの詩を朗読してもらいましたが、そのとき私はその詩をこの目的のために手を加えて、ゲーテの胸の中に、二つの魂の力が生きていたことを明らかにしようとしました。そしてその詩の中に――老ゲーテの魂の中で、その核心として生きていたものにも通じる――何か圧倒的なイメージが現れているのを見ました。

すでに若いゲーテの詩の中には、ヘーゲルの場合とまったく違った魂の力が働いているのです。ゲーテの場合、いたるところにいわば水気をたっぷりと含んだイメージが流れているのです。そして今朗読してもらった若いゲーテの詩のイメージもまた、何と内容豊かなことでしょう。ゲーテの場合、水気たっぷりのイメージが湧いてくるのは、生まれつきの素質だったようです。そして、対象の偉大さがゲーテを圧倒すると、処女作の中ではまだ妨害し、邪魔していたものが、イメージ豊かな、そして力強い魂のいとなみによって押しのけられるのです。

これまで朗読した三つの詩の中で、イメージに関して三つのことが見えてきます。ヘーゲルの思考力は、大きな努力を重ねることによって、多少なりともイメージ豊かな思想詩を作るのに成功しています。けれども、その際イメージを求めての闘いがいかに大きなものだったかを、イメージの淡い色合いからも見てとることができます。若いゲーテの詩からは、イメージのみずみずしさが直接現れています。「永遠のユダヤ人」の伝説を扱うゲーテの詩では、このみずみずしいイメージが或る仕方で妨げられており、――というのは、彼の中にはあの二つの魂が争い合っていたからなのですが――彼はこの詩を全然完成させることができなかったのです。ですから断片にとどまりました。この点に魂のいとなみの多面性を見ることができます。或る意味では、思想的と呼べる魂の力が――ヘーゲルの場合のように――、ゲーテが最高度に所有していたイメージの力と結びつくことはとてもむずかしいことなのです。イメージの力は、ゲーテのこの詩の場合のように、魂の中で思想的には平凡なものとも結びつくことができるのです。このことをよく心にとめておいて下さい。

では私たちの心智学考察を続けましょう。すでに述べたように、魂のいとなみの中には、判断と愛憎体験とが働いています。愛憎は欲求能力に由来します。昨日は、魂の中で、一方では判断力が働き、他方では外界への関心が働くと述べました。前者は記憶力を通して理解力を行使し、真実を知るために働きます。後者はさまざまな仕方で外界に係わる魂の力です。今日は、昨日と異る仕方で、この二つの魂の働きを関連づけてみましょう。

魂は、愛憎の体験次第で、外界への関心を変化させます。けれども、愛憎そのものは、思考力、知性と直接結びつくことなく、判断力と関心の二つは、魂の中で別々に働いているのです。その場合、意志を魂の特別の働きであると思っている人は、自分の魂の中で、意志されたものへの関心に出会っているだけなのです。ですから、愛憎による関心と判断する能力以外には、魂の中には何も存在していないのです。魂の内容はこれですべてなのです。

けれども、魂のもっとも重要な働きである意識を前提にしていることを忘れてはなりません。意識は魂の基本的ないとなみです。魂の活動内容をあらゆる側面に亙って探求する限り、判断力と関心だけに出会う、という事実は意識を問題にする限りにおいてのみ、あてはまることなのです。ですから、「意識とは何か」が分かっていなければなり

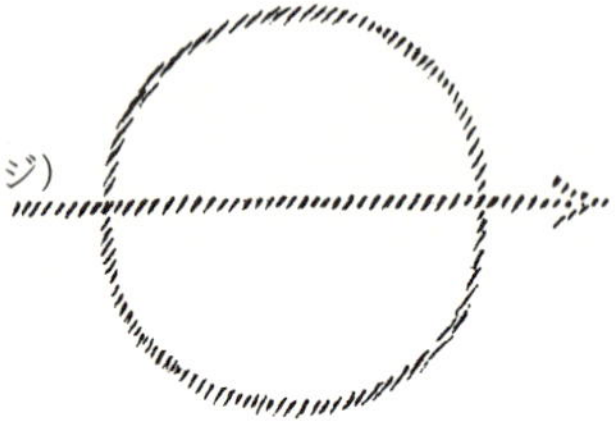

ません。とはいえ、ここで私は定義づけをするつもりはありません。性格づけを行いたいのです。

これまでの考察をふまえて、人間意識に近づこうとするなら、イメージの流れをこう語らなければなりません。——「魂のいとなみと意識活動とは同じではない。なぜなら魂一般は意識とは違うのだから。われわれが日々受けとるイメージは、内部で生き続ける。そしてそれをすぐに思い出すこともできるが、しかしすぐには思い出せず、多分二日後になってやっと思い出すこともある。しかし思い出せないときにも、イメージは生きている。但し、イメージが思い出せなかったとき、そのイメージは魂の中で生きてはいても、意識の中にはなかったことになる。」

ですから魂の流れと意識とは違うのです。

思い出すことのできるイメージを魂という円の中での矢印の方向に向う流れであるとすると、この流れは、過去から未来へ流れるすべてのイメージを含んでいます［図参照］。このイメージが意識化されるには、無意識状態から努力してそれを意識にまで引き上げなければなりません。意識は魂に属していますが、魂の中のすべてが意識化されるのではありません。イメージの流れは流れ続けます。そして意識は、一定の瞬間だけ、その流れの一定部分を照らし出すのです。

私たちは意見を異にする人たちとも関係をもたなければなりません。ですから、いつも非難を受ける覚悟をしていなければならないので、次のようなことをここでつけ加えておきたいのです。誰かがこう非難するとします。――「イメージの絶えざる流れ、とお前が呼ぶものは、一度生じそして今も存続している魂、もしくは脳の働き以外の何ものでもない。この脳の働きが一定の瞬間に意識によって照らし出されるだけのことではないのか。」

知覚行為のすぐあとで、その中の何かが取り出されて記憶されるのです。もしもそうでなかったら、こういう非難もありうるでしょう。もしも知覚内容がおのずと記憶されるのだとしたら、この経過全体から何かが先ず取り出される必要はなかったでしょう。そして知覚内容がイメージに変化される必要もなかったでしょう。知覚内容は外の対象に即して生じますが、イメージは違います。イメージは、内からの答えなのです。ですから私たちの内部には、世界に即して体験されたもの、そして過去から未来へ流れるもの、しかし必ずしも意識されているのではなく、想起されるべきときにはじめて意識の照明を受けるもの、そういうものが、私たちの中にあるのです。

どのようにしたら私たちの魂の中のイメージの流れに光が当てられるのでしょうか。どうしたら想起すべきときに、その流れの一部分が意識できるようになるのでしょうか。以下に述べるように、過去と未来に関わる通常の魂のいとなみが、イメージを意識できるようにしてくれているのです。その事実を、外的な心理学はまったく顧慮していません。事実によってではなく、先入見によって研究しているからなのです。しかし私たちは、とらわれずに事実によって研究しようとしています。

人間の感情には、いろいろな種類があります。すでに昨日述べたいくつかの感情、例えば不安、恐怖、憧れ、いらだち、希望、疑惑のような感情を取り上げてみましょう。不安、恐怖その他の感情は、一体何を私たちに語っているでしょうか。そういう感情をよく吟味してみると、そこに注目すべき共通点が見られます。すなわち、すべてが未来を問題にしているのです。生じうること、生じるように願っていることに関わっているのです。人はその感情の中で、現在だけなく、未来にも関心を向けています。特に未来に対しては、実に生きいきとした関心を向けているのです。

それだけではありません。未来に関わる感情が私たちの中に生きているということの意味は、別の事実と較べてみると、よく分かります。若いときに、またはつい最近体験した喜び、悲しみを思い出してみて下さい。私たちの感情の中で過去に体験した悲しみ、喜びは、未来への生きいきとした関心に較べると、その感情の思い出は限りなく色あせています。こういう過去の体験があとまで影響を残し、私たちの現在の健康などにまで影響を及ぼしているような場合は、その体験が意識に深い印象を与えているのでしょう。けれども、その場合は現在でもなお生きている感情を問題にしているのです。過去に経験した感情生活そのものは、過去になっていけばいくほど色あせていくのです。

そこで考えてみて下さい。欲求の場合はどうでしょうか。私たちが未来に生じるべき何かを欲求するときには、何かが自分の魂の中で激しく動いています。あれこれの事柄が十年前に生じなかったために、現在にいたるまで何も起こらず、そのために現在充たされぬ思いを生じさせているときも、心は未来に向っています。眼を未来へ向けるときと過去へ向けるときとでは、私たちの関心の持ち方に大きな相違があります。皆さんがどんな資料を参照しようと、どんなに知識をひろげようと、今お話しした事実を説明できるものは、ひとつしかありません。事実ははっきりしています。そしてその説明は、ひとつしかありません。すなわち、私たちの欲求は、イメージの流れと同じ方向に流れ

るのではなく、それとは反対の方向に流れるのです。このことを前提にすれば、私たちの魂のすべてのいとなみに明るい光を投げかけることができます。すなわち、欲求、願望、関心、愛憎が魂の中でひとつの流れを作るとき、その流れは決して過去から未来へ向うのではなく、未来から過去へ流れるのです（図のD－C）。これで一挙に魂の体験のすべての方向が見えてきます。このことをもっと詳しくお話しするには、何日もかかりますので、今は次のことだけを申し上げておきます。

愛憎、欲求その他の流れは、未来から私たちの方へ流れてきて、前述したイメージの流れに出会います。その結果、その出会いの瞬間、私たちの魂のいとなみはどうなるでしょうか。過去から未来への流れと未来から過去への流れとのぶつかり合いが生じるのです。そして私たちの今のこの瞬間がそういう出会いであるなら、この二つの流れが私たちの魂の中で今、合流し、ぶつかり合っている筈です。そしてこのぶつかり合いこそが意識なのです。意識については、今述べた以外の説明は存在しません。

私たちの魂は、過去から未来へ流れていくすべてに関わり、そして未来からやってくるすべてに関わっています。ですから或る瞬間の私たちの魂の中で、過去から未来への流れと、未来から過去へ流れる、欲求、関心、願望などの、前者に逆行する流れとが合流しているのです。

この二つはっきり区別できますので、魂のこの二つの流れの一つひとつに名前をつけようと思います。今私が、もしも神智学運動とまったく無縁なところで皆さんに話をするのでしたら、もっと違った名前を選んだでしょうけれども、名前が問題なのではありません。今は皆さんが別の関連でよく知っている名前を選んでみます。ですから二つの側面から考察してみるのです。物質界で体験できる魂の働きを述べる経験主義の側面からと、オカルト研究の側面からです。

先ず後者の側面を考察してみましょう。名前はどんな名前でもいいのですが、二つの流れの合流を実際に見る見霊的な観点から、皆さんが学んでこられた神智学の立場から名前を選びますと、過去から未来へ流れる、無意識のイメージを含んだ流れを「エーテル体」と呼び、未来から過去へ向い、前者の流れにせき止められ、それと交流するもう一方の流れを「アストラル体」と呼ぶことができます。そして意識とは何でしょうか。それはアストラル体とエーテル体との相互のぶつかり合いのことなのです。

見霊意識の研究からエーテル体について学んできた事柄を、ここで述べられている事柄にあてはめてみて下さい。そしてアストラル体について学んできた事柄もここで述べられている事柄にあてはめてみて下さい。そうすれば、すべてが符合する筈です。そうしたら、どうぞ次のように問いかけて下さい。――「両者をせき止め、両者をまぜ合わせるものは、何なのか。」

二つの流れが人間の身体生活の中で出会うときに、両者は互いにせき止められます。けれどもそのとき、突然身体がなくなり、エーテル体もなくなったとします。つまり死後の状態におかれたとしますと、過去から未来へ向う流れは、もはや存在しなくなります。そうすると、未来から過去へ押し寄せる流れ、つまりアストラル体だけが妨げられず、自由にみずからの働きを表すことができます。その結果、カマロカにおいては、これまで繰り返してお話ししてきたように、人生が逆行するのです。

このように、神智学の分野で学んできた知識を、心智学の分野でも生かすことができるのです。もちろん、その場合、ひとつのことをよく意識しておかなければなりません。すなわち見霊的研究によって得られた神智学上の真実を学ぶことから、物質界での実際の経験にそれを生かすまでの道は、時にはとても遠いのだということをです。なぜなら、物質界での経験は、あらかじめ正しく秩序づけられなければならないからです。しかし、それが正しく秩序づけられたなら、見霊意識の研究が物質界での観察と一致することが分かる筈です。

しかし今、私たちの魂の別の現れに眼を向けようと思います。それは「驚き」の体験です。私たちはどういうときに驚くのでしょうか。何かに出会って、すぐにそれを判別できないときにです。いわば私たちの魂に印象を与えるものが何なのか、すぐに見極められないときにです。それが何であるのか分かった瞬間に、驚かなくなります。それに対処できれば、驚きがやみます。

もう一度言いますと、驚かされたり、恐怖におとしいれられたりするような現象に出会ったとき——恐怖の場合も目の前の現象に対処することができません——、つまりすぐに判断できないような現象が魂に印象を与えたとき、未来が私たちの魂の中に押し入ってきたのです。そのとき、私たちの感情も関心も働きますが、判断はすぐには働きません。私たちの関心、感情、欲求生活は、判断のように、過去から未来への方向をとることはできないのです。なぜなら、その方向からなら、恐怖でさえ判断と一緒に流れてきてくれたでしょうから。ですから、判断と関心とは、違った方向から、未来から働きかけてくるのでなければならないのです。

このことは日常の観察からも見てとることができます。しかし判断は、常に他と結びつくのではありません。ですから、過去から未来への流れそのものなのではありません。もしもそうであったとしたら、どの瞬間にも判断はイメージの流れと一致していなければならない筈です。そうなったら、判断するどんな瞬間にも、過去からの流れ全体が活動していなければならなくなり、どんな瞬間にもイメージなしではいられなくなります。しかし判断は本質的に、意識的な行為なのです。

考えてみて下さい。私たちは判断する瞬間、私たちのイメージのすべてを意識化しようとはしていません。判断は本質的に、意識的になされますが、魂の絶えざる流れのすべてを意識化することはできません。自分の魂の中を流れるイメージのすべてを自由に扱うことはできないのです。したがって、私たちの判断が、魂の絶えざる流れと合致することはありえないのです。

しかし、未来から過去への流れとも合致できません。もしも合致できたら、恐怖、驚きのような感情が生じることはありえなくなってしまいます。ですから判断がこの二つの流れと合致することはないのです。

このことをふまえて、もう一度過去から未来へのエーテル体の流れを考察してみましょう。その流れは、無意識に流れることも、意識的に流れることもあります。では、無意識的に流れるイメージは、何によって意識化されるのでしょうか。イメージは常に存在しているのですが、それが意識化されるためには、何が生じなければならないのでしょうか。

一度消えてしまったイメージがふたたび意識化される瞬間のことを考えてみましょう。画廊を歩いていて、ひとつの絵に眼をとめるとします。その瞬間に、私たちの内部から同じ絵の印象が浮かび上がったとします。つまり前にもその絵を見たことがあったのです。では何がその記憶を思い出させたのでしょうか。今見た絵の印象によってです。今見た絵の印象は、私たちの内部に生き続けていた同じ絵の古いイメージを魂の中で見えるようにしてくれたのです。今新たに同じ絵を見なかったら、古いイメージが無意識の流れの中から現れたりはしなかったでしょう。

この経過を明らかにするためには、今この絵を見たときに、何が生じたのかを知らなければなりません。私たちの自我が、その絵の前に立ちました。自我は感覚を通して、絵と交流します。そして何か新しい印象を受けとります。そうするとその体験は、独特の仕方で魂の持続する流れの中の何かに働きかけて、その何かを意識に上らせるのです。

この経過を思い描くことができるように、今あなた方の背後に何かがある、と考えてみて下さい。うしろにあるのですから、あなた方はそれを見ていません。ところが、鏡に映してみると、うしろにあるものが見えるのです。魂の中に無意識的に働いているイメージについても、同じことが言えます。新しい印象が魂の中に入って来ると、その印象が古い印象を見えるものにするのです。

そこで考えてみて下さい。魂の中で自我は、無意識的な古いイメージの前に立っているのです。そのとき、この古いイメージは、内的な魂の経過によって、いわば自分を映し出す原因を与えられることによって、記憶が甦るのです。古いイメージを映し出すための原因が作り出されるのです。こうして私たちは、想起の経過を、つまり古いイメージの意識化の経過を知ることができます。

では、古いイメージを映し出す原因に当たるものは何なのでしょうか。よく考えてみれば、その原因は容易に見つけ出すことができます。最近ベルリンで「生と死」について述べた公開講演のことを思い出して下さい。私たちがいつから思い出すことができるようになったのか、自分の幼い時のことを観察してみて下さい。自分の人生を振り返ってみると、ある時点以前にまで遡って思い出すことができないことに気がつきます。その時点から記憶することができるようになったのです。言い換えれば、通常の地上生活において私たちが思い出すことができるのは、自我が共に生きているイメージ、自我が取り込んだイメージだけなのです。すでに何度も述べてきたように、子どもが自我のイメージを、自我意識を発達させることができるようになった時点は、記憶を呼び起こすことができるようになった時点でもあるのです。私たちの自我がみずからを意識化できるまでに能動的になってから受けとったイメージだけが、思い出せるのです。

私たちが二歳もしくは三歳になった頃、自我がいわば誕生しました。それ以前の幼児は、印象をいわば無意識に受けとっていましたので、自我はその場にいませんでした。その後、自我意識が発達し始めますと、子どもはこの自我意識で外から来るすべてのイメージを受けとるようになります。私たちの自我は、みずからをイメージの前に置き、そしてそのイメージをみずからの背後に置くようになるのです。それまでの自我は、いわばイメージのいとなみ全体の中に包まれていました。次いで自我はそこから抜け出します。そして自由な態度で未来に向い、未来から来るすべてを受けとろうとします。そしてそのために、過去のイメージを自分の背後に置くのです。

自我が意識的になって、すべてのイメージを自分の中に取り込もうとするには、自我が「エーテル体」の流れと結びつかなければなりません。ですから子どもは、自我意識を発達させ始めると、自分の魂の流れをエーテル体に印象づけ、その流れから自我のイメージをも生じさせるのです。

なぜなら、考えてみて下さい。自我のイメージは、決して外から私たちに与えられることはありません。物質界での他のすべてのイメージは、私たちに外から与えられます。しかし、自我のイメージ、自我の知覚が外から私たちのところに流れてくることはないのです。自我のイメージをもつ前の幼児は、自分のエーテル体を感じとることができません。自我意識を発達させ始めたときから、自分のエーテル体を感じとり、そのエーテル体の本質を自我の中に映し返すのです。そのときの自我は「鏡」をもっているのです。物質空間での生活に関わるすべての他のイメージは、肉体によって、つまり感覚器官によって外から受容されますが、自我意識は、自我がエーテル体の中にあって、いわばその内壁にみずからを映し出すことによって生じるのです。自我意識とは内へ向ってみずからを映し出すエーテル体のことなのです。このことが、自我意識の本質なのです。

一体、自我は何によってみずからを内面に映し出す気になるのでしょうか。エーテル体が一定の成熟状態に達したときにのみ、そうしようとするのです。すでに見てきたように、アストラル体がエーテル体に関わろうとします。そのとき自我がエーテル体と結びついて、このエーテル体そのものを、内なる鏡に映すようにして、意識するのです。

しかしこの自我意識は、すべての関心、すべての欲求に強く捉えられています。実際、これらすべては、自我の中にしっかりと住みつくのです。けれども、関心や欲求が自我の中に住みつくにも拘らず――この住みつくことを、私たちは「エゴイズム」と呼んでいます――、それにも拘らず、この自我知覚は非常に独特の在り方をしていて、或る意味では欲求から独立しているのです。すなわち、人間の魂は一定の要求をみずからに課し、みずからを魂そのもののために役立たせているのです。ですからどんな魂にも、こう言えるのです。――「私は単なる欲求のために自分の自我を利用したりはしない。もしも私がどんなに自分の自我を利用したいと思っても、ただそう望んだだけでは、自我は現れてこない。」

自我がイメージの流れから生じることはありませんし、未来から過去へ向う欲求の流れから生じることもないのです。自我はこの両方の流れとは根本的に異なる要素なのです。そのような要素として、この両方の流れを自分の中に取り込むのです。

これを図に描くと、自我の流れは時間の流れと垂直に交わっています〔次頁図参照〕。この図は、魂のすべての働きを示しています。すなわち、過去から未来へと、未来から過去への二つの流れ以外に、この二つと垂直に交わる流れを示しています。この流れは、自我の介入を表しています。

さて、この自我と結びついているのは、判断力です。自我と共に、判断力が魂の中に働きかけてきます。驚きのような心の動きを見ると、このことがよく分かります。自我

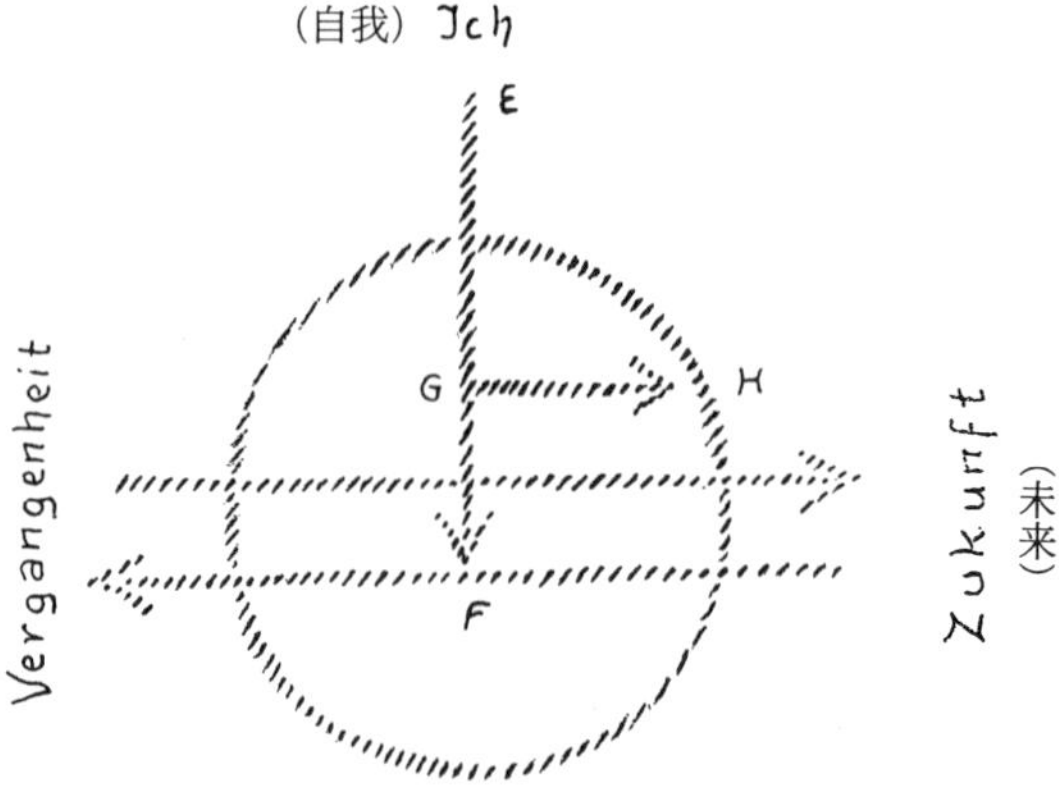

が――もちろん傍らで――働いているときに、非常に心をそそられる出来事が私たちの前に現れたとします。けれども自我の判断力が同時にわきから働きかけてこないと、その出来事に判断力で向き合うことができません。

しかし、自我が傍らから働きかけてくるとき、一体何が生じているのでしょうか。自我知覚とは魂の中の内的な鏡像のようなものだ、と前に申し上げました。魂のこの鏡像（自我の知覚）は、自我が無意識に流れるイメージを用いなければ、生じないでしょう。そしてそうできるのは、自我の流れが、E－Fの方向に流れるときなのです。しかしこの世の人生においては、自我はこの図のG－Hの方向を、つまり未来への方向をもつ必要があります。

その場合は、自我がエーテル体の中に入り込んで、みずからをひとつの鏡にしたのだと考えてみて下さい。このことは、事実にぴったり合っているのです。自我は、無意識に流れるイメージを背後にしたとき、自我が自我の本性にふさわしく未来を見、未来へ向って生きるとき、一体何をしようとしているのでしょうか。そのとき何を必要としているのでしょうか。

考えて下さい。私たちが鏡の前に立ち、その中を見るとします。鏡のガラス面の裏側に被膜が裏打ちされていなければ、何も映し出されません。ただ遠くがすけて見えるだけです。かすかに未来を見ているだけです。そのように未来から来る流れに見入るのです。この流れが魂の中で流れてくるだけなのです。つまり何も見てはいないのです。

ではいつ何かが見えてくるのでしょうか。鏡の中で過去からの何かを見るときです。そのときは、もちろん、未来を見ないで過去を見ています。私たちは鏡の中を見るとき、私たちの前にある対象を見るのではなく、私たちの背後にある対象を見るのです。子どもが自意識をもつようになるのは、自我がエーテル体の中に入って、自分を映し出すからなのですが、そのときから魂のいとなみのすべては、諸体験、諸印象を共に映し出す役割を果たすようになります。ですから、自我が鏡の装置になる以前は、誰も何も思い出すことができないのです。それ以前の乳幼児期の印象は、記憶に残らないのです。ですから人間自我は、エーテル体に働きかけて、過去からのイメージを受容し、それによって自分を魂の鏡にするのです。これが本質なのです。自我のこの鏡はどんなものも映し出すのです。では自我が過ぎ去ったものを映し出すことができるためには、一体何が生じなければならないのでしょうか。

私たちが、上述したように、外から新しい印象を受けとり、魂の中の古いイメージを刺戟すると、これまで無意識だったその古いイメージは映し出され、意識に上ります。古いイメージは、内なる鏡に映し出されて意識化されると、それによって外から来る印象と結びつきます。新しい印象が古い印象を刺戟することがありませんと、鏡に映し出されるべきものを、自我が無意識の流れの中から取り出してこなければならなくなります。外の印象の代りを作り出さなければならなくなります。

一体、身体の中で働くときの自我とは、何ものなのでしょうか。それはエーテル体の内面化のことなのです。自我がエーテル体の内壁にみずからを映し出すためには、このエーテル体の内壁を鏡にしなければなりませんが、そうできるのは、エーテル体が閉ざされているときだけなのです。皆さんが身体の中にいるとき、エーテル体は外的な感覚を働かせることができるように、みずからを閉ざしているのです。皆さんはそれによって眼、耳その他に取り巻かれるのです。そして、エーテル体の内部に生きているものは、それによって鏡になるのです。

けれども、何かを自由に思い出すことができるようになるためには、別の力が必要です。なぜなら、エーテル体を鏡にして映し出すためには、鏡の裏打ちがなければなりませんから。新しい印象のための裏打ちなら、つまり肉体で十分です。けれども、肉体には自由に思い出す能力がありません。感覚器官、新しい印象を記憶に甦らすためには、裏打ちを別のところから取り出してこなければなりません。それができるのは、自我に側面から働きかけるアストラル体でなければなりません。私たちはアストラル体から欲求を引き出し、私たちに向ってくる流れを取り込み、それを鏡の裏打ちにするのです。つまり、アストラル体を強化し、欲求力を強めて、映し出されまいとするイメージを思い出せるように映し出すのです。物質界で働く私たちの自我をもっと強化することによってのみ、いつもは私たちの自由にならない、未来から来る流れを引き込み、それを鏡の裏打ちにすることができるのです。

ですからアストラル体と一体になっている自我を強化し、自我を未来からの流れであるアストラル体の主人にすることによってのみ、映し出されまいとして、姿を現すのをこばんでいるイメージを思い出すことができるのです。これは無意識のイメージとの闘いです。自我がイメージを取り込むのに十分力強くないと、向うからやってくる流れから借用しなければならなくなります。

このことを明らかにするために、日常生活に例を取って、自我を強化するにはどうしたらいいのかを考えてみましょう。通常私たちは、次々に体験を重ねながら、日常を過していきます。鐘が、ひとつ、二つ、三つと打ち鳴らされるとき、私たちは先ずはじめの音、次に第二の音、更に第三の音を聞きます。もちろんそれ以上のことはありません。演劇を鑑賞するときも、個々の場面を次々に体験して、それで幕が下ります。そのようにして、私たちはエーテル体の流れの中に身を置いています。

しかし私たちがそれとは逆の流れをも自分のものとするために、努力を重ね、一方の方向から取り上げてきた事柄を逆の方向からも取り上げようとするとします。例えば日常の体験の流れを終りから始めまで、日常の経過とは逆の方向で思い出そうとするとします。そのようにして、一日の生活を逆に辿って考察しますと、自我はエーテル体の流れに従ういつものやり方ではなく、逆のアストラル体の流れに従うことになります。

例えば「天にいます父」に始まる主の祈りを、いつものように順を追って祈る代りに、逆の順序で祈りますと、通常の出来事の経過とは逆の流れに従うことになります。これは、自我がエーテル体の流れの中を生きる、いつもの流れではありません。けれども、その結果私たちは自分の自我に、アストラルの流れから力を供給することができます。

そうすると、実際に記憶の力が圧倒的に増大するのです。

私が教師として働いていたとき、生徒たちの記憶力を強化するために、或る種の事柄を一定の順序で暗記させる際に、逆の順序でも暗記できるように、繰り返して逆の練習をするように求めました。例えば鉱物の硬度は、通常は次のような順序で学びます。1滑石《タルク》、2岩塩、3方解石、4蛍石、5燐灰石、6正長石、7石英、8トパーズ、9鋼玉《コランダム》、10ダイアモンド。

そこで私は生徒たちに、この数え方と並んで、逆の順序でも繰り返して練習させました。ダイアモンド、鋼玉、トパーズ、石英、正長石、燐灰石、蛍石、方解石、岩塩、滑石です。適当な時間をさいて子どもにこれをやらせますと、記憶力を強化する非常に良い練習になるのです。

記憶力のためのもうひとつの練習も、これまでの話と今日の話のすべてに関係があります。それは次のような練習です。——誰かが記憶力減退に悩んでいるとします。そういうとき、その人が若いときにやったことのある何かを真剣にもう一度やってみるのです。その人が今四十七歳だったとしますと、その人が十五歳のとき熱心に読んでいた本をもう一度取り上げて、新たに真剣に読み通してみます。そういう場合、皆さんが同じ内容をもう一度魂の前に呼び起こすとき、新しい流れが皆さんに向って来ます。未来から来るアストラルの流れが、皆さんを強くしてくれるのです。また、例えば老年になって、七歳から十四歳までにやったことを、もう一度やってみますと、記憶力を回復する特別の助けになります。

こういう経験は、記憶力を促進するには、エーテル体の流れと反対の方向から来るアストラルの流れによって自我を強化しなければならないことを示しています。こういうすべては、生きる上で決してゆるがせにしてはならないことなのです。

授業に際しても、こういう問題にもっと注意を向けるなら、もっと生徒のために役立つことができるでしょう。例えば七年制の学校で、四学年を独立した中心の学年とし、五学年になって三学年のときに学んだ内容を――違った仕方で――繰り返し、同様に二学年のときに取り上げた内容を六学年になって繰り返し、一学年でやったことを七学年のときに繰り返します。これは記憶力を高めるのにとても有効です。これが実際に授業に取り入れられたら、とても生徒の役に立つのです。なぜなら、現実生活上の法則に従ったやり方だからです。

以上からも分かるように、人間の自我意識はすでに幼児期に生じますが、それは、エーテル体が内へ向けてみずからを映し出すことによって生じるのです。夜、眠っている人は、肉体とエーテル体の外にいますから、エーテル体の中で自我がみずからを映し出すことはできません。睡眠中、自我意識は存在しえないのです。

ですから、睡眠中の自我は、無意識の中に沈んでいます。実際、エーテル体の絶えざる流れの中のイメージは、先ず別の側から、アストラル体の側から照明を当てられなければ、意識に上ってきません。過去から未来へ向うエーテル体の流れの中で、いわば時間の方向に沿って進んでいるものは、魂のいとなみによって照明を当てられなければならないのです。そのようにして意識化された、エーテル体の中に存在している自我意識は、内から見たエーテル体そのものなのです。

自我のイメージ(自我意識)は、エーテル体の中でしか有効ではありません。そしてそれは自我そのものではないのです。なぜなら、すでに述べたように、自我とは、側面から働きかけてくる判断力のことなのですから。自我を捉えようとするには、自我意識に向ってもだめです。判断に向わなければなりません。判断は、自我意識に対して力を行使しています。その点で、判断に捉えられているものと、まだ捉えられていないものとを厳密に区別できます。私たちがただ赤い色の印象をもつだけだったら、魂はまだ何も判断していません。判断力はまだ働いていません。印象を判断するものは、外からやってきます。「これは赤い」、つまり赤い色が存在している、という単純な判断を下す瞬間に、外から判断が下されるのです。

そして外から判断が下される瞬間に、自我が活動を始めます。感覚印象に基づいて自我が判断を下すとき、例えば「これは赤い」と判断します。

その自我は、イメージでも知覚でもなく、ひとつの本性なのです。本性として、判断を可能にしているのです。そのさまざまな判断の中には、ひとつだけ外的な印象に関わりなく、自我がみずからの尊厳を感じとることのできる判断があります。それは、「自我がある」という判断です。

「私である」は、同じことの違った言い方です。「自我がある」または「私である」という判断は、自我というまだ意識化されていない空虚な泡を実体あるものにしているのです。

そのように、自我が自分自身を実体化するとき、判断は自我のイメージ（自我意識）に到ります。外的な印象は、決して私たちを自我のイメージに導くことはありません。自我のイメージは、物質界に由来するものではないのです。

自我のイメージは物質界に由来するものではありませんが、それにも拘らず、物質界に由来するその他のイメージとまったく同じ魂の基本性質を持っています。自我は物質界ではないどこか別のところからやってきて、魂のいとなみを共にするのです。「赤い」というイメージが外界から魂の中に入って来て、自我によって判断の対象にされるとき、私たちは「これは赤い」と言います。同じような仕方で自我のイメージを取り上げ、それを「私である」と判断するとき、私たちは「霊界」と呼ばれる外界からの印象を取り上げているのです。「赤」そのものは、物質界の存在形態に対応しています。「それは赤い」は、判断であり、魂の中でしか生じることができません。「自我」は、「赤」と同じような事実ですが、霊界の存在形態に対応しています。その形態を判断するとき、その判断は魂の反対の側からやってきた自我を対象にして、「自我がある」とか「私である」とかと言うのです。「自我がある」は「私である」の別の側面にすぎないのです。言霊は非常に賢く、事柄を非常に見事に表現してくれます。

今、下から上へ向う第四の方向を示しましたが、これは自我の方向と反対の、物質界の方向です（次頁図I－K参照）。これは肉体に対応しています。図に示すと、物質界の対象は、下から上へ向い、魂の中で感覚印象となって現れます。一方では、自我と自我の身体的感覚器官とが相対《あいたい》しており、他方では、エーテル体の流れとアストラル体の流れとが相対しています。

そこで肉体と出会い、眼や耳に入っていく自我は、物質界の印象を手に入れます。魂がアストラル界とエーテル界の対立する二つの流れによって意識化されると、この印象が魂の中で更に深化されます。そしてこの図から、私たちは人間の魂の内部におけるさ

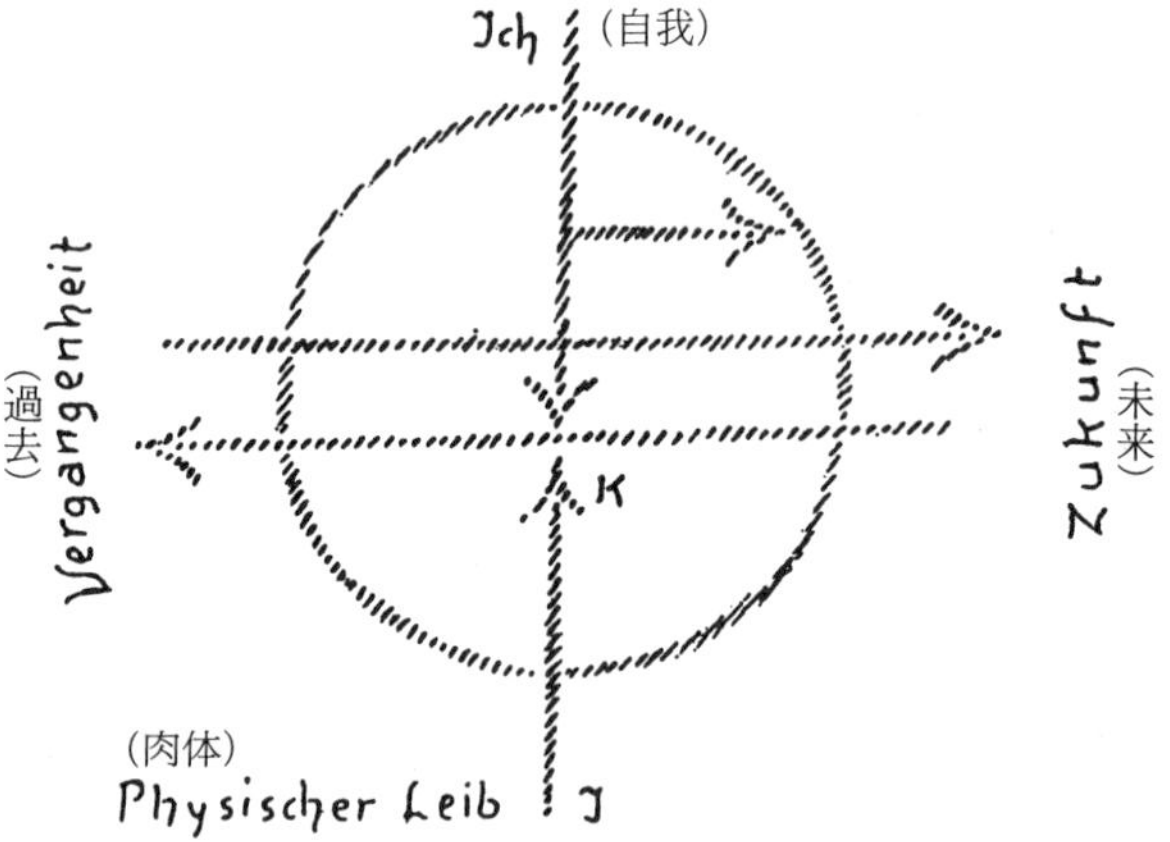

まざまな働きをする諸世界の関係を見てとることができます。すなわち、一方では自我と肉体の感覚器官とが相対しています。そしてエーテル体とアストラル体の流れに対して垂直に向き合っています。

この図式を土台にするとき、魂の無数の謎を解くことができるでしょう。上方で霊界に、下方で物質界に、左でエーテル界、右でアストラル界に接している魂のいとなみが、円の中で十字に交叉するのです。

その場合、時間の流れは、静かに流れていくだけでなく、自我と感覚のいとなみとが、垂直に、この時間の流れに働きかけてきます。このことに注意すると、私たちの魂の中の実にさまざまな力が互いに作用しあっていることに気づかされます。私たちの魂は、さまざまな方向の力が出会う舞台なのです。

　これらの力は、人によって、さまざまな仕方で働き合います。或る人の場合は判断する自我が支配的ですので、抽象的な概念を直接感情に語りかけてくる、みずみずしいものにするのが非常に苦手です。判断を得意とする人の語る言葉には、感情に語りかけるみずみずしさがあまり見られないのです。

　これに反して、豊かなアストラル体が素質の中に流れている人は、物質生活に豊かな関心をもち、概念もみずみずしさを保っています。思考人間としてこの世を生きるのではなく、自分の内的な体験を、人びとの関心に訴えかけてくる言葉で語るのです。

　また、転生を重ねて、素質の中にさまざまな流れの特質を担っている人もいます。例えばゲーテの魂の中には、未来から流れてくる特質が生きていました。ゲーテがその特質に従うとき、はじめから未来に存する諸理念がみずみずしい概念となって生き始めるのです。しかしゲーテは或るとき、この生来の要素を、意識の識閾下のエーテル体に流れるイメージと闘わせました。つまり環境世界から受けとったイメージとです。そしてそこから、不調和な作品が作られました。私たちが「永遠のユダヤ人」の詩の中の駄目なところと言った部分と、私たちが強調したかった部分とが作られたのです。

　そして判断力に優れたヘーゲルのような人は、未来から過去へ向って流れるすべてと格闘しています。実際、自我的な人間の過去から未来への流れは、いつでも覆われているのです。自我がそれを覆うのです。自我は欲求能力の流れと対抗して、裏打ちされていない鏡の中に無限の未来をのぞき込むのです。鏡に裏打ちがなされると、過去が見えてくるのですけれども。

私は今回、心智学という限りなく豊かな分野の若干のことしかお話しできませんでした。けれども、これまでの内容を心にとめて下されば、そこから新しい展望がひらけてくると思います。特に、過去から未来への流れであるエーテル体が無意識のイメージを含んでいることを理解して下されば、いろんなことが見えてくると思います。神智学が教えるように、エーテル体は、肉体の建築家であり、たとえ意識してはいなくても、建設的なさまざまなイメージを担っているのです。

そういうエーテル体の中のイメージは――まさに意識されていないからこそ、他の側に向けて活発な活動をすることができます。心身の働きに通じている人は、限りなく破壊的な作用をするイメージがエーテルの流れの中で無意識に泳ぎ続けているのも知っています。そういう破壊的なイメージは身体性にあらゆる種類の悪影響を及ぼしているのです。

ですから誰かが十歳から十二歳までの間に何かを経験し、それをすっかり忘れていて、その何かを意識に上らせることがなかったとしても、エーテル体の中で働き続け、その人を病気にするかも知れないのです。無意識の奥深くで病気の原因となりうるイメージが生きていることを知っている人は、病気にならないようにする手立ても知っています。そういうイメージの力を意識化することで無力にするのです。当人がそのイメージに対抗しうるほど十分に力強くなかったとしても、そういうイメージを意識に上らせるための手立てを教えることで、イメージを別の方向へ導くことができるのです。そうすることは、とても有効な結果を生じさせます。当人がエーテル体の中のそういうイメージに対して無力である場合、そのイメージを意識化するように協力するなら、健康に役立つことができるのです。

多分、皆さんの中には、こうおっしゃる人がいるでしょう。――「そういうことは、すでに試みられている。フロイト派では、以前の行動や体験のイメージを意識に上らせる治療を行っている」、と。

しかし私たちは、意識化しなければならない、無意識の奥深くに住むイメージが、すべて性生活上のイメージに還元できるとは思っていません。この派は有効とは言えないところでこの手法を用いているのです。

フロイトはこの手法を性生活上のイメージに好んで適用していますが、そこでは成果が上げられません。唯物論的な考え方の下でエーテル体に関わる諸事象を探求するのでではなく、事実を霊的な観点から正確に把握することが大事なのです。

多分皆さんは、地上界での通常の生活を観察し、良心的に判断するとき、神智学のための裏打ちと呼べるような事柄を、いたるところに見出すことができる筈です。今回のような講義の場合、見霊的な研究に基づく内容も、皆さん御自身の立場に立って検証していただけると思います。もちろん見霊的な研究は、物質生活におけるこういう性生活に関わるような事柄の探求によって行うのではありません。はっきり申し上げますが、見霊者自身、見霊的な途上で見出した事柄を物質生活上の事柄にあてはめたとき、そこに見事な調和を見出して、しばしばびっくりさせられるのです。けれども多分、逆の道を辿ってもうまくはいきません。唯物的な態度で物質界に留まり続けようとしますと、事柄を間違った仕方で結びつけてしまうからです。正しい結びつきが生じないので、絶えず事実をゆがめてしまうのです。

ですから神智学者にとっても必要な根本感情は、心智学研究に対する信頼です。私は高次の世界についての話を時に応じて冷静に、乾いた表現で、物質界の科学研究にも通じる仕方で語ろうと努めています。それは、物質界に生き、物質界を理解しようとする私たち人間の要求に応える義務があると思うからです。私たちの時代は、二つのことを必要としています。ひとつは、私たちが無駄にこの世に生を受けたのではなく、偉大な宇宙法則によって地上を生かされているのですから、物質界を本当に献身的な態度で研究しなければならないということです。他方、私たちはこんにち、オカルト研究の助けをかりなければ、通常の手段では物質界での生き方をまっとうできない段階にいます。こういう事柄に関しては、通常の科学がどんなに聡明な能力を行使するとしても、神智学を導き手にしない限りは、どうしても迷わざるをえないのです。十五、十六、十七世紀という転換期に、人類はこんにちの意味での物質研究を始める時点に立ち、主として物質に認識の眼を向けるようになったのですが、今私たちはふたたび、物質研究と並んでもうひとつの、物質研究に指針を与えるオカルト研究に向うようになりました。神智学者はこのことを意識しているだけでなく、現代が必要とする以上の二つのことを並行して行う義務を感じているのです。ですから、物質界の上にしっかりと立って、おのれを無にして、思考に没頭することにしりごみしたりしてはならないのです。まさに物質界の諸事実が、おのれを無にする思考を求めているのです。

この連続講義では、そのような思いを呼び起こそうと、冷静な態度で皆さんの前に立とうとしましたが、この講義は未来から来るアストラルの流れを知ろうとする人にとっても、必ず人生のために役立ってくれるでしょう。

はっきりしたもの言いをするようですが、このことは本当なのです。別の場所でも述べたことがありますが、現代の心理学者の中で、神智学のことをまったく知らずに、繊細な研究態度によって魂の現象を研究し、神智学とはずれた仕方ではあっても、もっとも根本的な事柄に対して正しい観点に立っている人たちがいます。その人たちのうち、ひとりだけ名前をあげれば、フランツ・ブレンターノがそのひとりです。

フランツ・ブレンターノは十九世紀の六〇年代から七〇年代にかけて心理学の諸問題を研究しました。本来彼の心理学は、スコラ哲学的な思索によるものなのですが、今私たちが発展させねばならない道の第一歩のように思えるのです。

例えば彼の欲求、感情、判断についての理論は、私たちとはずれています。けれども、方向は非常に正しい道を辿っています。たとえすべてのオカルト的な傾向にまったく無関心であったとしてもです。

彼は地上の現実に関しては、もっとも有能な心理学者だったと言えます。彼は著書『「経験的立場からの」心理学』の第一巻を一八七四年の春刊行しました。そして第二巻は同年の秋に出す、と約束しました。しかしこの第二巻は、今日まで出ていません。第一巻しか出ていないのです。なぜでしょうか。この「心智学」講義の中にその答えを見出すことができます。フランツ・ブレンターノは行き詰ってしまい、一歩も先へ進めなくなってしまったのです。彼は好ましいやり方で、次に何を扱うつもりか、はっきり述べています。それどころか、自我の観点から霊的な生活に、更には不死にまで眼を向けるつもりだ、と述べました。こういうすべてが明示されたのですが、行き詰ってしまったのです。なぜなら、オカルト研究の成果を取り込まなかったからです。ですからこういう魂の根源に関わる問題を科学的に仕上げることができないのです。魂の諸事象の流れは、オカルト研究の側面から観察されるべきなのです。

このことは、今の時代の状況をよく物語っています。フランツ・ブレンターノは私たちの時代の子として生まれました。彼は、私たちが物質界で見出す諸事実を相互に結び合わせました。しかし行き詰ってしまい、先へ進めなくなったのです。彼は現在、フィレンツェで晩年を過しています。

このように、現実の奥深くに立ち入ろうとすると、私たちの時代にはすべてが行き詰ってしまうのです。もちろん、テーオドール・リップスやヴィルヘルム・ヴントのような心理学を著すこともできますが、しかしそこにはあらかじめ用意された既知の概念があるだけで、魂の中で現実に生じている諸経過は取り上げられていません。著者たちによってあらかじめ用意された見解があるだけです。まさに心理学の分野では、――これは悪口ではなく、ただはっきり言おうとしているだけなのですが――この学者たちは何もない茎だけを取り上げて脱穀しているようなものなのです。民族心理学や言語心理学でさえも同じです。物質とは反対の側から来るものに出会わない限り、すべての科学は行き詰ってしまうのです。

ですから、このことをふまえて、今私たちは時代の使命を理解しようとする運動に関わっているのです。この思いをしっかりと受けとめて下さい。そしてこのことをカルマの事実であると捉えて、皆さんの信頼、知識、信念を育てて下さい。「私のカルマが時代の流れの交叉点に関与するように、私を導いた。私はこの認識の下に、この分野で精力的に一緒に働くために勇気と力と確信とを手に入れなければならない。この仕事は人類の進歩の必要性から生じているのだから、無駄に終らせてはならない。私は今も今後もおのれを無にして働く機会を持とうと思う。そして人類全体の更なる発展に役立ちたいと思う。」――どうぞ、こういう思いを忘れないで下さい。

こうして私たちは偉大な理想を目ざすのです。この理想は、霊性が信じられるなら、感じとれる筈です。それは抽象的な理想なのではなく、私たちの神智学の仕事に繰り返して立ち戻ることによって得られる理想です。私たちの集まりが十分にそのための機会を提供してくれている筈です。

この仕事を一緒にやっているのだ、という感情を共有して下さい。この感情が皆さんの心に届くために、今回私が役立つことができたのでしたら、どうぞそれを皆さんのそれぞれの故郷へ届けて下さい。今故郷のそれぞれの場所にいらっしゃる人びとへです。この内容は、私たちの神智学運動のすべての人びとの間にあるべき連帯の力から流れ出たのです。私たちが同じ場所にいないときでも、どうぞこのことを感じていて下さい。そして私たちがまた世界の各地に離れていったとき、今のこの集まりから勇気と確信とエネルギーを、今述べたような意味で、汲みとろうとして下さい。

——第四講終り

ゲーテ「イエス・キリストの地獄行の詩的幻想」

高橋　巖　訳

なんという騒ぎだ。
さけび声が天まで響く。
大部隊が行進し
千万億の人びとがあとに続く。
神の子が玉座から降りて
あの闇の中へ急ぐ。
嵐の中、裁き手となり
英雄となって　神の子は行く。
星々も太陽もふるえる。
宇宙がふるえる。

十字架の死をとげた神の子は
炎の車輪に担われた

勝利の乗りものに坐し
この世からも星々からも遠く離れて
あの暗黒にうごめく者どもに
戦いは終ったと告げる。
神の子の勝利はわれらの勝利だ。
神の子は来て　地獄を破壊する。
神の子の死そのものが
すでに地獄の打撃だったのだ。
地獄は今　神の子の判決を受ける——
「聞け　今こそ呪いが成就する。」

地獄は見る　勝利者の到来を。
おのれの権勢の失墜を。
地獄は神の子の顔《かんばせ》におそれおののく。
地獄は神の子の雷声におびえ　隠れ
もだえ　無駄に逃げまわる。
助かろうとしても無駄だ。

裁き主の手から逃れるすべはない。
主の怒りは鉄の鎖となって
地獄の足を拘束する。
もはや逃れようがない。

ここにいるのは踏みつぶされた龍だ。
横たわり　至高の神の報復を感じとり
くやしさに歯ぎしりしている。
地獄中の苦しみを体現して
身をさいなまれ　繰り返して叫ぶ。
「灼熱の火よ　私を亡ぼせ！」
龍は炎の海の中に横たわる。
不安と苦痛が永遠に責めさいなむ。
わが身を亡ぼす苦痛を呪いながら
その苦しみが永遠に続くと聞かされる。

龍のまわりには同じく悪行を重ねながら

龍ほど悪辣でない大勢が
黒々とした　おそろしいかたまり
　となって　倒れている。
そこに火の嵐が吹きすさぶ。
龍はまわりの人びとがみんな
裁き主をおそれているのを感じている。
嵐がこの群を吹き散らす。
龍はそれを見てもうれしくない。
自分の痛みの方がもっとひどいのだ。

人の子は勝利して地獄の黒沼に降り立ち
神の栄光を示される。
しかし地獄に栄光は似合わない。
天地創造のはじめの日々から
暗黒が地獄を支配してきた。
地獄はどんな光からも遠く
混沌の中で苦しみに溢れていた。

神の顔から発する光は　永久に
地獄へは向けられなかった。

地獄は今　その辺境のあたりに
子なる神の栄光の輝きを
そのおぞましい荘厳を眼にする。
子なる神が雷鳴につつまれ
凡ての岩石が打ちふるえるのを眼にする。
眼の前に神の怒りが迫ってくるのを眼にする。
主の裁きが目前に迫っている。
おのれの身に生じる痛みを思い
はやく死にたいと願っても
その願いがかなうことはない。

地獄は今　昔のしあわせを思う。
苦しみながらその頃を思う。
その頃は神の栄光が喜びをもたらした。

心はまだ徳を知っていた。
みずみずしい青春の中で
はれやかな心はいつも
新たな喜びの中にあった。
地獄は怒り　みずからの罪を思い出す。
人びとを思い切りあざむき
神をにくんだ。
今その報いが自分にはね返ってくる。

神は人となって　地上に降臨した。

「この方もおれの餌食にされる。」

サタンはうれしそうにそう言った。

サタンはキリストを破滅させようとした。

「天地創造の主は死んでもらわねばならない。」

しかしサタンよ　いつまでも不幸な奴！

お前は神を手下にできると思っていた。

お前は神の苦悩をあざ笑った。

しかし無敵の神が今　お前を捕えにくる。
死よ　お前の毒針はまだ有効だと言えるのか。

地獄よ　言いなさい。どこにお前の勝機があるのか。
お前の威信はどうなったのか。
至高者の威力を思い知ったか。
サタンよ　お前の国は破壊された。
限りない苦しみにさいなまれて
お前は常闇《とこやみ》の中に横たわる。
かみなりに打たれたように横たわる。
しあわせの光がお前を照らすことはない。
しあわせを求めても無駄だ。
何を期待しても無駄だ。
救世主は私のためだけに死んだのだから。

キリストが地獄に現れたとき
ひと声絶叫が空気をつらぬき

あの黒い洞窟が一瞬ゆらいだ。
地獄は歯ぎしりしてくやしがる。
しかしどんな怒りも
われらの偉大な主の前では無力だ。
主は手で合図するだけで
地獄中がおとなしくなる。
主の声が響く前に　かみなりが鳴り
勝利の旗がひるがえる。

キリストが裁きの庭に立つと
天使たちも神の怒りの前で身をふるわせる。
どんな岩もくだけ散る。
神の吐く息は炎のように燃える。
その神が語る。――「ふるえていなさい　極悪人たち。
エデンの園でお前たちを破門したこの私が
今お前たちの国を破壊する。
よく聞け　お前たちは私の子だった。

お前たちは私に反抗し堕落して
無法な罪人になった。

お前たちはやったことの報いを受ける。
お前たちは私の最大の敵となり
私の良き友たちを誘惑した。
人間たちはお前たち同様に堕落した。
お前たちは人間たちを永久にそこなおうとした。
凡ての人を死なせようとした。
しかし　わめくだけわめくがいい。
人間たちは私のものだ。
私は人間たちのために降りてきた。
私は人間たちのために
苦悩し懇願しそして死んだ。
お前たちの目的は達成されない。
私を信じる人は決して死ぬことがない。

お前たちはこの場に鎖でつながれている。
このはきだめから逃れ出るすべはない。
後悔しようがしまいが　同じことだ。
ここにいて　硫黄の炎の中で身をよじらせながら
劫罰へ向って急げばいい。
ここにいて　永遠に嘆き続ければいい。
私が選んだお前たちよ
お前たちも私の恩寵を受けそこなった。
お前たちも永久に見捨てられた。
何をぶつぶつ言っている　私のせいではない。

お前たちは永久に私と一緒の筈だった。
その約束までお前たちに与えた。
それなのに罪を犯し私に従わなかった。
お前たちは罪深い眠りから醒めなかった。
そして今正義の罰に苦しみ
私のおそろしい裁きを感じとっている。」

人の子はそう語った。おそろしい風雨が
彼から立ち起こる。稲妻が光る。
雷鳴が犯罪者たちを捉え
奈落の底につきおとす。

神である人は　地獄の門を閉じる。
暗黒の地から離れて
みずからの栄光のもとに戻り
父なる神の傍らに坐す。
子なる神はいつでも私たちのために戦って下さろうとしているのだ。
それが彼の意志なのだ。
友たちよ　なんという喜びだろう。
天使たちの荘重な合唱が
偉大な神の前で喜びの声を響かせる。
宇宙の万象よ　この声を聴け！
「万軍の主　われらの神は偉大なり。」

III

霊智学

霊智学　第一講　フランツ・ブレンターノ――アリストテレスの「霊」理論

ベルリン　一九一一年十二月十二日

私たちは総会の折に、一昨年と昨年、人智学と心智学についての短い連続講義を行ってきました。今回の三回の短い連続講義と今日の導入の話は、霊智学をテーマにしています。これまでの二つの連続講義と、その補足でもある今回の連続講義とで、人間の本質の考察を深めたいと思っています。

二年前は、「人智学」というテーマで、人間の身体的本性について考察しましたが、そのときの観点を今回の講義では更に詳しく取り上げるつもりです。昨年は、人間の魂的本性について述べました。そして今回は、人間の霊的本性についてお話ししようと思います。今日はそのための一種の導入の話をいたします。

人間の本性全体を身体的本性、魂的本質、霊的本性の三つに分けることは、現代の学問的立場から見るとかなり異様に思えます。もちろん、私たちの神智学の分野では少しも異様ではありませんけれども、特に今回の講義では、神智学から現代科学への一種の橋を架けたいと願っていますので、神智学の外に立つこんにちの科学の人間考察の仕方にも注意を向けようと思うのです。そしてずっと以前からこんにちにいたるまで、人間の本性全体は――唯物論の立場に立つ、立たないに関係なく――身体部分、つまり物質本性の部分と魂の部分の二つに分けられてきました。

霊については、こんにちの公認の学問の中で語られることはありません。一定の立場から体、魂、霊という人間本性の三分節化に立ち戻る場合、――例えばウィーンのカトリック系の哲学者アントン・ギュンターが十九世紀にそうしたのですが――、その場合学問的な批判が起こっただけでなく、ギュンターの場合、体、魂、霊という人間本性の三分節化を主張する興味深い彼の諸著書が、ローマの禁書目録に載せられたのです。なぜなら、カトリック教会は、聖書に反して――聖書は、新約も旧約も、体、魂、霊という人間本性の三分節化をふまえて語っているのです――、かなり早い時期から、すでに最初の数世紀の間に、霊をいわば棄ててしまったからです。そして人間は体と魂だけから成る、という教義を打ち立てたのです。

人間本性の三分節化を考えることは、例えば中世の哲学者にとっては非常に異端的なことでしたし、現代でもカトリック教会内ではそれだけで異端視されます。ですから注目すべきことに、中世以来のカトリック的な立場から現代科学の立場まで、一貫して同じ考え方が支配しているのです。

実際、現代の心理学者たちが、なぜ体と魂だけを取り上げて、体、魂、霊について語らないのかの理由をはっきりさせようとしても、その理由は、時代の流れの中で霊が忘れ去られた、ということの中にしか見出せないのです。こんにち人間の魂と並んで、人間の霊についても語れるようにしてくれる理念、概念に行き着く可能性が、学界の中心人物たちの思考習慣の中にまったく見出せなくなったのです。

今日の導入の講義には、――神智学協会内では、この分野の文献があまり知られていませんから、――違和感を感じさせる話が出てくるかも知れませんが、一般の心理学に結びつくための糸に少し注意を向けることも大切です。今申し上げたことからも分かるように、ヘーゲル哲学の中に見られる若干の霊の教えを除けば、本来の霊の教えはほとんど見られないのですが、そのヘーゲル哲学の場合も、霊の教えと言ったら言い過ぎかも知れません。そこに見られるものも、本質的には一種の魂の教えでしかないのですから。

魂の教えについては、「心智学」と題した昨年の連続講義で取り上げました。私たちの時代に「霊」の概念が一般の思考習慣の中でどれくらい――驚く程に――失われてしまっているかは、すべての非神智学系の心理学者の中で、神智学から見ても、もっとも優れていると思われる現代の或る心理学者の業績を通してよく見てとることができます。神智学には縁遠いこの極めて優れた心理学者は――昨年の心智学講義でも彼のことに触れましたが、神智学が純学問的に――つまり見霊的にではなく――魂について語る内容に、もっとも接近しているのです。そしてこの心理学者を見ると、現代の思考習慣がどんなに人を霊という理念、概念に近づかせまいとしているかがよく分かるのです。神智学的にも、もっとも優れているこの心理学者とは、フランツ・ブレンターノのことです。

フランツ・ブレンターノは、昨年申し上げたように、『「経験的立場からの」心理学』と題した非常に注目すべき書物を著しました。一八七四年にその第一巻が出版されました。当時彼は、同年の秋には第二巻が出るであろうと予告しました。順を追って次々に続巻が出る筈でした。しかし今まで、一八七四年に出版されたこの第一巻しか出ていないのです。第二巻以下は、いまだに出ていません。ただ、ごく最近、数日前に興味ある新版が出ました。それは一八七四年の第一巻そのものの新版ではなく、その一部分、心的諸現象の区分についての章だけが独立して出たのです。そしてこの特別の章は、同時にイタリア語とドイツ語で出版されました。一八七四年に発表されたこの特別の章に、今回は若干の内容が「附録」として加えられています。

ブレンターノの心理学の第一巻が続巻を予告していたことを考えますと、神智学の立場に立つ私たちは、その続巻の出なかったことを悲しく思わずにはいられません。けれども、なぜ続巻が出なかったのか、昨年も言いましたが、その理由は容易に見てとることができるのです。神智学的に考えますと、この第一巻の立場から続巻を出そうとしたら、私たちの学問上の時代状況から見て不可能な試みになると思わざるをえないのです。

ブレンターノは一八七〇年代に、現代科学のすべての思考習慣に従って心理学を研究しました。彼は唯物論の立場からではなく——彼はその反対の立場でした——純方法論上の立場から、つまり現代自然科学の立場から、魂の研究をすることに誇りを感じていました。そしてその結果、一つの心理学が、現代自然科学的方法論の精神に従って提供されることになったのです。

フランツ・ブレンターノの『心理学』の第一巻の中で次巻に約束されていた最高に興味をそそる諸問題のうちには、不死の問題も含まれていました。ですからこの本が続巻を出せなかったことが、神智学の立場から見て心の痛む思いを禁じることができないのです。神智学の立場に立つ私がこういう書物に言及することに驚かないで下さい。私はこの本と著者の運命とを、深く考えずにはいられませんでした。実際私は、著者の学者としての運命を、現代にとって、そしてまた私たちが「霊智学」と呼ぶものにとって非常に重要であると考えています。その彼が、魂の不死について述べるつもりだ、と約束していたのです。

ブレンターノの述べたいくつかの示唆から分かるのは、彼の立場からでも、たとえ不死の事実を証明できなくても、少くとも不死への希望をもつにふさわしい理由を見出せる、と彼が考えていたことです。どうぞ、この区別をはっきりさせておいて下さい。このことは、現代の心理学の思考方式にとって、非常に興味深い事実なのです。しかしそれだけでは、ブレンターノが他の心理学の諸方向を論じ、心理学の自然科学的方法の基礎づけを行い、人間の魂の働きを興味深く分類したとしても、彼の心理学がそれ以上の内容をもっていたことにはなりません。その上彼の『心理学』は、その第一巻の一部分だけしか新たに出版されなかったのです。

なぜこの本は続巻を出せなかったのでしょうか。私たちは、今回の講義の中で、現代にとって非常に重要なその理由を語るつもりです。神智学は、霊と魂がはっきり分けられていない現代心理学と対決しなければなりませんが、その際重要になる多くの問題をこの理由の中に見出せるでしょう。ここでは時間を倹約するためにも、昨年述べた魂の性格づけをもう一度取り上げるわけにはいきませんが、現代の思考習慣に従う現代科学に通じる糸をたどるためにも、今日のこの導入の講義で、丁度今出版されたばかりの

『心理学』の新版における人間の魂の能力についてブレンターノが与えた区分を、真剣に取り上げなければならないのです。

神智学から見ても、現代のもっとも重要な心理学者であると思えるブレンターノは、人間の魂の能力を従来のように思考、感情、意志に分けるのではなく、それとは別の仕方で区分しています。すぐに分かっていただけるように、この区分は、昨年の心智学において、まったく別の源泉から汲みとってきた三区分、つまりイメージと判断と愛憎もしくは心情の動きという区分と非常によく似ています。私たちの意味でのイメージについては、これまで何度も述べてきましたから、ここでもう一度取り上げることはしません。ここで導入としてブレンターノの心理学について語るときにも、イメージそのものの概念を特に検討する必要はないと思います。誰がどういう定義を行っているかはどうでもいいのですが、イメージという言葉は、何らかの思考内容を魂の中で現前化(意識化)することを意味している、とさえ知っていれば、イメージの概念は十分に確かなものになっています。魂の中で現前化されてはいますが、まだ心情の動きを伴わないもの、もしくは客観的であることが確認されていないものが、イメージなのです。ブレンターノの心理学の中では、判断とイメージとがそのように区別されています。

通常、判断とは概念の組み合わせである、と考えられています。「ばらの花」は、そういう概念のイメージ化であり、「赤」もそうなのですが、「ばらの花が赤い」はひとつの判断である、と言うのです。ブレンターノは何と言うでしょうか。霊智学を学問的に基礎づけるためにも、判断についての彼の定義を参照する必要があるのです。彼は、判断を概念の組み合わせであるとは考えません。「ばらの花が赤い」という命題が語られるとき、何も新しい内容が語られてはいないとしても、この「ばらの花が赤い」という命題の背後に、もうひとつ、「赤いばらの花がある」、つまり現実の諸事物の中に、ひとつの赤いばらの花が見出せるという言表がひそんでいる、というのです。

少し自分の心の働きを見てみれば分かるように、この考え方には、非常に正しい主張が含まれています。「ばらの花が赤い」と言うとき、イメージの域を超えた何かが述べられています。

「ばらの花」と「赤い」をイメージし、その二つの概念を結び合わせるときも、私たちはイメージの中に留まり続けています。しかし、「ばらの花が赤い」と言ったときは、「ばらの花がある」と確認しています。ですから、そのときには、概念を結び合わせるのと本質的に違ったことをやっています。そのとき私は、イメージを超えているもの、イメージの中では汲みつくせないもの、言い換えれば、実在するものを確認しているのです。

もちろん「ばらの花が赤い」だけでは、或る人の魂の中で「赤い」というイメージと「ばらの花」というイメージとが結びついている、ということ以上の意味はありません。ひとつの思考内容しか述べられていません。しかし、「一本の赤いばらの花がある」、または「赤いばらの花である」と言うとき、何かを確認しています。そしてその瞬間はじめて、ブレンターノの意味で、判断がなされるのです。

ただ概念と概念が結びつけられているだけで、イメージの範囲を超えているという主張を、ブレンターノはまったく認めません。イメージのいとなみの中で、或る確認を表す何かが語られたときはじめて、イメージを超えるのです。しかし今は、イメージと判断を区別する際のブレンターノの非常に見事なこの説明に、これ以上立ち入ることはできません。

けれどもブレンターノは、イメージ、判断と並んで、第三の部分として愛と憎（もしくは心情の動き）を区別しています。これは、確認とは異った働きです。「赤いばらの花だ」と確認するのと、赤いばらの花から何かを感じとるのとは、別のことです。後者の場合は、魂の別の働きです。それを彼は「心情の動き」という概念のもとにまとめるのです。

心情を働かせるときの私たちは、イメージとなって現れる対象を客観的に確認するだけではありません。魂の主観的な体験について語るのです。

一方、ブレンターノは、意志の現象については、特に何も語っていません。というのは、愛憎という心情の動きと意志の現れとの間には、特に区別を設ける程の大きな違いがあるとは思っていないからです。人は愛するものを、愛そうと意志します。好意的《ヴォールヴォレント》な感情という心情の動きの中には、対象に関わる意志の働きもすでに含まれています。そして憎の現象と共に、否定したい心の働き、拒否したい心の働きがあるのです。ですから、単なるイメージの現れから確認作業、つまり判断を区別することは正当なのですが、愛と憎の現れから特に意志の働きを区別するのは正当ではないのです。

こうして私たちは、人間の魂をイメージと判断と心情の動きとに分けました。極めて高い知性の持ち主が心理学を基礎づけるのに、こういう区別を設けたことは、非常に興味深い事実です。実際、この区別は——今日も明日も更に申し上げるつもりですが——、人間の霊が無視されていることを真剣に、まっ正面から受けとった人物が今ひとり現れたのだ、という事実の現れなのです。それまでは常に、霊性の働きを曖昧なまま魂のいとなみの中に組み入れてきました。そうすることによって、奇妙な両性具有者を産み出してきました。一種の霊即魂、魂即霊の存在をです。そして人性三分説の立場に立つまともな研究者なら、魂ではなく、霊に帰せねばならない働きを、この魂即霊、もしくは霊即魂の存在に組み込むだけで満足してきたのです。

しかしブレンターノは、あるとき真剣に次の問いに答えようとしました。――「われわれが魂そのものを知ろうとするのなら、一体何がその中に見出せるのか。」

彼は非常に頭脳明晰な人でしたから、霊を無視したときに、魂の概念の中に何が残るかをはっきりと示すことができました。時代の傾向と真剣に向き合うことによって、彼は魂をはっきりと霊から区別しました。ですからブレンターノは、『心理学』を更に書き続けたなら、魂が霊を受容し、霊と結びつく現実と、いつかは向き合わなければならなかったでしょう。そしてそのときには、問題を中断せざるをえなくなったでしょう。もしもそのような経過を辿ることができたなら、非常に興味深い心のドラマが体験できたでしょう。魂の領域から霊の領域へ進んでいかなければならない、と彼が告白する事態にいたったかも知れなかったのです。

ここでブレンターノの三区分の中で、中央の判断を除いて両側の二つの部分、イメージと愛憎の働き（心情の動き）とを取り上げてみましょう。ブレンターノの場合、イメージとは、もっぱら魂の中に現れてくるもののことです。私たちが何かをイメージしても、何も確認したことになりません。何かの現実を確認しようとしたら、判断しなければならないのです。ですから魂のいとなみが、イメージを生じさせることだけで終るはずはありません。イメージだけでは何も確認できませんし、イメージの中に留まるだけでは、魂の中から抜け出ることができません。事実、判断においてのみ魂（主観）から抜け出ることができるのであって、イメージの中だけではそうできないのです。

その一方で、興味あることにブレンターノは、意志の働きのすべてを単なる心情の動きの中に組み入れています。確かに、ふさわしい心情の動きが現れたなら、魂と外界との関係がすべて生じうるという考え方は、十分説得的です。

きっと皆さんもこうおっしゃるでしょう。――「意志の中には基本的に、心情の動きしか存在しない。その動きが十分に強力であれば、あれこれを意志することができる。」確かに心理学者は、魂の中に共感と反感、もしくは愛と憎の現れ以上のものを見出すことができません。人がまったく意志的になって行動に移るときも、行動する人は自分の魂の中に、愛と憎の現れしか見出さないのです。

魂の内部ではそう述べることができます。しかし、魂の内面世界から地上の現実世界へ眼を移すなら、魂と外界との関係を、魂の体験だけから説明することはできません。心情の動きから意志の動きへ移るには、魂の内部に留まるのではなく、魂の中から外へ出ていかなければなりません。意志は、魂が自分の中から出ていくとき、はじめて理解できる働きなのです。

実際、どんなに私たちが何かを愛していたとしても、どんなに心情が活発に働いていたとしても、それだけでは何も始まりません。魂の中で心情の働きがどんなに活発であったとしても、何かが外に生じるべきときには、その心情の働きを度外視しなければなりません。

自分の外に出ていって、現実に関わろうとしない心情の働きは、意志に根を下ろすのではなく、ただ魂の満足を充たしているだけなのです。

このことは非常に興味のある事実です。あとで述べるように、イメージの場合、霊が働き始めるのは、ブレンターノがイメージの性格づけをやめたまさにその時点です。そのとき、魂から霊への橋がイメージの中で始まるのです。もしもその時点で、橋がまだなく、霊が魂に向き合っていなかったとしたら、イメージは自分の中から一歩も外へ出られません。そしてその一方で、内なる心情の働きが、意志によって外的現実へ移行するときにも、そのいたるところでふたたび霊が始まるのです。

ここ数十年間の重要な人文科学の成果を見ても、人類の進歩のためには霊学研究がなければならないのに、霊学研究の始まる丁度その時点で、研究が放棄されているのです。興味あることに、まさに頭脳明晰な科学者たちが、現代の思考習慣に従った研究を行わなければならず、それ以外のやり方をすることがまったくできなくなっているのです。

そしてこの点で、現代心理学と霊学との関係を考える上で、非常に興味ある事柄が同じ人物の場合に見られます。ブレンターノの著作に親しんできた人なら、彼が生涯をかけてギリシアの哲学者アリストテレスに取り組んできたことを知っています。この連続講義の運命を左右するほどに注目すべきことだったのですが、最近ブレンターノのアリストテレス研究をまとめた著作が出版されました。ですから、三週間前なら不可能なことでしたが、今なら私たちはブレンターノの多年に亙るアリストテレス研究の成果を、『アリストテレスとその世界観』と題された新著によって知ることができるのです。

ブレンターノは今、二十世紀において、アリストテレスの立場に立ってはいません。しかしアリストテレスの近くに立っています。そしてこの書の中で、実に見事な仕方で、非常に寛容な態度で、アリストテレスの霊魂論を論じています。

その上更に彼は、この書の理解に役立つものとして、何年も沈黙を続けてきたあと、『人間精神の根源についてのアリストテレスの教え』という第三の書を出版しました。

ブレンターノは現代のもっとも興味ある心理学者であるだけでなく、もっとも興味ある、もっとも重要なアリストテレス学者でもあり、特にアリストテレスの霊魂論の専門家なのですが、この本を参照して、ここでアリストテレスの霊魂論そのものにも若干触れておきたいと思います。

アリストテレスは、キリスト教の成立する数世紀前に人間の霊について考えた人でした。もちろんキリスト教の概念を用いていませんが、キリスト教成立以前の数世紀間に生じた西洋文化のすべてをふまえた考察を行っています。一般に、特に哲学的に、この問題についてなされた業績のすべてをふまえているのです。紀元前四世紀のアリストテレスは、学問的に霊と魂の関係を考えたのです。

アリストテレスに対するブレンターノの立場を、『アリストテレスとその世界観』並びに『人間精神の根源についてのアリストテレスの教え』の両著作を通して知っている人は、アリストテレスの霊魂論と神智学の霊魂論とを比較することに興味をもつと思います。その比較には非常に興味深いものがあるのです。そこではじめに、アリストテレスの霊についての考えをスケッチしておこうと思います。

アリストテレスははっきりと、霊を魂と体との関係の中で取り上げています。彼は、唯物論的な立場で霊を語るのではなく、霊界から生じて体と魂に結びつく霊を語るのです。この点でブレンターノは、まったくアリストテレスと同じ立場に立っています。事実、ブレンターノも、何か特別の意図をもって語るのでない限り、体と魂に結びつく霊のことを語っているのです。

ですから、この世を生きる人間は、アリストテレスの意味では、祖先からの遺伝の流れに従っているだけでなく、その遺伝的な特徴の中に、魂の働きが現れてきます。その働きは、体を貫き、体をひとつにまとめ上げています。しかし、祖先から遺伝された体とそれに結びついた魂とは、アリストテレスにとっても、ブレンターノにとっても、人間の本性なのではなく、そこに本来の人間性である霊が結びつくのです。ですから、アリストテレスはこう考えます。――人間がこの世に生まれてくると、遺伝に由来する体と魂とに霊が結びつく。

ではアリストテレスの意味での霊は、何に由来するのでしょうか。

人がこの世に生を受ける以前には、個人の霊はまだ存在していません。この世に生まれてくることによって、霊は、霊界からの新しい創造物として生じるのです。これは、「神性の創造物」としか言いようのないもので、父や母に由来するものに直接霊界から附け加えられるのです。

ですからブレンターノは、彼のアリストテレス論の中で、はっきりとこう定義しています。――人は、父と母の働きによりそして神の働きによりこの世に生まれてくるのだ。つまり、父と母によって魂と体を遺伝され、神によって、しかも受胎後しばらくして、この魂と体に人間の霊が附け加えられるというのです。

「クレアチオ」(Creatio)、つまり「創造行為」を通して、人間の霊が神によって体的＝

魂的なものに附け加えられるという前提の下に、アリストテレスは不死について思索します。人間の霊は、人間がこの世に受肉する以前には、そもそも存在していなかったのです。神がその都度霊を創造するのです。けれども、アリストテレスにとっても、ブレンターノにとっても、このことは、人間の霊が、魂と体の死と共に、存在をやめることを意味しているのではありません。創造された霊は、人が死の門を通ったあとでも、留まり、――その霊が特定の人のために創造されたにも拘らず――、死後は超感覚的な霊界へ移行するのです。

アリストテレスは――そして現代の学者であるブレンターノもこの点同じ立場に立っているのですが――、人間がどのように死の門を通って、霊界で生き続けるのかを追求するのです。

さて、すべてのアリストテレス学者が一致して述べていることなのですが、霊界で生き続ける霊がふたたびこの世に生を受けることは、ありえないのです。アリストテレスの場合、転生は論外なのです。転生が論外である理由をアリストテレスに即してここで検討するのは、あまりにも本題から離れてしまいます。しかし、考えてみて下さい。人間がこの世に生まれるたびに、その都度神によって霊が創造される。そして今後も、未来永劫に亙って創造され続けるとしましょう。もしも古い霊たちが転生するのなら、新しい創造行為の必要はなくなります。一度人間の中に存在した霊が、ふたたび転生を遂げたなら、新しい創造行為については語れなくなります。このことからも分かるように、転生の考え方はアリストテレスの「クレアチオ」の考え方と矛盾しています。

さて、ブレンターノのアリストテレス論の中でもはっきり現れているのですが、アリストテレスにとって、死後における霊の生存は、かなり単なる理論にとどまっています。事実、アリストテレスの語るすべては物質界と身体とに終始しており、霊は本来――アリストテレスの意味での永遠なる神霊でさえも――、単なる論理的な、言い換えれば、単なる観念的な要請に留まっているのです。アリストテレスの立場からでは、死後の霊の働きが、生まれてから死ぬまでの生前の人生を考察すること以上に出ることはほとんどできないのです。つまり、死後の霊の生活といっても、生前の生涯を魂が霊界から見下ろしているだけなのです。

このことは、アリストテレスの意味で、霊魂の更なる発展を否定していることにはなりませんが、しかし、アリストテレスの意味では、生前の生涯だけが霊魂にとって意味があるので、常にこの一回限りの生涯を見下ろさなければならないのです。そして一切のその後の進歩の根拠を、この一回限りの生涯に見出さなければならないのです。ですから、死後の霊は、地上の生活や出来事、地上生活での欠点や長所のすべてを回顧しつつ、或る人の霊は多分、長所に従って更なる発展を遂げ、別の人の霊は虚偽や犯罪の生活に従って霊界を更に生き続けるのです。アリストテレスの意味では、霊と体的＝魂的なものとは、そのような関係にあるのです。

では一体、このような霊魂論は、神秘学の立場からはどのように理解できるのでしょうか。アリストテレスの場合、この地上生活は、どんな人の場合にも、地上の嘆きの谷の人生だけなのではありません。死後の人間の発展にとって、決して無意味な人生なのではありません。アリストテレスによれば、どんな地上の生活も良い意味を持ち、大きな重要性をもっています。死後の魂の進展についてのアリストテレスの考えには、たしかに多くの不確かさがのこりますが、一回限りの地上生活が霊魂のその後の一切の進歩にとって本質的な意味をもっているという点は、明確に語られています。

神が人間の霊を受肉させたとき、ふたたび生まれ変ることのないものとして生じさせました。この霊が——転生することなしに——更に進んでいけるように、神の配慮がなされたのです。

霊を一度だけ地上の体の中に導き入れることは、神性のひとつの目標であり、ひとつの目的である、とアリストテレスは考えています。私たちの中に住んでいる霊をただ産み出すだけでなく、更なる進歩のために、地上の身体をまとう必要があるようにすることが、神性のひとつの意図だったというのです。神性が、地上の身体の中に送り込むために人間の霊を創造した瞬間、その霊の中には、地上を生きるという目標、目的が組み込まれたのです。ですから、人体に受肉することを望まない人間の霊は考えられないのです。

そこで考えてみて下さい。死の門を通った人が、身体を脱ぎすて霊界に赴くとき、この人間の霊は地上の生活を回顧します。そのとき、この人間霊は自分の地上生活を不完全なものだったと思います。人間霊の大部分が死後、生前の地上生活を回顧して、それが不完全なものだったと思うのは当然です。なぜなら、たとえどんなに完全な人生だったと思えても、更にもっと完全な人生を生きることができた筈だからです。

ですから、アリストテレスの意味でも、人体を脱ぎすてて、生前の地上生活を見下ろす霊たちは、更なる地上生活を求めざるをえなくなる筈なのです。なぜなら、霊が自分をもっと完全なものにするためには、ふたたび地上に生まれてこないわけにはいかないからです。自分に与えられた地上の人生が完全なものでなかったのなら、当然、人生をもう一度やり直したいと願うでしょう。なぜなら、そうでなければ、一回限りの受肉の中で、自分の目的が十分に果せぬままに終ってしまうのですから。

ですから、アリストテレスの意味で、一回限りの人生では、目的を果すことが不可能なのです。この一回限りの人生が、どの人の場合にも、この霊の進歩のための完全な発達段階でありえたというのなら別です。しかし、地上の人生が完全なものではなかったと思った瞬間、神に創造された霊は、死後、もう一度地上の生活をやり直したいと思わずにはいられなくなるのです。

人間の霊という、アリストテレスのこの特徴的な神的創造物のことをよく考えてみて下さい。肉体に組み込まれ、死と共にその肉体から出ていく人間霊という創造物をです。アリストテレスの意味で本当に首尾一貫して考えますと、この人間霊は、肉体を去るときまで肉体を求めていたのです。それなのに、二度と肉体に入っていけないというのです。事実、アリストテレスは転生を認めていません。死後の人間霊たちは、霊界の中で常に新しい受肉を求めていながら、その要求は充たされることがないというのです。アリストテレスの教えは、転生を求めているのに、その要求を認めまいとしている教えなのです。あとで述べるように、アリストテレスの場合、彼の別の論点から言っても、転生論を承認することができないのです。

今私たちが問題にしているのは、唯物主義からは程遠い霊魂論です。アリストテレスの霊魂論は、こんにちにいたるまで――神秘学的考察を除けば――西洋のもっとも透徹した霊魂論であり続けています。けれども、どうぞブレンターノを読んで、彼がどれほどアリストテレスの立場に立っているかを感じとって下さい。その立場は、神が父母と一緒に、生まれてくる人間のために、体と魂と霊とを創造したというのです。そして神に創造された霊は、死と共にふたたび霊界へ赴きますが、この前提の下に霊たちを創造した神は、一度だけしか霊たちに地上の人生を送らせず、その一回限りの人生の間に、自分の課題を果そうという要求を持ち続けさせるのです。

この考え方が今でもなお学問の世界で大きな影響を及ぼしています。そのようにして西洋思想史の数千年が経過したのです。当然のように、です。なぜなら、あとで述べるように、アリストテレスはまさに霊魂論において、首尾一貫したその鋭い思索によって偉大であり、重要なのですから。このアリストテレスを超えるには、転生についても学問的な基礎づけがなされなければなりません。

しかし転生のための学問的な基礎づけは、私たちの時代になるまではなされませんでした。ですから私たちは、霊魂論に関して今、転機に立っています。そして神秘学こそが、真に原則的な意味で、アリストテレスの霊魂論を今、超えなければなりません。ブレンターノのような透徹した思索家でさえも、この問題については、アリストテレスの地盤の上に立ち続けているのです。その際ブレンターノは、一方では真剣に人間の霊を排除しようとしていましたから、単なる魂の理論に立ちどまり続けなければなりませんでした。

自己矛盾を含んだ間違った霊魂論、もしくは魂の理論が、霊を排除することで創られたのです。この間違いを見ると、神秘学を否定している限り、首尾一貫した世界観に到ることは、現代科学の立場からでは不可能なのだと思わざるをえません。

——第一講終り

霊智学　第二講　神智学から見た真理と誤謬

ベルリン　一九一一年十二月十三日

多分皆さんの中には、私がこの年次総会でこの重要なテーマを取り上げるに当たり、現代科学の業績を取り上げたり、現在学界で認められている古代人の思想に言及したりしてきたことを、余計なことだと感じている人もいると思います。しかし、私は学問の世界に通じる橋をかけようとしてそうしているのではありません。そういう行為は、私たちの間では不必要でしょう。なぜなら、私たちの仲間の大半は、学問生活にではなく、霊的な生活に憧れ、それに関わろうとしているのですから。ですから霊界の存在を学問的に「証明」してもらうためにではなく、魂が求めているものをもっと具体的に知ろうと思って私たちのところへ来た方々は、学問を引き合いに出すのを余計なことだと思うでしょう。

学問を引き合いに出すもうひとつの理由も、多分あまり切実だとは思えません。多少は意味があるとしてもです。すなわち、神智学者は外部の人に対してその世界観を納得できるように「証明」してみせるべきだという人がいるのです。神智学ではないやり方で、外部の人の非難に答えて、この世界観をもっと世に知らしむべきだ、と言う人もいます。しかし、神智学の敵対者を納得させることなど、そもそもほとんど不可能なのです。そのことは何度も申し上げてきました。

敵対者が神智学の世界観を否定するのは、証明によるのではなく、思考習慣によるのです。そしてそういう思考習慣で神智学を見ようとする人に証明してみせても無駄なのです。

私が学問的な業績を取り上げる理由は、昨日述べたような事柄が、私たちの内部で「君たちの世界観には学問的に正当な根拠がない」という繰り返して耳にする批判によって、混乱させられないようにするためなのです。

敵対者に反論するためでも、この敵対者に対して神智学からの証言を行うためでもなく、自分の世界観が、公認の学問の立場から見ても確かでありうるような固い地盤の上に立っている、という感情を神智学徒に養ってもらうためなのです。或る程度詳しく今日お話しするつもりの内容は、公認の学問と対決するためでしたら、もっと多くの時間が必要になります。

しかし、私たちの世界観全体にとっても重要な内容を扱うこの連続講義が、学問の現状について一定の展望を与えようとするとき、その展望は、公認の学問と対決する手段、方法を私たちが持っていることを、神智学が学問的にもしっかりした地盤の上に立っていることを知っていただくためなのです。ですから、そのために時間と機会を使うのは、対決する際の方法を学ぶためであって、一定のまとまった学問内容を提供する目的でそうするわけではありません。

こんにちの身体科学には、いろいろ矛盾があり、疑問がわいてきます。しかしこの科学には、ひとつ良いところがあるのです。それは、外的な身体性そのものを疑問視していないところです。心理学や、昨年のような観点で魂の分野を考察するときには、魂という研究対象そのものの存在を疑問視する人たちがいるのです。ですから、唯物思想に向き合うだけでなく、いわゆる「心のない心の学」であろうとする心理学にも対決させられることになります。

昨日は、アリストテレスと、ブレンターノという現代のアリストテレス学者のことを取り上げました。ブレンターノは、魂の存在を否定しようとはしておらず、透徹した仕方で、魂を論じていました。そしてアリストテレス自身も、昨日述べた若干の示唆からも分かるように、霊の存在を否定したりはしていません。

けれども、ブレンターノの心理学を見ても分かるように、現代の優れた精神がまさに魂の現象を記述する場合、「霊」の前で立ちどまってしまっています。ですから、霊智学という霊の科学の場合には、この科学のあれこれの法則が否定されるだけでなく、霊という研究対象そのものが否定されかねないのです。昨日述べたところからも分かるように、霊は多くの人にとって極めて疑わしい対象なのです。ですから先ずはじめに、真剣にこう問わなければなりません。——「霊そのものが極めて疑わしい対象であるというのは、どうしてなのか。」

これに対する最初の答えはこうです。——「人間は身体を感覚で知覚する。外なる物質はさまざまな力で人間に働きかける。物質的現実の作用は、誰も否定できない。魂についてもほぼ同じことが言える。魂の働きである感情や思考や意志、そして運命的にこの魂のいとなみから生じるすべて、苦しみ、喜び、快、苦痛などは、どんな人も体験している。こういう体験内容が無であるとか、身体の表面に浮かんでいる泡のようなものであるとかと主張するのでなければ、魂の実在を認めざるをえない。」

しかし霊の場合はどうかというと、それが存在しているときも、超感覚的であり続けるのですから、知覚できないのです。ですから霊が否定される理由は、よく分かります。

さて、超感覚的世界に属しており、私たちの通常の生活圏内に入ってくることのない霊の探求には、いつも何か人を驚かせるようなところがあるのです。神智学では霊界の探求をします。しかし、一定の自己教養、自己教育、瞑想、集中等によって獲得される見方がなければ、霊界の諸事実を探求できません。このこともすでに何度も申し上げてきました。ですから、霊界の諸事実は、あらかじめ与えられているのではなく、日常のときよりもより高次の認識を獲得したときはじめて見えてくるのです。霊界は外の世界からはまったく隠されており、私たちが通常の認識能力をとび超えて、別の認識能力を獲得できたときはじめて考察できるようになります。では一体、なぜ人は、日常の中ではまったく感じとることのできない世界をわざわざ求めたり、憧れたりするのでしょうか。

こういう疑問に対しては、本来、学者ではなく、信者だけが動じないでいられます。もちろん信者は、この批判に対してふたたびこう批判するのです。――「霊界は啓示を人類に与えてくれる。人間が霊界のことを知っているのは、この啓示のおかげである。」けれども、そういう霊界からの啓示を認めようとせず、信仰に帰依しようとしない人もしくは科学者は、こう言うしかないでしょう。――「霊界はあるのかも知れない。しかし今のところわれわれはこのことを考えているひまがない。この世界の中には、霊界からの通信は何もないのだから。」

しかしその一方で、理想主義的＝精神的な側の哲学者たちからも、反批判が出されています。そしていつの時代にも、この反批判は繰り返して提示されています。霊界を肯定する側の哲学者の大部分は、はじめの批判にこの反批判で応えようとしているのです。――「人間は、外的な知覚によって出会うことのできる世界を超えていけるのだ。人間は、内部にひとつの真実の世界を打ち立てることができる。そして外の知覚世界の提供するものだけでは、――人間である、という理由だけからも――決して満足することができない。」

私たちは、自分の中に真実の世界を打ち立て、そしてその世界を真剣に吟味するとき、そこに身体的なすべてを超えたものを見出します。私たちは外的な感覚では決して見ることのできない世界を理念として、大きな、包括的な観点から見ることができるのです。誰でも人はそういう霊界に関与しているのです。なぜなら、真実を生きることは、霊界を生きることなのですから。――真実の世界そのものの中に、このような確信を可能にするものがあるのです。

もちろん、例えばヘーゲルのような哲学者は、霊界――感覚の制約を受けぬ思考も霊界での活動の一部分なのですが――その霊界の正当性を肯定するに足る理由を十分に認めています。一切の他の世界に対してひとつの真実の世界が完全に自立して存在していると考える哲学者たちは、この自立の中に、霊の自立の中に、まさに霊の存在を肯定するに足る十分な理由を見ているのです。その意味で、今の時代にも、真実の存在、真の理念界の存在が霊の存在を証明しているのだと真剣に考えている人たちが、十分な数だけ存在しているのです。

アリストテレス自身の場合にも、人間が概念、理念、彼が「ヌース」と呼んだ霊性の力を働かせるとき、すでに霊界を生きている、という信念が存在していました。彼によれば、この霊的な世界が存在しているのだから、この世界は存在しているのであり、十分に存在する根拠もあるのです。そしてこの霊界そのものが認められるということから、その世界を生きることで、霊界の他の諸本性、他の諸事象が存在しているという結論を引き出すことができるというのです。

このようにしてアリストテレスは、神性、魂の不死の存在を結論づけ、そして昨日述べたような成果に達しました。近代の哲学者ヘーゲルは「精神（霊）の自己運動」について語りましたが、それは物質界とは無関係な合法則性の下にある諸概念の自己運動のこと、精神の自己行為のことを意味していました。そして精神のこの自己行為があるということが、すでに精神そのものの存在を証明している、と考えました。こうして精神がみずからを提示し、みずからを開示するというのです。

ルドルフ・オイケンに見られるような、神智学から見たらそれ程天才的とは思えない近代の諸論考は、霊の自己認識が霊的生活の存在を証明している、と論じています。けれども、よく考えてみると、こういうやり方では霊を証明したことにはなりません。霊そのものを証明しようとする場合、外の世界に、そして哲学に由来するもので間に合わせることはとても難しいのです。神智学徒はこのことをよく知っていなければなりません。人はいつもこの点に関して、あまりにも安易な態度をとっているのです。

言いかえれば、真理そのものの存在は、霊を証明してはいないのです。なぜなら、ここで、本来なら何日もかけてお話しすべきことを簡単に、ほとんど比喩的にお話しすることになってしまいますが、体的、物質的な世界しか存在していないと仮定してみましょう。その外界の力もしくはエネルギーが鉱物界に作用し、複雑化し、つまり新しいエネルギーではなく、ただ物質の力だけを複雑化して、植物界、鉱物界を生じさせ、最後に人間界まで、物質のエネルギーだけで作り上げたとするのです。自然界のエネルギーだけで、脳の複雑な道具を生じさせ、身体の内部で人間の思想世界までも作り出すとするのです。そうすると、多くの人には、或る種の唯物論者のこの極めて粗雑な言い方がまともな考え方だと思えるはずなのです。そして肝臓が胆汁を分泌するように、脳が思考内容を分泌する、と思えるはずです。私たちもしばらく、この考え方を受け容れてみましょう。そして人間の脳が純粋に無機的な物理エネルギーで複雑に構成されており、人間が自分の精神生活だと思っているものも、この脳の活動で生み出されたものだ、と考えるとします。唯物論者のように、霊的なものなどない、と考えるとします。その場合、そういう唯物論者が真理世界について語り、例えばヘーゲル哲学で「概念の自己運動」と呼ばれているような真理世界について語ることは可能なのでしょうか。

こう問うことは、決して無意味ではありません。なぜなら、もしもこの問いを肯定できたとしたら、ヘーゲル哲学のような哲学でさえ、唯物論的に説明することができてしまうからです。そうしたら、すべての観念論的、霊的と呼ばれうる哲学は、居所を失ってしまうでしょう。

どうぞ考えてみて下さい。詳しく述べようとすれば多くの時間が必要になってしまいますが、そのような立場に立てば、複雑に組み立てられた人間の脳から生じた思考内容は、外にある物質界の鏡像であり、真理世界もそのような思考内容である、と主張できます。

私たちが何かを鏡の前に置きます。鏡はこの何かを映し出します。その鏡像は元の何かにそっくりです。その鏡像は元の何かではありませんが、純物質的な経過を辿って鏡の中にこの像を生じさせたのです。ですから私たちは、実在していない単なる像を問題にしているのだと言えばいいのです。そうすれば、鏡像の実在を証明する必要がなくなります。

ですから唯物論の立場に立てば、こう言えるのです。――「実在するのは、外なる物理的エネルギーだけだ。それが人間の脳を複雑に組み立て、外界のための一種の鏡を作り出した。そこに映し出される思考内容はすべて、外界の単なる映像である。」

そうしたら霊を証明する必要がなくなります。思考内容は霊的なものでなく、外界の映像でしかないのですから。そうしたら、鏡の像の実在を証明できないように、思考内容の実在も証明できなくなります。

そのとき人びとが現れて、こう言うとします。――「しかし外的な知覚からは取ってこれないような概念もある。例えば円は、幾何学で学ぶような意味では、決して眼の前に現れてこない。三角形もそうだし、そもそも数学上の真理は、すべて同様である。」

しかし、すぐに反論が返ってきます。――「われわれはそういう真理を、脳から現れる像としてなら見ている。どんな真理も外にはない。しかし多くの場合、近似した形でなら外に現れることがある。そして抽象的な概念としても現れることができる。」

つまり人間が自分の内部に超感覚的な真理を産み出せるのだという批判は、有効ではないのです。それが超感覚的であるということは正しいし、否定できません。けれども、唯物論者にとっては、それでおしまいなのです。真理そのものは、唯物論に対する批判にはならないのです。

そのとき、私たちはひとつの確かな地盤の上に立っているのです。つまり霊界が実在する証拠もしくは少くとも示唆であると思われているのは、多くの人にとって真理が存在しているということなのです。けれども真理のこの存在は、それが超感覚的ではあっても、決して霊界の実在を証明してはいないのです。なぜなら、真理は確かに超感覚的です。けれどもその真理が実在していなくてもいいのです。一連のイメージであればいいのです。誰も実在性を問題にしてはいないのです。真理を所有していても、それが霊界の実在を証明したことにはならないのです。いくら真理を求め、真理において生きたとしても、それによって霊に到るとは限りません。真理は外なる物質界の単なる鏡像であるかも知れないのですから。

ですから、誰かに霊を認めさせるに足る何かが、広い世界に存在するとはあまり信じられないのです。

例えば、十九世紀の哲学者フォイエルバッハのような人物が、人類にとって神々または神とは何だったのかを考えたとき、こうなりました。——「人間は、自分の魂の働きを、自分の思考内容を体験し、それを世界に投影する。そうすると、その投影されたものが神になる。」

ですから簡単に神の世界の非実在性が証明されてしまうのです。なぜなら、神の世界は非現実的な思想世界の反映にすぎないのですから。フォイエルバッハはこう考えます。――「アリストテレスは、思想世界、知性世界の存在から、その世界の客観性や神の存在が証明できるとしているが、その考えは間違っている。アリストテレスは、人間が魂の中に持っているこの知性が事物の中でも働いているという。つまり万物を支配する「ヌース」（霊性）が事物のどんなところにも存在していると考えている。しかしアリストテレスの考えているヌースとは、投影された人間知性にすぎないのだ。」そうフォイエルバッハは言い、そして、「ヌースが鏡像のようなものでしかないのなら、その上に何かを築き上げることなどできない」、と主張するのです。

神智学者も彼と同じくらいはっきりした態度で、これらの事柄に向き合わなければなりません。そのようにはっきりと、こう言えなければなりません。「外的な現実から霊界を認めさせようとする道は、通常、はかない結果にしか到らない。」よく考えれば、どうしてもそう思わざるをえないのです。

では、見霊能力を獲得するまでは、霊の存在を確信する可能性はないのでしょうか。ほとんどそのように思えます。見霊者となって霊界を見るか、それともその見霊者を信じるか、そのどちらかしかないように見えるのです。

しかし、そんなことはありません。問題は次の点にあるのです。――外の物質世界は、はじめは霊界を何も示していません。あらかじめ霊界のことを知っているのでなければ、です。真理という内的世界もまた霊界を示していません。真理が単なる物質界の鏡像であるのかも知れませんから。では、先程の事情以外にも、何かがあるのでしょうか。そうなのです。別の何かがあるのです。そしてそれは、「誤謬」ということです。

世界を全体として理解するには、世界のどんな事柄にも眼を向けなければなりません。真理の他に、誤謬があります。誤謬はもちろん、真理に導いてはくれません。誤謬から出発するとしたら、おかしなことになってしまいます。真理の地盤の上に立つことが不毛だからといって、誤謬の地盤の上に立て、と言うわけにはいきません。霊界の現実を洞察するには、誤謬の地盤の上に立たなければならないなどと言ったら、敵の数をますますふやしてしまうでしょう。

しかし、今取り上げたい誤謬とは、真理を認識するために誤謬から出発する、という誤謬ではないのです。もしそうなら、まったく愚かなことです。それでは意味がありません。けれども、誤謬に関しては、否定できないことがあります。誤謬が世の中にはある、ということです。それが現実なのです。特に、人間本性の中には誤謬がつきものです。外界が脳の中に鏡の機能を創り出したとき、そして真理内容が鏡像の群れであるとき、常に人間の中に、真理だけでなく、誤謬もまた現れます。誤謬は、人が自分を間違った鏡にし、外にあるもののカリカチュアを示す鏡にするときに現れます。正しい鏡の代りに、ゆがんだ像を示す鏡は、誤謬を示しています。ですから誤謬について、それは外界が創ったわれわれの器官が間違った像を示しているのだという説明ができます。真理も誤謬も、鏡の像の問題にすることができます。けれどもひとつのことだけは、鏡像では説明がつきません。それは誤謬を訂正することです。鏡に向って、お前は外の対象をカリカチュアにしている。はやく正しい像になおしなさい、と命令しても、鏡の像はそのまま同じ誤った像を示し続けるだけなのです。

しかし、人間は誤謬に留まることなく、間違いを正して、真実に到ろうとします。このことが大切なのです。真理については、それが外的現実の鏡像であるということで説明がつきます。しかし誤謬を真理に変えるとき、誤謬そのものはもはや外的現実の鏡像ではなくなります。言い換えれば、誤謬は、私たちの環境世界の中に存在しているのではないのです。真理は環境世界の中に存在権をもっています。そして真理に達するためには、外界の存在にしっかりと向き合えばいいのです。一方、誤謬を取り上げるときには、外界を映し出すだけではだめです。外界に属さない何かがなければなりません。外界とは直接的な関連のない何かがです。感覚世界が、真理としてではなく、誤謬として映し出されるときは、感覚世界とは別のところにその誤謬の生じる根拠があるのです。ではそれはどんな根拠なのでしょうか。感覚世界そのものの中には存在しない別の根拠は、超感覚的世界の中にのみ存在する根拠でなければなりません。

このことは、さし当たりは推論にすぎません。そこで超感覚的な研究からこの点を見てみましょう。証明するためではなく、事柄に光を当てて、外界における誤謬の独特な位置を知るためにです。例えば、私たちが純粋に内的な衝動から、恣意から、明らかに誤謬と分かるイメージを持つとします。自分で愚かにも間違った考え方をしているとします。勝手に間違った考え方をするのは、決して望ましい行為だとは思えません。しかし、高次の意味では、非常に役に立つ行為かも知れないのです。すなわち、誤謬を勝手に考える人は、必要なエネルギーをもって、注意深く、何度もその考えを繰り返していくと、この誤謬が魂の中の現実となってくることに気がつくでしょう。自由に考え、それが間違いであることに気づいたとき、その誤謬によってはまだ何も結果を出していませんし、何かがそれによって分かったことにもなりません。しかしその誤謬は私たちの中で働き続けます。

そしてこの働きにはとても意味があるのです。なぜなら、誤謬を考えていると自覚しているときの私たちは、真理への展望によって妨げられることがないからです。その場合の私たちは、勝手に誤謬を考え、そして自分自身のもとにいます。ただこの経過を十分に時間をかけて継続するだけでいいのです。そうすれば、『いかにして超感覚的世界の認識を獲得するか』で、魂の中にまどろんでいる、それまで表に現れなかった力を呼び起こす行法と述べたものに達するのです。外の真実に絶えず帰依し続けることは、今述べた事柄に関しては、あまり前進が期待できません。しかし自分の中の誤謬を勝手に働かせることは、隠れた魂の力を呼び起こすことができるのです。

今私が述べたことは、そうすべきだ、と言っているのではありません。ですから私の『いかにして超感覚的世界の認識を獲得するか』の中でも、このことは省かれています。その方が正しいのです。「人は精力的に繰り返して勝手に、できる限り間違ったことを、隠れた魂の力を呼び起こすために考えなければならない」、とは、言わない方が正しいのです。

しかし、そうすることは、それでも、別の意味においては、あの本で述べたことに通じる行為になるのです。もちろん、がさつな誤謬から出発しなければならない、というのではなく、そのためには、二つの条件を充たさなければなりません。先ず私たちは、外的な現実に一致しないイメージをもたなければなりません。ばら十字のイメージのような、いつも取り上げられるイメージがあります。それを外的現実の立場から見れば、間違ったイメージ、誤謬になります。黒い枯れた木に赤いばらの花が咲くことはありません。しかしこれは象徴的な、比喩的なイメージなのです。それは外的現実を正しく表してはいませんが、真実を象徴しているのです。外的な現実から見ると、真実ではなく、誤謬ですが、意味のある、霊的に正しい事柄を象徴しているのです。ですから、完全に間違ったイメージであるとは言えません。ばら十字を瞑想するとき、外的、物質的な真実にとっては誤謬であるイメージに沈潜します。ですから、「われわれは勝手に間違ったイメージを魂の中に取り入れる」という条件を充たしています。けれども通常の誤謬に没頭しているのではありません。象徴的な、意味のあるイメージに沈潜することで、第一の条件を充たしているのです。

そこで第二の条件にいたります。私たちが瞑想、集中に没頭するとき、別の前提を充たさなければならないのです。『いかにして超感覚的世界の認識を獲得するか』や『神秘学概論』［ともにちくま学芸文庫］第二部で述べた事柄の本質に深く入っていくと、正しい仕方で瞑想するには、一定の魂の態度が必要であることが分かります。瞑想の経過が正しく行われるためには、魂の道徳的な質が問われるのです。私たちがこういう象徴的な、つまり外的な意味では間違っているイメージに没頭するとき、一体なぜ道徳的な質が問われるのでしょうか。

このことが、今考慮すべき第二の条件なのです。一般に、ただ瞑想、集中に没頭して、すでに述べたあの道徳的な魂の在り方を求めないのであれば、何も良い成果に到りません。道徳的な魂の在り方を忘れて、隠れた魂の力を呼び起こし、そうすることでひとつの世界が開かれますと、その世界は人生に対して、健全に、促進的には作用しないで、破壊的、解消的に作用するのです。道徳的な態度から生じた瞑想、集中だけが、すでにある魂の状態に健全に作用し、魂を高次の方向へ導いてくれるのです。このことは経験が教えてくれます。

こういう魂の在り方ではなく、単なる好奇心や情熱などから、瞑想によって高次の世界へ上っていこうとする人は、病的と言えるような、いろいろな症状を表すようになる、と経験は教えてくれます。こういう人も、瞑想を通してひとつの現実を受けとります。誤謬はひとつの現実です。その現実も魂に作用します。誤謬は、感覚が提供する外界には含まれていない現実なのです。

こういう人たちも、魂の中に超感覚的な力を受けとります。誤謬は、現実に作用する力をもっています。その作用力は外なる感覚世界に基盤をもっているのではありませんから、誤謬の超感覚的な力を、道徳的な在り方をしていない魂に作用させてはならないのです。言い換えれば、誤謬の中には、確かに超感覚的な力があるのですけれども、その力が誤謬として現れたときはまだ良い力ではありません。それを良い力にするには、良い魂の在り方という土壌の中に沈めなければならないのです。

以上のことを神智学の言葉に置き換えてみましょう。――人間は超感覚的な世界を知ることができます。なぜなら誤謬を知っているのですから。ですから、人工的な仕方で超感覚的世界に上っていく必要はないのです。なぜなら超感覚的な世界は、誤謬の中にいる人間の中に、はっきりと姿を現すのですから。姿を現して人間に作用するのです。しかしそのとき人間が体験する世界は、決して良い世界ではありません。人間は別の側から良い世界を魂の中に取り入れて、誤謬が魂の中で正しい仕方で作用できるようにしなければなりません。

このことを逆説的に言いますと、「人間は超感覚的な世界をすでに感覚世界の中で知っている。なぜなら誤謬をもっているのだから」、ということになります。

つまり人間は、超感覚的な世界の中で、先ず悪魔に出会うのです。善良でないもの、悪となって現れるものに向き合うのです。ですから、「民衆は悪魔のことをまったく感じていない。悪魔に首をつかまえられていてもだ」、という言葉には、深い意味があるのです。なぜなら、悪魔はそこにいるのです。誤謬という姿でそこにいるのです。神智学の言葉で言えば、ルツィフェルの力がそこに働いているのです。超感覚的な世界は、はじめはルツィフェルという形で現れるのです。そして人間は、現実を逃避して、頭を砂の中につっこみ、超感覚的世界を認めまいとすることによって、ルツィフェルの力から逃れようとします。もちろん、そうすることができるのですが、そうしたところで事柄を世界から追い出すわけにはいきません。

外界における誤謬の存在によって、超感覚的世界の存在が証明されます。けれどもはじめは、人間本性の敵であるルツィフェル的な超感覚的世界が証明されるのです。この点について、もっと詳しくお話ししようとすれば、連続講義のすべてをそれに当てなければならなくなるでしょう。勝手に思考の中に誤謬を取り込むことによる超感覚世界への参入に必要な、道徳的な在り方を伴わない人は、ルツィフェルの手に陥ります。

こういう事柄を取り上げるのには、何か特別な目的があるのでしょうか。昨日、アリストテレスにふれて、親や祖先から受け継いだ遺伝に加えて、人間の超感覚的な本性が神によって与えられている、という考え方について述べました。感覚世界の中に生まれてくる各人のために、両親との関連とは別に、超感覚的な部分が神から創られたというのです。どうぞ昨日の最後に述べたことを思い出して下さい。私たちはこのアリストテレスの主張を正しいと思ってはいません。同意できないことがいろいろあります。

私たちのよく知っているカール・ウンガー博士は、とても見事に、この世における矛盾の正当性をはっきりと述べてくれました。しかしもし私が皆さんに、或るひとつの矛盾だけは正当ではありえないことを証明しようとしたら、また長い話をしなければいけなくなるでしょう。それは、自分の主張を首尾一貫させようとしたら、自分で自分の主張に反論を加えるような結果になってしまう場合です。

この矛盾はアリストテレスの場合にあてはまります。なぜなら、人がこの世に生まれてくるとき、人間の超感覚的な部分を神が創ったのだとすると、この世を生き、そして死後超感覚的な世界に生きるすべての人間の中に、不満足な状態が生じるだろうからです。だから神が人間を不満足な状態に置くことになってしまいます。このことは、アリストテレスにとっても正しいこととは思えません。遺伝によって生じたものと直接神から人間に与えられた超感覚的な部分とが、人間の中で結びついているということを、この世の賢者に認めさせることは不可能です。なぜなら、第一にこのことはもっぱら論理的に証明しようとしているだけなのですから。アリストテレスは、ただ真理の証明だけをしようとしています。しかしすでに見てきたように、そうしても無駄なのです。なぜなら真理であるという主張は、超感覚的世界の存在の証明にはならないのですから。論理に基づく超感覚的世界の証明は、はじめから役に立ちません。

第二に、人間の超感覚的な部分が神によって創られて、そして物質界に生まれて来たのだとしたら、死後不満足な状態に陥ることなど考えられません。ですから昨日アリストテレスの立場として述べたことは、そもそもありえないことなのです。人間に与えられるもっとも身近かな、そして力を発揮する超感覚的な部分は、ルツィフェルによって与えられたものなのです。アリストテレスはこのことを考慮に入れませんでした。超感覚的な人間の成立に際しては、先ずルツィフェルの働きを認めなければ、正しい立場に立てません。

人間はひとつの神だけによって生じたのではなく、ルツィフェル原則と結びついた神によっても生じたのです。

この場合、私たちの今立っている地盤に十分配慮する必要があります。まさにヨーロッパ諸民族は、霊界を認めるときにも、この地盤が無意識に感情の中に作用して、現代に到るまで、その教養の光の下で、輪廻転生を公平な眼で見ることができなくなっているのです。

今日お話ししたように、人間は本来、他の超感覚的存在よりも、もっとはるかに悪魔を信じなければなりません。悪魔の方が私たちにずっと身近かなのです。ですから昔の人は決して悪魔に敵対しませんでした。今、考え方として申し上げたことと同じことを感じていました。神と並んでルツィフェル的なものが存在していると感じ、そして更に別のことも感じていました。私は、その感じ方の正しさをこのあとの講義で明らかにするつもりですが、昔の人たちは人体と共に、同時に霊的なものが人間に与えられており、人間の中には聖なるものがあると感じていました。そして物質界での人間の体の本性と、人間の神的＝超感覚的な起源との間に折り合いをつけることができませんでした。しかしその人たちの考え方がそれで終りになったのではありません。なぜなら、西洋の人間の場合、例えば仏教徒の場合とはまったく異る困難がありました。仏教徒は、思考も感情も輪廻転生を受け容れています。仏教徒の場合、外的な身体は本来、神的存在を否定するものでした。身体は神的存在の一種の堕落でした。ですから身体から解放され、身体などまったく不必要な世界へ参入しようとするのは、正しい努力だったのです。

しかし、アリストテレスは別です。仏陀の弟子たちとは別の立場です。アリストテレスは、超感覚的な世界観をもって、こう言います。――「死の門を通るときのわれわれは、自分の超感覚的な部分を保ちつつ、生前の自分を見下ろす。そして超感覚的世界におけるわれわれの進化が、この地上の人生に依存していることを悟る。地上の人生には、役に立たないものなど何もない。われわれの進化全体にとって必要なので、神はわれわれに身体を与え給うたのだ。神がわれわれを身体から自由な存在にしていたら、この進化は生じなかったであろう。」

換言すれば、アリストテレスは、外なる物質生活での諸体験に大きな価値を置いているのです。そのときに問題なのは、概念や抽象化の作業ではなく、感性の内実なのです。アリストテレスの意味でのそういう感性の内実を、仏教徒はもっていません。何度もお話ししたように、仏教徒は、こういう感性の内実をもっていません。仏教徒は、人間が感覚世界と接触することで無明の中を通っていく、と考えます。感覚的世界と出会い、そこからの解脱を求めるのです。ですから、人間は感覚的なものをすべて捨て去ったとき、はじめて人間になるのです。アリストテレスは西洋精神生活の信奉者として、仏教徒のように考えることができないのです。西洋の精神生活を生きる人は、そもそも仏教徒のように感じることはできません。仏教の影響を受けたり、その世界観を認めたり、仏教にのめり込んだりするかも知れませんけれども、そういうことが起こるのは常に、みずからの心情の内実を否定したときなのです。

感覚界における神性を、神霊に充たされた感覚存在を認めるのが、西洋人の特徴なのです。西洋人が仏教の影響の下に、少しの間感覚存在の霊性を否定したとしても、心情的には感覚界における霊性は常に存在し続けるでしょう。そして外的、物質的存在に価値を置くことは、アリストテレス以来のことなのです。アリストテレスは、自分自身のためにそうしたのではなく、必要な通過点として、人類全体の進化に必要な通過点としてそうしたのです。外的、物質的な存在に価値を置く態度は、十九世紀までの西洋人の中に、常に生きていました。そしてそのことこそ、なぜ西洋の傑出した精神たちが輪廻転生に親しめなかったかの理由なのです。

一方ではルツィフェル原則の正当性の感情が、他方では外的、感覚的生存においても神的なものを認めたいという感情が、いわば共に働いて、これからお話しする人物の感情が生じたのです。この人物は本当に、西洋のもっとも精神豊かな人物のひとりです。皆さんに示したいのは、優れた哲学者フローシャマー［ヤーコプ・フローシャマー、一八二一―九三年、カトリック系の神学者］の感情です。これはトマス・アクィナスの哲学について書かれた彼の著作の中から読みとれるのです。この書の中で、彼は詳しく、自分の哲学とトミズムとの関係を論じています。そして或る箇所では輪廻転生の可能性さえ論じているのです。フローシャマーはその際、まったく西洋的世界観の代表と言えるような立場に立っています。つまり私たちの霊智学の根幹神経とも言うべき輪廻転生の考えを認めることが、これまでの数世紀間、どんなに難しかったかを、あらためて考えさせられるような精神を示しているのです。

「人間の魂は、神に由来する。人間の魂は、神的想像力の所産として、世界そのものと同じように、神の働き、神の効力から生じたのだと思わざるをえない。(無は単なる無からしか生じることができない)。けれども神のこの働き、この効力は、天地創造のための手本となって、天地創造を実現し、継続するために作用し続ける。したがって(形式的に留まらず、実質的にも)形成力となり、想像力となって、つまり世界内在的に創造し続ける維持力、潜在力、従って宇宙想像力となって、作用し続ける。以前すでに論じたように。」

最後の一行につけ加えて言いますと、フローシャマーは『宇宙過程の基本原則としての想像力』という本を書き、その中でヘーゲルの「理念」、ショーペンハウアーの「意志」のように、「想像力」そのものを創造的な宇宙原則として論じています。

「出生以前の魂の存在についての論に関しては(魂は永遠に存在するとも、時間的に限定され、始めがあり、一回限りであるとも考えられている)、この論は、すでに述べたように、近代になってふたたび取り上げられ、すべての心理学問題を解決するのに役立つと思われている。そしてその論は、魂が転生するという説と魂が地上の身体の中に閉じ込められているという説とに結びつけられている。」

これは一八七七年に書かれました。すでに十九世紀にも、「繰り返される地上生活」についての教えの信奉者がいたのです。私はカールスルーエでの連続講義『イエスからキリストへ』の中でもこのことを申し上げました。もちろんフローシャマーもこのことを知っており、それ故こう続けています。——

「この説に従えば、親が子を産むときには、魂が神の手で直接創造されるのでもなく、両親によって体と魂という人間本性が新たに創造されるのでもなく、魂が体と新たに結びつくというのである。つまり一種の受肉、魂の身体降下なのである。少くとも魂の一部分はそうなのである。魂は一部分が身体に受けとめられ、結ばれ、他の部分は身体から突出して、霊となって独立している。そして死がこの拘束を解き、魂に（少くともこの拘束からの）解放と救済をもたらすまで、魂は身体から抜け出ることはできない。

人間の霊は、身体との関係においては、煉獄での哀れな魂に似ている。ぞんざいな奉納絵によく描かれているように——魂ではなく、体が描かれているのだが——、半ば燃え上がる焔の中に沈められ、上半身は（魂となって）そこからつき出て、手をふり上げている。この考え方をとるとき、性の対立、人類の人種問題、結婚、親子関係にどんな意味があり、どんな立場がとれるのか、よく考えなくてはならない。性の対立は、監獄施設の問題にすぎない。結婚はこの投獄という立派な使命を遂行するための制度にすぎない。両親は子の魂に対しては、その魂を捕えて投獄する捕吏《ほり》にすぎない。子はこの悲惨な獄中生活を両親に感謝してはいても、子と親との間には何も共通のものがないのである。親と子の結びつきはすべて妄想にすぎない。人間社会における性の対立もすべて妄想にすぎない。性の違いにどんな意味があるのというのか。人間の考え方や行動が性の違いにどれ程規定されているというのか。性の違いがどんな憧れを呼び起こし、どんな喜びを与え、どんな身体的、精神的な高揚をもたらすというのか。尽きることのない芸術的、詩的創造の対象はどうなのか。性の対立は、あわれな魂の肉体化と投獄のための施設なのではないのか。その結果、魂は地上の悲惨さに身を投じ、地上生活の苦悩、情熱、誘惑、危険に陥り、自分の存在の一部分だけで彼岸へつき抜け、もしくはいわゆる超越的（本来は先験的）になるだけなのだ。性別の意味は、生存の春にふさわしい、持続的な更新、若返りを生じさせることにあるのではなく、むしろその反対なのである。根底にある憧れ、そこから生じる熱狂は、至高の創造意欲を満足させるためではなく、新しい魂が肉体に閉じ込められるための悲しむべき努力の結果なのである。この努力の結果、魂の大部分は暗くなり、よそよそしい存在になる。」

皆さん、これは時代精神が正直に、誠実に語るときの人間の姿なのです。そして西洋におけるこれまでの数世紀間の世界観の困難を意識し、私たちの世界観の根幹神経を私たちが知ろうとする理由なのです。

今回の講義におけるように、重要な諸問題に取り組むときにこそ、私たちは神智学に出会おうとするすべての人が大きな困難を抱えているのをよく知っていなければなりません。ことを安易に受けとらずに、西洋の文化生活の中から育ってきた人たちが、神智学、特に今問題にしている霊智学が述べるような霊的生活に入るには、大きな困難が伴うのだ、と自覚していること、それは神智学徒の大切な課題なのです。

――第二講終り

霊智学　第三講　霊視と想像力――霊的合一と良心――
霊聴の中での霊視と霊的合一の統合こそが存在を成就させる

ベルリン　一九一一年十二月十五日

一昨日問題にしたように、通常の意識にとっても、正しく自分に向き合うならば、霊の存在は証明できるのです。しかし、そのためには、誤謬の本質とその克服の可能性とを見極めなければなりません。そしてそのためには、「超感覚的」である霊の本質を知らなければならないのです。誤謬の根は、超感覚的なところにあるのですから。この点を具体的に、詳細に亙って述べる余裕は今はありません。そのことも申し上げました。けれども、次のことを、ここでつけ加えておかなければなりません。

外的、物質的な世界の強制を脱して、知覚によってしか認識できないすべての事柄から自由になったとき、誤謬の可能性がはじめて現れてくる、ということをです。私たちが外界との関係によって誤謬の誘惑にさらされるときというのは、いいですか、自分自身の内的な本性によるのです。このことを実感して下さい。

別の機会に申し上げたことですが、基本的に、近代科学は、神智学の認めた事柄をいろんな角度から、証明してみせよ、と迫ってきます。しかし、外的な科学の言う「証明」は、この科学の信奉者によってさえも、現在では決して公平な態度で理解されているとは言えないのです。

博物学者ジャン＝ピエール・フーバーの例を考えてみましょう。彼は糸を吐き出す蛾の幼虫を研究しました。幼虫の中には、相前後して、何度も糸を吐き出すものもいます。その幼虫は、いわば、一度目、二度目、三度目、四度目、五度目、六度目に糸を出します。そこでフーバーは、三度目まで糸を吐き出した幼虫を取り出して、それをすでに六度目まで糸を出した他の幼虫の中に置いたのです。そうすると、こういうことが生じました。三度目まで糸を出したあとで、六度目の糸の中に置かれた幼虫は、惑うことなく、妨害があったときにも、七度目、八度目の糸を出すのではなく、四度目、五度目の糸を出したのです。衝動の命じるままに、それまでやってきた順序通りに糸を出したのです。ですから幼虫は、迷うことなく自分自身の内面生活に従っていたのです。幼虫は、外からの印象に従わずに、三度目のあとでは四度目に、自分の内的衝動に従って糸を出し続けたのです。

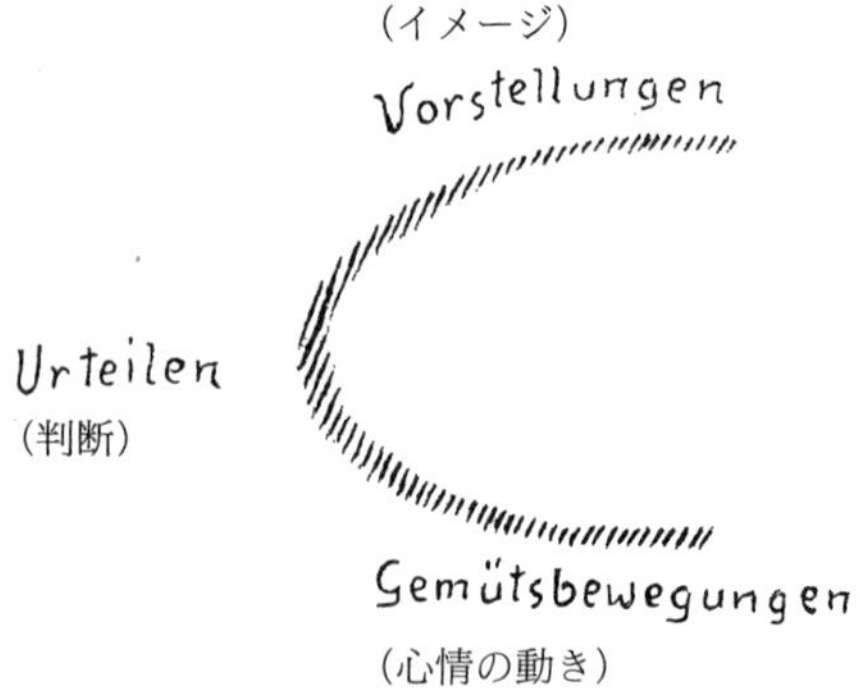

これは非常に興味のある事実です。動物界の存在たちは、人間の場合の正、不正、または誤りに、外的な印象によって陥ることがないのです。

人間が外なるものによって誤謬に陥るのは、単に内的な衝動に従うだけでなく、外から働きかけてくる衝動にも従わざるをえないように生まれついているからなのです。人間は、この意味で外界に向き合っています。しかしそのことの故に、霊に関してあらゆる誤謬を生じさせてしまうのです。

そこで今日は、現代の鋭敏な心理学者ブレンターノの述べた事柄を、もう一度取り上げて、私たちの神智学の霊魂論を科学との関連で考えてみましょう。ここで私は、霊の領域へ正しく移行できるように、図式にして黒板に、先ず魂の諸能力を分類してみます。これは一回目の講義で述べました。つまり、イメージと判断と、愛憎という心情の動きとです。［図参照］

この場合、イメージと心情の動きとは、よく観察してみると、判断とは違った仕方で魂を働かせています。ブレンターノは判断を、イメージの単なる結びつきではないと述べています。一回目の講義で申し上げたように、一般に人は、「判断はイメージと結び合わせることで作られる」、と言います。「木」というイメージと「緑」というイメージを用いて、「青葉が茂っている」と判断するのは、イメージの結び合わせであるというのです。

ブレンターノは、そうではなく、判断の本質は確言することにあると言います。なぜなら、判断するときは、そのイメージの結び合わせの必要を確言するのでなければならないからです。例えば、木というイメージと黄金色のイメージを結び合わせることもできます。しかしその場合には、「どんな木も金色ではない」、というような言い方をしなければなりません。

この意味での判断は、何をしようとしているのでしょうか。判断によって「実在の命題」を作ろうとしているのです。この実在の命題は、妥当性をもっていなければならないのです。

「木と緑」というイメージの合成から「青葉が茂っている」という実在の命題を作るときはじめて、私は判断したのです。そして実在の命題を作ろうとするときには、イメージの結び合わせによって、何かを確言しているのです。「黄金色の木がある」、とは言えません。ですから、イメージの結び合わせから判断が作れるかどうか、実在の命題が作られるか否か、が問題なのです。

そこで皆さんにおききしたいのですが、私たちの魂は、何によってイメージの結び合わせから実在の命題を作り出すことができるようになるのでしょうか。「木の緑」というイメージの組み合わせから「青葉が茂っている」という実在の命題に到るきっかけは、何が与えてくれるのでしょうか。それは私たちの現在の魂の中には見当たらないような何かです。なぜなら、魂の中を見廻しても、どこにもそれらしいものが見当たらないからです。

もしも私たちがイメージの結び合わせから何かを決定し、確言する実在の命題へ移行しようとするのであれば、自分の魂の働きを超えて、魂を魂以外のものに結びつけなければなりません。

イメージの組み合わせから判断への移行を見つけだす可能性は、知覚以外のところには存在していません。〔図参照〕

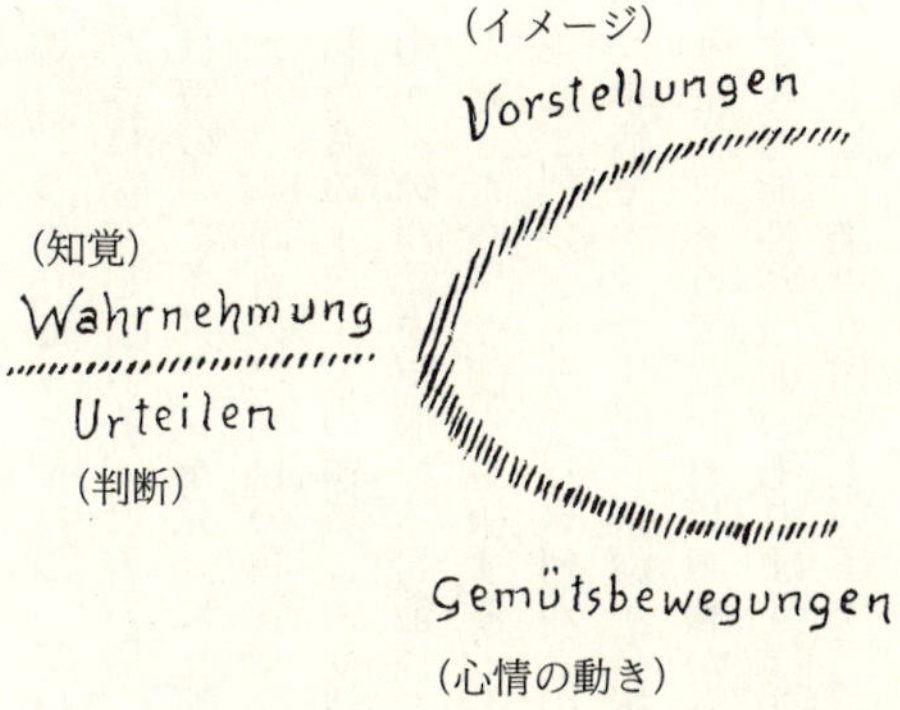

知覚によってイメージとイメージが組み合わされるなら、判断に到る可能性が生じます。すべてのイメージは、私たちの魂の中に生きているのですが、そのイメージから判断に到ろうとするには、魂の中には存在しない外の何かが必要になるのです。

心情の動きは、イメージの場合よりももっと明らかな仕方で、魂の中に存在していると言えます。なぜなら、心情の動きが魂ではないところで働いていたとしたら、その働きが人さまざまの、個別的な性格をもつことはありえないでしょうから。心情の動きが魂の中に存在している事実については、多言を要しません。

イメージと心情の動きとは、魂の内的ないとなみなのです。ですから、そこから判断に直接到ることはできない筈です。それではイメージと心情の動きが魂の中だけに存在している、と言い切ってしまってもいいのでしょうか。知覚を通して外界と出会うのではない場合、つまり知覚と結びついていない場合、私たちのイメージと心情の働きとは魂の中だけに存在している、と言い切ることが本当にできるのでしょうか。

私は魂の中でイメージを完全に支配してはいません。イメージが私を強制する場合もあります。一昨日の二回目の講義で分かったことは、誤謬が霊的、超感覚的なものであり、私たちのイメージの領域に入り込むことができること、そして私たちのイメージそのものがその誤謬を克服する可能性をもっていることでした。なぜなら、もしそうでなかったとしたら、誤謬を克服することはできないでしょうから。ですから私たちは、魂の内部に、誤謬とそうでない何かとの間の闘いの場を持っているのです。しかし誤謬は霊的な事柄です。ですから誤謬から抜け出るためには、誤謬と正反対の何かがなければなりません。そうでなければ誤謬から抜け出ることができないでしょう。そして誤謬を克服する可能性がひとつあります。イメージのいとなみの中に誤謬を克服する可能性があることは、誰でも知っています。

誤謬は霊的なものですから、感覚世界を知覚するだけでは、それを克服できません。すでに「人智学」の講義で述べたように、感覚は本来、間違ったりしません。ゲーテはこのことを強調しました。感覚は錯覚したりはできません。間違えるのは、魂の動きなのです。ですから、ちょっと考えれば分かることですが、誤謬は、魂の内部でイメージを通してでなければ克服できないのです。イメージを通して誤謬を抜け出すのです。

さて、一昨日述べたように、誤謬は、私たちの魂を高次の領域へ引き上げてくれる働きの一種の退化した種族なのです。誤謬の本質は、知覚世界との不一致にあります。一昨日述べたことですが、霊界へ到るためには、――瞑想、集中などによって――外界の知覚と一致しないイメージに没頭しなければなりません。ばら十字のイメージは、外的な知覚と一致しないイメージの一例です。その意味では誤謬に似ています。しかし、霊的体験への途上で必要とされる誤謬は、私たちの内部で破壊的に作用します。それが破壊的に作用することは経験が教えてくれています。

誤謬と共通点をもち、知覚世界と一致しないイメージでありながら、誤謬ではなく、健全な、正しい仕方で私たちの内部に高次の魂の力を呼び起こすイメージを、どうすれば私たちは獲得することができるのでしょうか。言い換えれば、どうすれば単なる間違ったイメージから離れて、これまでいろいろ述べてきたような象徴的なイメージを生かすことができるようになるのでしょうか。ばら十字のイメージはそういう象徴的なイメージのもっとも優れた一例でした。

そのような象徴に到るには、イメージを組み合わせるとき、外の感覚世界、知覚世界に導かれたり、誤謬へ導く力に従ったりするのではなく、魂の中に必要な力を呼び起さなければなりません。一昨日はこの力を道徳と美の基盤から生じる内なる働きであると述べました。私たちは、その際、外の世界に由来する衝動や情熱との関係を断って、はじめはまだまったく所有していないこの力を魂の中から呼び起こすために、自分で自分の魂に働きかけなければなりません。そうすれば、知覚世界に関係していなくても、客観的な妥当性をもった象徴的なイメージを生かすことができるのです。

その場合私たちは、すでに何度も述べたように、人間についてのイメージを作ることも大切です。克服されるべき人間のイメージをです。決して肯定できず、合意できないままに、今私たちの前にいるような誰かのイメージです。

次に、それと並んで、もうひとつ別の人のイメージをその横に置きます。このイメージは、現在や過去に関わる人間ではなく、未来に関わる人間のイメージです。そしてこの別の人間にこう語らせるのです。――「私は、自分の高次の本性を、つまり自分の現在の姿の中にはまだ認められないすべての良きものを獲得できるように努力しなければならない。」

そしてそれから私たちは、この内なる衝動につき動かされて、知覚世界の下では結び合うことがありえないような二つのイメージを組み合わせ、根滅すべきものの象徴である黒い十字架とそこから咲き出る赤いばらの花たちとを組み合わせて、「ばら十字」の象徴を瞑想するのです。このイメージは、非現実的であるとも言えますが、誤謬が生じるような組み合わせからではなく、私たちの魂のもっとも高貴ないとなみから生み出されたのです。

このように、私たちの魂のもっとも高貴ないとなみからも、外的知覚に対応しないイメージが生じます。そして厳格な内的な沈潜を通してこのイメージを自分の魂に作用させるなら、その魂は健全な発達を遂げ、これまで以上に高次の境地に到ることができ、それによって私たちの魂は進化できるのだということを経験することができるのです。このように、外的な知覚世界からは誤謬と思われるイメージによって私たちの魂は――このイメージが外的知覚世界を映し出していない限り――正しい方向に向かうことができるのです。

それでは、外的知覚を通して私たちの中へ押し寄せてくるすべてに抗して、どうすればその知覚内容とはまったく異るイメージを自由に行使できるのでしょうか。誤謬からではなく、そういうイメージから、魂を高次の境地へ向わせることができるのでしょうか。

誤謬から生じるものとはまったく異る力を、象徴的なイメージを通して作り出すのです。それは誤謬の中で働く力とは正反対の力です。一昨日は、ルツィフェルの働きが誤謬の中にあると言いました。今はこう言うことができます。――自分の魂を象徴的なイメージに没頭させ、象徴的なイメージから高次の直観へ移るときの私たちは、ルツィフェルの働きとは正反対の働きを、つまり神的＝霊的な働きを自分の中に感じとることができると。

この関連に深く関わっていく魂は、象徴的なイメージに没頭することを通して、超感覚的な作用をじかに感じとれるようになります。超感覚的な力が私たちの内部に作用すると、その力は、これまで単なるイメージであったものからまったく違ったものを生じさせるのです。魂そのものからは生じえないような何かを生じさせるのです。

判断が知覚によって確言に到りうるように、内なるイメージは、今述べた過程を通して、自分みずからの働きによってこのような成果を獲得するようになります。イメージが外的な知覚を通して判断に到るように、イメージの内的ないとなみは無方向ではなく、今述べたような方向をとることで、単なるイメージを超えて別の何かに変るのです。今や判断とは言えないまでも、内実豊かな、魂そのものを超えたイメージになるのです。このイメージこそは、私たちが神智学用語として使う「霊視」に他なりません。［図参

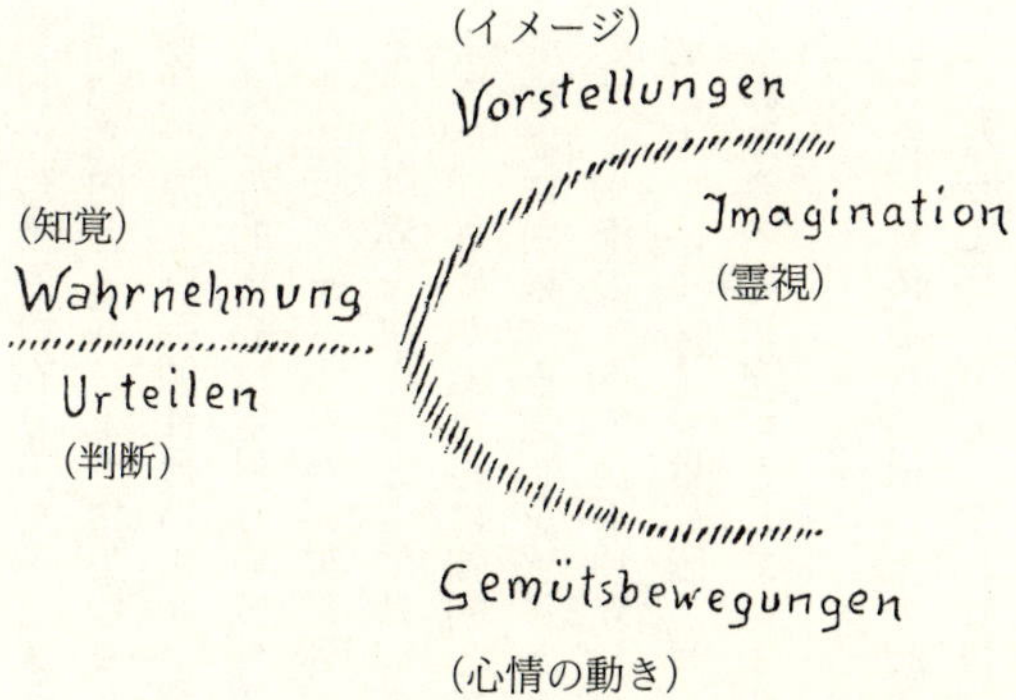

照」

ですから、こうも言えます。――イメージは一方では、外界に接触することで判断に到り、他方では、今述べた過程を通して霊視に到るのだと。

知覚は、イメージそのものとは言えません。同様に霊視も、イメージそのものというよりは、今述べた過程を通してイメージを霊視世界に参入させるのです。知覚が単なるイメージの結びつきである「木の緑」を、判断である「青葉が茂っている」にするように、瞑想が単なるイメージのいとなみを霊視にするのです。霊視はその意味でのイメージなのです。それは外なる空間上の世界内容に充たされてはいませんが、別の仕方でイメージを霊的内容で充たすのです。

霊視とイメージの間には、別の何かが介在しています。霊視が現れますと、その霊視はまったく現実的な在り方を示します。私たちの魂が霊視状態に到りますと、イメージの中に知覚内容と同じように生なましい内容が生じます。知覚行為においては、魂は外なる物体世界と直接触れ合います。霊視体験においても、外なる世界と直接触れ合いますが、その外的世界は霊界という外的世界なのです。

この霊界は、イメージが霊視に到るとき、外なる物体界が強制するのと同じ仕方で強制します。外界を生きるときには、或る樹木を黄金色であるとイメージすることができないように、外界が私たちに強制してきます。そのように、イメージが霊視に高まるとき、魂は霊に由来する強制を感じとりますが、それと同時に、これまでのイメージ内容を得てきた過程のすべてから独立した過程を、今霊視が辿っているのだと悟ります。日常生活の中でのイメージは、眼、耳、その他の知覚を通して内容を得ています。イメージはその知覚内容に充たされています。一方、霊視上のイメージは霊の側から内容を得るのです。

その場合、身体器官の道の上で魂の内容が産み出されるときの作用は、一切排除されなければなりません。そうすれば自分の身体に由来するすべてから自由である、という意識が直接生じてくるのです。

私たちは睡眠中、外的な身体の知覚過程からまったく離れていますが、霊視においても、同じように身体知覚から離れています。ですから霊視を体験する人は、生体のいとなみに関しては、熟睡している人のようです。ただ、睡眠中は意識がありませんが、瞑想中は身体から離れたまったく空なる意識を霊視内容が充たすのです。眠っている人と霊視する人との間には、ひとつの違いしかありません。それは、身体の外にある睡眠中の魂が通常はイメージを空にしているのに対して、霊視状態にある魂は霊視のイメージに充たされているという違いです。

その際、中間段階の生じる場合があります。この段階は、睡眠中に霊視を体験していても、それを意識化する力が十分にない場合に生じます。こういう場合が生じうるのです。そのことは、日常生活においてもうかがい知ることができます。私たちは、街頭でいろいろな印象を受けとっていますが、その一つひとつを意識しているわけではありません。いろいろな事柄を知覚していながら、そのことを意識していない場合のあることを知るには、特定の印象を夢に見たときのことを考えてみると納得できるでしょう。

例えば、こういう夢を見たとします。或る男が或る女性にあれこれ話しかけている夢です。あとからその夢を思い出したとき、その情景が現実にあったことに気づかされるのですが、それにも拘らず、もしもその夢を見なかったら、そのことを思い出すことはなかったに違いない、と思わざるをえないのです。
その女性、その男性は街頭で私たちのそばにいたのですが、私たちはそのことに注目していなかったのです。けれども日常気にかけていたすべての印象から離れて、夢を見ていたとき、それまでまったく注意していなかったこの印象が夢となって意識に上ってきたのです。そういう場合がよくあります。
霊視体験でも同じように、霊視した内容が直接意識されるとは限らないのです。つまり、日常生活の中で知覚したにも拘らず、意識に上らずにいた印象が「夢意識」という半意識状態において時折現れてくるように、まだ意識化する力のない人の霊視内容は、それが日中の覚醒時に現れるとき、夢の中のイメージと同じように、明確な日常意識の中に作り変えられた、ぼやけた姿をとって現れてくるのです。私たちの日常意識の中には、「世界の真実に基づく想像力」とでも言うべき、すべての芸術創造の根源が活発に働いています。霊視が日常意識の中に現れるときは、霊視が変化して、想像力となって現れるのです。この現れは、人間の一切の創造行為の場合に生じています。[図参照]
だからこそ、芸術行為を熟知していたゲーテは、想像力とは勝手に世界の現象を寄せ集めることなのではなく、真理の法則に従った働きなのだと強調しました。そのような真理の法則は、霊視の世界から働きかけてくるのです。

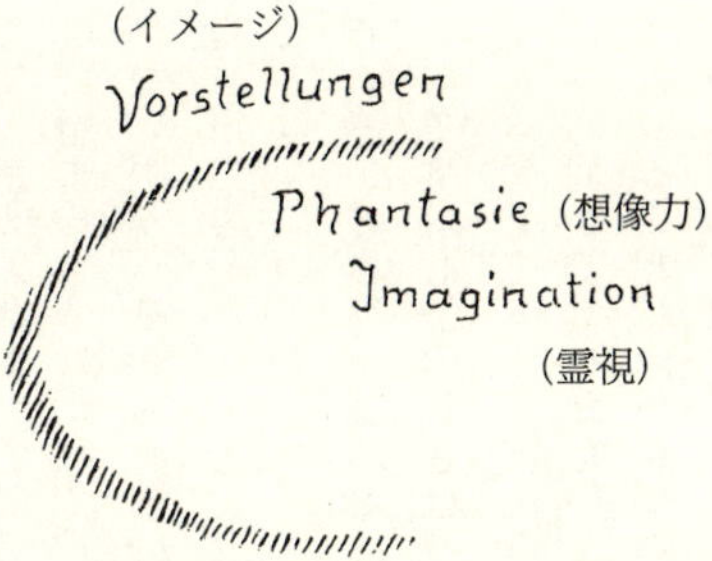

霊視内容は日常生活の中に働きかけてきます。変化しつつ日常意識と融合し、自由な仕方で日常の知覚世界の中にみずからを組み入れます。真の想像力は、そのようにして単なるイメージと霊視との中間に位置を占めています。想像力は真実から離れているとよく言われますが、そうではありません。想像力を通して、イメージが超感覚的、霊視的な世界の方向へ向って進んでいき、そして霊界が私たちの日常世界へ直接流れ込んでくるのです。

けれどもここで、もう一方の側面にも眼を向けようと思います。心情の働きの側面にです。すでに述べたように、私たちが考察したあの心理学者「フランツ・ブレンターノのこと——訳者」は、霊ではなく、魂の内部に留まり、従ってすべての意志衝動を研究するときも、魂の内部に留まりながら、心情の動きであるとしか考えることができませんでした。

誰かが何かを行うときは、もちろんその根底に欲求、激情、衝動が、つまり魂の中の心情の動きが存在しています。しかし、単なる心情の動きだけでは、何も生じません。魂の中に留まる限り、何も生じる必要がありません。心情の動きをどんなに烈しくしていっても、魂から離れたところに作用する意志の働きを生じさせることはできません。魂の中に留まるものはすべて、意志に直接かかわることができません。魂が自分を超えていかない限り、そして心情の動きが嘔吐感になったり、畏敬の念に打たれたりして、どんなにぎりぎりのところにまでいったとしても、それだけでは魂から離れた何かが生じることはないのです。

意志の働きの真実を認めるには、心情の動きが魂を超えていく場合を考えなければならないのです。心情の動きは、極めて独特な仕方で魂を超えようとしているのです。一体、どのようにしてなのでしょうか。意志のもっとも単純な現れ、例えば手を上げたり、歩いたり、何かで机をたたいたりするような意志の現れを見ても、現実の中に何かを生じさせていることが分かります。つまり意志の場合、心情の動きという内的な衝動が行動となって現れるのです。もはや私たちの魂の領分ではない領分に移っているのです。とは言え、その領分は、私たち自身に属しています。なぜなら、私たちは自分の体を働かせて実際の意志衝動に従うのですから。しかし、それによって生じるもの、この行為の結果として外に現れるものは、魂の内部にはありません。人間は、魂の中で手を上げようと決心したときから身体を使って実際に手を上げるときまで、その過程のすべてを一つひとつ辿ることはできません。人間は一方で自分の心情の動きから外なる何かへと導かれます。けれどもその外なるものは、他の外的存在とはまったく違った仕方で外にあるのです。すなわちその外なるものとは、私たち自身における外のもの、つまり私たちの身体のことなのです。私たちは内なる魂から外なる身体へ降りていくのです。

けれども、その下降を、生活の中で実際にどのように行うのかを、私たち自身分かっていません。考えてみて下さい。私たちが手を動かす代りに、ぜんまい仕掛けなどで同じ動きを生じさせるような機械を作らなければならなかったとしたら、どんなに苦労しなければならないことでしょう。私たちは「チョークを手にとろう」、と考えます。そして実際にチョークを手にとります。考えてみて下さい。「チョークを手にとろう」というイメージと、実際にチョークを手にとる行為との間に生じるすべてを実現させうる機械装置を作り出さなければならなかったとしたら、どうでしょう。どんな設備を用意しなければならないでしょうか。とてもそんなものは考えられません。なぜなら、内なるイメージ体験を外なる行為に置き換える設備など存在しえないからです。そんな装置などありえません。それにも拘らず、人間にはそういう装置が組み込まれているのです。

人間には、明らかに私たちの意識では辿れないような働きがあるのです。なぜなら、もしも私たちの日常意識の中にそういう能力があったとしたら、私たちはそういう装置を容易に作り出せたでしょうから。「チョークを取り上げる」というイメージとチョークを取り上げることとの間に生じる経過のすべてを知っていたなら、その経過に従って装置を作ることができたでしょう。ですから、私たちの身体に属していながら、まったく未知の何かが、その経過の中に含まれているのです。

それでは、手の動きのような、意志に従う体の動きにも意識の光を当てるには、どうしたらいいのでしょうか。そのためには、私たちの外にある現実が、私たちの意識の前で立ちどまらずに、意識の中にまで入ってこなければなりません。自分の意識の中にまでは入ってこないのに、自分の体が実行するような経過を、一つひとつ意識できなければなりません。その経過は、外的なものであると同時に、私たちの意識にとっての手の動きのように、私たちと強く結びついているのでなければなりません。強く私たちに結びついていながら、外からのように私たちの中に入ってくるようなもの、魂の中では体験しているにも拘らず自分の魂が外のものとして体験するもの、そのようなものでなければなりません。

ですから、チョークを手に持つための装置のように精巧なものが、外界の確かな法則に基づくものとして、私たちの意識の内部になければなりません。合法則的な仕方で私たちの意識の内部で働くようなものがなければなりません。いつもの意志行為の場合とは違ったものを考えなければなりません。いつもでしたら、私たちはこう考えます。――一方では「チョークを手に持とう」という考えが私たちの中にあり、他方ではそのことからまったく切り離されたところで、意識の関わり知らない事柄、すなわち外的な対象のように見える手の動きがあるのだ、と。但し、この二つの事柄は、一致していなければならず、まったく同じものでなければならない筈です。

手の経過が魂の意識と直接結びついていなければならないとすれば、手の動きのすべての細部が意識の外でではなく、意識の内部で遂行されるのでなければなりませんが、そのような経過は、霊的合一に際して遂行されるのです。［次頁図参照］

私たちが自分の意識で、この意識の内部で遂行されるものを捉えることができるなら、しかも単なる知識としてではなく、出来事として、ひとつの宇宙事象として捉えることができるなら、そうできるのは、霊的合一の働きでなければなりません。『いかにして超感覚的世界の認識を獲得するか』に述べたような、高次の意味での霊的合一によるのでなければならないのです。ですから、霊的合一の場合は、支配する意志が問題になるのです。

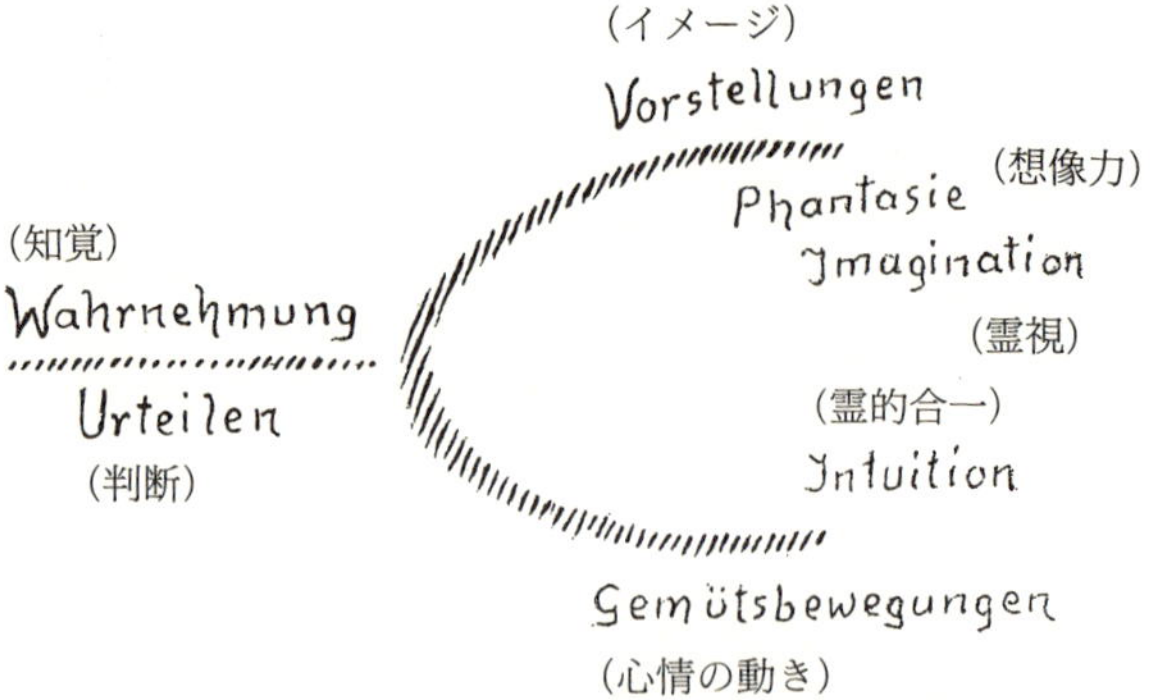

ブレンターノは、優れた心理学者として、魂の内部の通常の魂的現象を考察したとき、心情の動きだけを見出し、意志をどこにも見出しませんでした。なぜなら、意志は通常の意識にとっては存在しないからです。意志は、同時に現実の出来事でもある意志は、高次の領域へ高まる意識だけが、それを自分の中に見出せるのです。意志とは、宇宙の意識への働きかけのことであり、それが霊的合一ということの意味なのです。

ここにもまた、一種の移行があります。ただこの移行は、イメージから想像力を通って霊視へ到る移行のように、容易に認められるものではありません。この移行は、私たちが何かを意志し、それを行動に移すとき、思考と行為とを並存させるだけでなく、自分の心情の動きそのものを行為の質にまで拡げようとするとき、そのときはじめて意識されるのです。

こういう体験はめったに持つことができませんが、しかし私たちは日常生活においても、行為するとき、自分の行為に一種の満足や不満足をもちます。人生をよく知っている人なら、心情の動きを強めて、自分の心情の特質を行為に移すことができるのを、否定することはできないでしょう。心情の動きは、行為に対して、共感、反感で深く関わっているのです。

けれども、自分の行為に対する心情のこの共体験もまた、高められることができるのです。そしてそれが高められ、本来あるべき仕方で現れるとき、心情の動きから霊的合一への移行の過程で、「人間の良心の働き」とでも言うべきものが生じます。良心が、この移行の中に働くのです。

ですから、私たちの魂は、もともと二つの方向に向って開かれています。霊視の方向と霊的合一の方向です。知覚によって外的な物体性にいわばぶつかっているだけだと、魂は閉ざされたままです。魂が自己実現に到るには、魂自身が一方では霊視の領域へ赴き、そして他方では霊的合一の領域へ赴かなければなりません。[次頁図参照]

それでは、同じ魂の中で霊的合一と霊視とが共に生きられるように、この両者を仲介

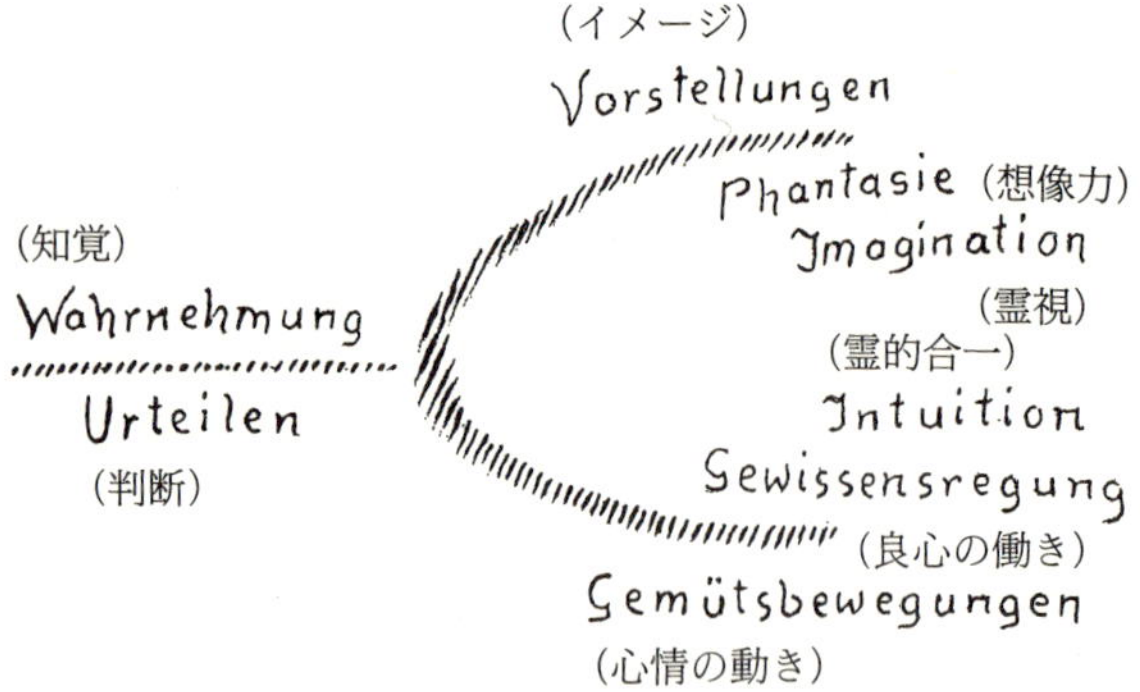

し、結合することができるでしょうか。霊視の場合、霊界を映し出したイメージが生じます。霊的合一の場合は、霊界から降りてくる事実を体験します。

一般に、物質界で出来事に遭遇すると、私たちはいわば落ち着かなくなり、遭遇した出来事の本質を解明しようとします。霊界から私たちの意識に入ってくる出来事にも同じことが言えます。

事柄の本質をもう一度よく考察してみましょう。霊的合一はどのようにして私たちの意識の中に入ってくるのでしょうか。私たちははじめそれを、心情の動きの側面に求めなければなりませんでした。霊的合一は私たちの意識における、魂におけるイメージの側ではなく、心情の動きの側に現れます。それが霊的合一の場合です。霊的合一はそれをイメージすることなく、意識の中に、魂の中に入ってくるのです。霊視は、それを意識しなくても生じる、と申し上げました。霊視は、想像力になると意識化されますが、そのときには直接イメージとなって現れます。けれども霊的合一は、それとは別の、心情の動きの側に生じます。それについて、ここでもう一度、最近も取り上げた夢の例をあげて説明してみます。

或る両親にひとりの息子がいました。その息子は或る日突然病気になり、あらゆる手をつくしたのですがその日のうちになくなりました。両親は途方にくれ、悲しみのどん底でこの息子のことを考え続けました。いろいろな思い出が甦ってきました。しかし或る夜、両親ともに同じ夢を見たのです。父と母は互いに自分の見た夢を話し合いました。両親がこのことを唯物論的な立場に立つ夢の研究家に話しますと、この研究家はとんでもない解釈をしてみせたのですが、しかし夢を見たという事実を否定することはできませんでした。夢の内容は次のようなものでした。——息子が夢の中で両親の前に現れ、墓の中をよく見てくれとたのんだのです。自分は生きながら埋葬されたのだ、と言うのです。両親は、息子が生きたまま埋葬されたのかどうか、墓の中を調べるためにあらゆる努力をしたのですが、長い時が過ぎたあとで、墓の調査を役人が許可するような国に住んでいたのではなかったのです。

私は霊的合一と心情の動きとの関係を明らかにするためにこの例をえらんだのですが、この夢の事実に対して、一体どんな説明が可能なのでしょうか。

あらかじめ前提しておくことができるのは、次の一点です。——両親は、死後霊界で霊的存在となって生きている息子のことを、絶えず思い出していました。ですから両親と息子との間に一種の橋が架けられていました。思いを向けることで、息子の個性との結びつきの橋ができていたのです。生者と死者の間をへだてる一切のヴェールを突き抜けて、死者のメッセージがとどくとき、そのメッセージがまったく主観の産物であると断定することはできません。二人が同じ夢を見たのですから。

それとも二人が同じ夢を見たのは、偶然そうなっただけだと言えるのでしょうか。もちろん、どんなことも、偶然だと言って片付けることができますけれども。

けれども現実に、その夜両親と息子との間に結びつきが生じたのです。息子は両親に何かを告げました。より正確に言えば、息子は両親の心情に何かを点滴したのです。しかし両親は、息子が自分に点滴したものを意識化できませんでしたから、既知のイメージを含んだ夢だけが真の出来事の代りに提示されたのです。夢の内容は、息子が本来告げたかったこととはまったく別の内容でした。しかし両親は、自分のイメージの世界から材料を取り出すことしかできなかったのです。それが夢となって、事実の代りに提示されたのです。

　別の夢の例もあります。或る農家の女が夢を見ました。彼女は町の教会へ行きました。彼女はそのときの一つひとつをよく憶えていました。――どのようにして教会へ行ったか、説教師がどのように手を天に向けて、熱狂した口調で説教したか。自分がそれを聴いて感動したことも憶えていました。けれどもそのとき、奇妙な変化が現れたのです。説教師は姿を変えました。翼を生やし、声まで変りました。ますますしゃがれ声になっていき、最後には姿全体が雄鶏になって、こけこっこうと叫んだのです。女が目を覚ますと、外で本当に雄鶏が叫んでいました。

　皆さんもお分かりになるように、この夢のすべては、この雄鶏の叫び声によって惹き起こされました。この叫び声はありとあらゆる夢を惹き起こすことができたでしょう。泥棒だったら、雄鶏の声に自分が驚いてとび上がり、例えばどうしたら鍵をあけることができるかを考えていたことを夢見たかも知れません。彼よりももっと悧口な泥棒なら、雄鶏の叫びが夢の中の何に変ったのか、説明できたかも知れません。

　以上の例からも分かるように、現実体験によって惹き起こされる魂のイメージは、その体験そのものとはまったく無関係なのです。例えば、先程の両親は本当は何を体験したのでしょうか。直接心情に流れてきた息子のメッセージを体験したのです。そしてもうひとつの場合、農家の女は非常に信心深かったので、敬虔な雰囲気にひたっていた眠りから覚めたとき、自分が何処から戻ってきたのかをまだ感じていました。しかし彼女の意識は雄鶏の叫び声に影響されて、魂が教会での説教師を夢見させたのです。魂の体験は、このようにして夢の体験に変るのです。

ですから、誰かが夢から元の現実へ遡る訓練をしたとしたら、内的な現実に達する前に、高揚したり悲しんだりする心情の動きを、つまり感情の緊張と弛緩を通過するのだということを学んだことでしょう。霊界体験に関わるイメージは、通常はあまり意味がないのです。霊的現実については、まったく別の種類のイメージを持たなければなりません。霊的な出来事は、イメージよりも心情の動きの方に近いのだからです。私たちの通常のどんなイメージも、霊的、魂的な出来事にはふさわしくないのです。ですから霊界での出来事は、夜眠っているとき、心情の動きの中に入っていくのです。霊的体験を特徴づけるためには、イメージでは不十分なのです。

このように、霊的合一は心情の動きと結びついています。神秘家たちも高次の世界について明確なイメージを獲得する以前に、高次の世界について漠然とした心情を抱きます。神秘家の多くは、それで満足しています。多くはそれ以下でも満足しています。けれども本当に高次の世界に心情をもって沈潜する人たちは、誰でも同じ仕方で、自分が通ってきた帰依の状態のことを述べています。帰依の状態は、霊界を心情で直接体験している状態なのです。

心情に働きかけるこの霊的合一を通して、もっと先まで行こうとしても、うまくいかないでしょう。そうするには、別の側から始めなければなりません。一般的に心情の動きにふけるのではなく、霊界を具体的に直観しようとするのでしたら、霊視体験を深めて、霊界を霊視することに集中できなければなりません。そうすれば次第に、まだ理解できず、ただ感じるだけだった霊的合一と、ただ非現実の中を漂う、イメージだけの霊視との間を結びつける可能性が生じてくるのです。そしてその結びつきによって、最後には、「われわれは今、霊的な出来事を惹き起こす本性たちのところに来た」、という思いをもつに到るのです。

私たちが霊的存在たちのところに到ることを、「霊聴」と呼んでいます〔次頁図参照〕。その場合、外なる物質界での諸経過とは逆の経過が生じます。物質界での私たちが事物について思考するとき、その事物はあらかじめ私たちに与えられており、私たちは与えられた事物について思考しています。

けれども図に示しましたように、この場合は、霊的合一の中で、先ず心情の動きのためにさまざまな出来事が生じます。その出来事は、まったく曖昧な形で現れるのです。

一方、霊視そのものは、空中に漂っています。この両方をひとつに結びつけなければならないのです。そうできたときはじめて、霊的本性たちの本質が出来事となって私たちの中に流れ込むのです。

その場合、霊視は霊聴を通して霊的合一の中に働きかけます。言い換えると、私たちはイメージを霊視にまで高め、霊視を霊的本性たちに由来するものと感じるのです。そう感じることによって、霊的合一から流れてくるものを霊視が受けとめるのです。そうすると、私たちは、それをイメージ内容として知覚します。霊的合一の内容が霊視によって知覚されるのです。そのときの私たちは、それをイメージとして、思考内容として知覚する用意ができているのです。

以上、今日お話ししてきたのは、私たちの魂が一面において霊界にまで達しているということでした。神智学だけが霊的探求によって提供できる三つの概念、霊視、霊聴、霊的合一を、今日は説明なしに用いてしまいました。しかしそうしなければならなかったのは、明日、主要問題である「霊界そのものの特質」を集中的に述べることができるようにしたかったからです。

――第三講終り

霊智学　第四講　文化の発展と自然の法則、その中に生きる人間——家としての身体——生まれ変ろうとする意志

ベルリン　一九一一年十二月十六日

私たちの総会の期間には四回の講義しか行うことができませんから、今回も「霊智学」についてのごく大まかな素描をすることしかできません。いろいろと示唆するだけで、詳しい内容は今後に委ねなければなりません。場合によっては、ここでお話ししていることと本来の「霊智学」との間にどんな関連があるのか、見通すことができないところまで話が脱線してしまうかも知れません。

昨日は、イメージのいとなみと心情の動きという、魂だけに関わる領域から抜け出て、超感覚的世界の諸領域へ入っていくにはどうしたらいいかお話ししました。その諸領域である霊視、霊聴、霊的合一の世界が超感覚的世界に属する理由は、こういう事柄に対しては、魂の領域が一定の限界で終り、どんな鋭敏な魂の探求者（心理学者）といえど

も、魂の領域に終始するだけでは、こういう事柄の前で立ちどまってしまうという、そういう単純な事実からも分かります。

もちろん神智学者には、霊視、霊的合一、霊聴のような事柄のすべては、心理学とは異る側面からよく知られています。けれどもこのよく知られている事柄は、私の著書『いかにして超感覚的世界の認識を獲得するか』に述べられているのとはまったく別の観点に立って、イメージの生活、心情の動き、判断のような、日常のありふれた魂のいとなみから霊視、霊的合一、霊聴への導きの糸を辿り続けるときはじめて、その正当性を確認することができるのです。

ですから考えていただきたいのです。私たちは先ず、自分自身の魂のいとなみに眼を向け、そこから霊的なものに入っていけるようにしなければなりません。つまり、自分自身の霊と魂を共に認識できるように心掛けなければなりません。今回の講義で、人間の霊が地上生活を繰り返すという基本的な事実を認めることが、十九世紀までの、それどころかわれわれの時代に到るまで、西洋の発展の内部ではとても困難だったと申し上げました。二回目の講義では、その終りにこういう困難と格闘した人たちの代表として、フローシャマーのことをお話ししました。フローシャマーは第一級の学者としての誠実さから、こう語りました。——「人間がみずからの持続的な部分、霊的な部分を伴って、繰り返して一種の煉獄のような、牢獄のような肉身の中に沈んでいくのは、一体どうしてなのか。」「愛の関係、両性の関係は、生まれてから死ぬまで人間の魂をずっと牢獄に閉じ込めておくための装置なのか。」

私たちは、輪廻転生の教えに対するこのような正直な反論を前にして、次のように自問しなくてもいいのでしょうか。――「フローシャマーの立場がひとつの有力な立場ではあるとしても、私たちはもっと別の立場を主張することができなければいけないのではないだろうか。」

フローシャマーの優れているところは、彼の論述におけるこの世のすばらしさ、美しさに対する熱烈な思いから来ています。事実、彼は西洋の精神生活の中に育って、外界に対する、外界の美しさ、偉大さに対する熱烈な思いを抱いています。その彼には、輪廻転生の教えがあたかも次のようなものに思えたのです。――人間の個性である人間精神には霊的＝永遠的なものがある。けれども人間精神のそのすばらしい、良きものは、まったくふさわしからぬ肉体の中に繰り返して押し込められ、閉じ込められなければならないのだ。

もしも輪廻転生の教えがそういうことを主張しているのだとしたら、神性の、そして歴史的発展の偉大さ、美しさ、そして人間の魂の感動的な情熱や衝動に対して熱烈な思いを抱く人なら誰でも、フローシャマーと同じ意味で、輪廻転生に反対することでしょう。「人間の魂が、ふたたび生まれ変ってくる度に、新たな牢獄へ入っていく」ことに異議を唱えないわけにはいかないでしょう。

しかし、本当にこれが考えうる唯一の立場なのでしょうか。確かに輪廻転生の教えを代表する人の中には、今述べたようなことを言う人たちもいます。人間の霊は崇高な高みから肉体という一種の牢獄の中に落ちてくる、というようなことをです。けれどもこういう言い方は、神智学が霊的研究によって明らかにすることのできる事実に基づいているのではなく、輪廻転生の一般的で曖昧な考え方に基づいているにすぎないのです。私たちはこう問いかけないわけにはいきません。――「人間が生まれてくるというのは、すばらしいことではないのか。肉身として現れる人間は、聖書にあるように、本当に神の似姿であると言えるのではないのか。」

そう言えるなら、人間は生まれる度に、決して牢獄に押し込められるのではなく、すばらしい舞台に、美しい新居に移されるのだとも言えるはずです。

しかし、私たちが自分の生きるにふさわしい場所だと感じられるのは、家の大きさや美しさによるのでしょうか。あるいはまた、私たちは、自分の状態、自分の特質によって、そこに「閉じ込められて」いると思っているのでしょうか。私たちがこの世で何を感じるのかは、そもそも家次第なのでしょうか。家がどんなに豪壮な邸宅であっても、そこにどう住んでいいのか分からず、その中に拘束されていると思っていたら、多分牢獄のように思えるのではないでしょうか。

私たちの住む家は、どれも美しいのです。そして悪いのはせいぜい、地上で生きている間私たちがその中に閉じ込められていると思っていることなのです。このことをまさに私たちの考察が示してくれています。これから述べる霊視、霊的合一、霊聴によって、人間の輪廻転生を本当に認識させてくれる、神智学の考察がです。

昨日述べたように、イメージの世界から霊視の世界へ入っていくときの最初の体験は、ヴィジョンの体験です。実にいろいろな人が、いろいろなときにヴィジョンを体験してきました。十分な集中、瞑想などによって、または特別な心の状態によって、この霊視世界に入っていきますと、はじめは外的、感覚的な世界の残滓が現れます。霊視（ヴィジョン）の世界の中に、家や動物や人間や、あれこれの出来事がヴィジョンとなって見えてくるのです。形象世界の中で情景や存在たちを生きいきと見るのです。この霊視世界は、すでに超感覚的なものであると言えます。なぜなら、そこに現れる象徴やヴィジョンは決して勝手に現れるのではなく、内的な合法則性に則っており、特定の超感覚的な状況が決まった象徴、ヴィジョンとなって現れるのですから。

ですから霊視世界を体験する人は、自分の魂が一定の発達段階に達し、超感覚世界の一定の領域を生きる能力を持てるようになったことを、例えば杯を手渡されたり、川を横切って渡ったり、洗礼を授けられたりするヴィジョン＝霊視を通して教えられるのです。

別の例をあげると、——これはあまり気持ちのいい体験とは言えませんが——、自分のいろいろな性質、いろいろな衝動が動物となって現れてきます。大きな、恐ろしい動物のときもありますが、小さな虫がうようよ、がさがさ這いずり廻るときもあります。霊界は私たちの感覚世界よりもはるかに豊かな世界ですから、霊視世界のこの最初の段階を、大雑把にでも述べることはとてもできません。

全体として言えば、霊視世界は、——たとえそれが不愉快なものであり、その不愉快さが自分自身の特質を象徴していると認めざるをえないときでも——、この霊視世界は大抵の場合、それを霊視する人にとって、快いものなのです。なぜなら、通常それを体験する人は、体験内容の質を問題にしないで、そもそも霊界を体験していることが嬉しいのだからです。それに私たちの体験する霊界は、それがおぞけをふるうようなものであるときでも、私たちに重くのしかかってはこないのです。なぜなら、基本的にその霊界はイメージの世界なのですから。

とはいえ、私たちが十分に力強くないとき、この世界が私たちを圧倒するときには、私たちの健全な魂の生活がそこなわれます。しかも道徳的な責任感をもって霊視世界を見るとは限りません。正反対のことが起こるかも知れません。例えば、霊界を洞察する偉大な能力の持ち主が、誠実さの感情においてはまったくいい加減な態度をとることもありうるのです。そもそも霊視者の場合、物質界のものごとを真剣に受けとらず、真実であることに特別責任感を持とうとしなくなる傾向があるのです。そういう誘惑が非常に大きいのです。悲しむべきことに、霊視を体験するとき、客観的に真と偽を区別することができなくなる場合がよく生じます。物質界の中にしっかりと立って、その世界に正しい意味づけを与える能力は、自分で身につけるしかないのです。

人間として不完全でありながら、霊視世界に通じている人がよくいるのです。高次の世界を数多く霊視し、幻視している人でも、人間として特に偉大であるとは限りません。先ほど言いましたように、これは修行の問題なのです。魂の進歩は、時の経過の中で生じます。時の経過の中で、霊視世界に通じることができるようになります。このことは物質界での区別にも言えますが、物質界では誰でも、すでにまだもの心もつかぬ幼児期にその区別を学んでいるのです。

物質界を生きる私たちは、あまがえるを象だとは思いません。ものの区別が分かっています。ものを区別し、分類します。ですから物質界は整理されて現れるのです。しかし、霊視世界を生きる私たちは、まるで物質世界の中で、あまがえるを象と取り違えるようなことをやっています。霊視世界では区別がつかないのです。霊視世界が一様に拡がり、同じ重要さで現れてくるからです。

或る部分を重要視し、他の部分をそれほど重要視しないようになるには、先ず区別を学ばなければなりません。なぜなら、これが霊視世界の特徴なのですが、ものごとが霊視世界そのものの性質によって大きかったり小さかったりして現れるのではなく、私たちの存在によってそのように現れるのです。誰かが高慢で、気障《きざ》な人物だったとします。この気障な人物は自分のことが気に入っています。そういう人に霊視世界が現れますと、その人の感情が、その思い上がりが、霊視する霊的本性たちの偉大さに投影されます。そうすると、霊視世界の中で、尊大さ、高慢さが巨大なものにふくれ上がり、途方もなく重要なものに思われてきます。そして一方、謙虚な人の場合は、同じ偉大さがちっぽけなあまがえるのように現れてくるのです。この世界がどんな遠近法の下に現れるかは、当人の在りよう次第なのです。この世界の正しい関係、性質、集中度が正当に認識できるかどうかは、当人の魂の進歩、成長に関わっているのです。

事柄はまったく客観的に存在しているのですけれども、人間は、それを歪めたり、戯画化したりしてしまうことができるのです。私たちは、高次の超感覚的世界を、自分自身の存在を通して体験しなければなりません。言い換えれば、私たちは霊視によって自分自身を知らされるのです。このことは、どうしようもない事実です。霊視世界のための遠近法は、魂そのものの性質によって決定されているのですから。遠近関係が間違っているかいないかは、あらかじめ霊視する人の魂の在りよう次第できまっているのです。私たちは、霊視認識を通して、自分自身の在りようを知らされるのです。霊視世界で客観的なヴィジョンとなった自分自身に向き合うのです。物質界での私たちが教会の鐘を見て、それを客観的に存在するものと見做すように、霊視の世界で私たちは、あるがままの現実としての自分自身に向き合わされるのです。

しかし霊視によって自分自身に向き合うには、すでに述べたように、瞑想その他によって、意識を外界の知覚からイメージの生活へ移さなければなりません。そのためには、特定の象徴に心を集中させなければなりません。純粋なイメージの生活がごく自然なものにならなければなりません。

そうすることができたとき、私たちは自分の人格が分裂するかのような体験をします。霊的な状態に達するためには、その道の途上でじっと耐えていなければならないことが多いのですが、この霊的な状態に達しますと、次第に霊視という一種のイメージを持つようになります。私たちはそのイメージ（霊視内容）の中に没頭して生きるのです。そういうとき、これまでのように、「私と私の体とはひとつだ」とは言えなくなります。むしろ、自分の抱くイメージに対して、「私とこのイメージとはひとつだ」、「私はこういう存在なのだ」と言うのです。

そうなると更に、こういう感じをもちます。それまで私たちは、その部分が自分とひとつだと思っていたのに、この部分が勝手に発言したり、行動したりし始めるのです。自分を鍛えていない人たちは、そういうとき、ただしかめっ面をしてそのことをなげくことしかできないでしょう。その人たちは、霊視体験をすることで、何かを自分の外に引き出してしまい、その引き出されたものが、いろいろ勝手な振舞いをするようになったのです。こういうことがいつまでも続くことは許されません。その振舞いは克服できなければならないのです。

——自分の本性の一部分が、一種の自動機械のように働いている、と。

私たちは自分の本性をも他の対象と同じように、自分の外に見出すのですが、その場合、あらかじめ一定の魂の特質を身につけておかなければなりません。このことは、非常に大切なことなのです。

なぜなら、まさに霊視による自己認識の場合、あらゆる種類の幻想、幻覚が現れてくるからです。いつでも、高慢、思い込みが背後にひそんでいるのです。自己幻想は、人間のあらゆる性質の中から生み出されます。霊視世界では、あらゆる種類のイメージが現れます。私たちは、もちろん感情的に、そういうイメージのどれかを自分であると思い込みます。いたるところに見られるのは、霊視世界の中のもっとも立派な、もっとも優れたイメージを自分自身だと思い込む傾向です。

そういうとき、人は、霊視世界において、今のこの特別優れた自分という存在を生み出すために、自分の個性が前世にも存在していたのだという結論を引き出そうとします。そして、自分の個性は前世において歴史的に名のある人物だったに違いない、どこかの国の国王だったのではないかと結論づけたがります。

繰り返して体験させられるのですが、未熟な見霊者であればあるほど、自分の前生は、カール大帝、ナポレオン、ユリウス・カエサル、マリー・アントワネットその他の高名な歴史上の人物であった、と確信しているのです。——今は、自分を聖人その他もっと精神的に優れた人物たちの生まれ変りだと思っている人たちのことには触れませんが——、どうしてそういう確信を持つのかと言いますと、自分の個性はそれほどにも優れていると思わざるをえないからなのです。今の自分となってこの「牢獄」の中に存在している「個性」が、前生においては特別優れていたのだ、と確信できなければならないのです。だからそういう人は、自分がポンパドゥール侯爵夫人、マリー・アントワネット、フリードリヒ大王、ライヒシュタット公その他最重要人物たちと同じ席についているところを霊視したのです。皆さんはお笑いになりますが、これはとても深刻な問題です。なぜならそういう人たちは、霊視体験において現れるその人の本性が、その人の魂そのものに由来することを見事に示しているからです。

言い換えるなら、私たちが自分の真の本性と向き合うことができるのは、私たちが本当に自分から自由になれたときだけなのです。自分から自由になり、あらゆる努力を重ねて、日常自分の中に認められる、醜い特質を脱ぎすてることができたときだけなのです。日常身についたそういう特質は、他の人には臭くて不愉快なものなのです。日常の私たちは、客観的に自分を見つめたら、とても持っていたいとは思えないような特質を絶えず持ち廻っているのです。

こういう特質の意味をよく心に刻みつけておかなければなりません。今私たちにとって大切なのは、みんなの気に入る事柄だけを言うことではなく、真実の、客観的な事柄を言うことです。私たちが十分に客観的でありうるためには、自分自身を批判するという課題を持ち続けなければなりません。このことははっきり申し上げられます。

本来、私たちは、ぎりぎりの苦境に立たされたときにのみ、他人を批判したり、他人の悪口を言ったりすべきなのです。他人のことをあれこれ気に病む人や、他人の批判ばかりする人は、自分の中に見つけ出さなければならないものを見つけ出し、取り去らなければならないものを取り去る、という余裕があまり持てないでしょう。きっと自己批判をする余裕がないのでしょう。けれども、霊視による自己認識を真に行うためには、この自己批判がなければならないのです。

長い間神智学を学んだあとで、「どうして私は先へ進めないのでしょうか」と言う人がよくいます。「どうして私には霊界が見えないのでしょうか」とその人はたずねます。そういう人は、自分に対してこう非難せざるをえないでしょう。――「どうしようもなく切迫した事情によるのでない限り、お前は他人に対する一切の批判をやめるように心がけなければならなかったのだ。他人をまったく批判しないということが何を意味するのかを学ばなければならなかったのだ。」

実際、多くの人は、朝起きて仕事につくとき、他人を批判しないということがどういうことなのか、忘れています。それは、生活する中で不愉快でどうしようもないことを、他人から引き受けるということなのです。私たちはこのことを引き受けることができなければなりません。なぜなら、本当にカルマを信じる人は、他人から加えられた事柄は、私たちが自分自身に加えたのだ、と分かっているからです。それが誰かに加えられるのは、カルマによるのです。

このことは、自分自身を霊視する上で、無限に重要な意味をもっているのです。このことが分かれば、フローシャマーの言う牢獄のイメージがなぜまったく当をえていないのかが見えてきます。そして人生を生きるときに、次のように言わなければならないことが分かってきます。――「お前の今の人生は美しく、すばらしいものだった筈なのだ。しかしお前は、そういう生き方をしてこなかった。お前をこの舞台に置いたお前の身体で始めることのできた筈のすべてを、お前はまだ始めることができずにいる。」

本当にこう言えたときの私たちは、次のような認識に達するでしょう。――「今私は、この世の、この時代の、この場所に立っている。どんなときにも私の周りには美しい世界が、偉大な、すばらしいすべてのものが存在している。そして私の身体の諸器官から、一切のこの偉大なもの、すばらしいものが私の中に流れ込んでくる。私たちは本来、いつでも天国の中で生きているのだ!」

私たちは、不幸のどん底にいるときでさえ、そう言えなければならない筈なのです。なぜなら、私たちがどうであるかが問題なのではなく、この世が美しい、すばらしいところであるかどうかが問題なのですから。なぜなら私たちが失意のどん底に沈んでいるかどうかは、私たちのカルマ次第なのですから。

世界がどうであるかは、世界そのものの問題であって、私たちの個人的な立場から決めることではありません。そして、この世界を完全に受容し、そこから最高の満足と最高の浄福を受けとるために、身体が私たちに与えられたのです。私たちの諸器官はそのために与えられたのです。もしも私たちがこの地上天国から引き出せるものをすべて引き出したとしたなら、そのとき引き出せたであろうものと、今私たちが実際に引き出しているものとの相違は、非常に大きい筈です。

どうして今の私たちは、こんなにもわずかしか引き出すことができないのでしょうか。なぜなら、この世界に較べてごく小さな存在である個性が、わずかな断片しか取り出せないでいるこの存在が私たちの身体の中に受肉しているからなのです。朝起きてから夜眠るまで、皆さんの眼が絶えず見ているものと実際に見ることのできた筈のものとを較べてみて下さい。それが皆さんの受容できるものと実際に受容しているものとの関係なのです。

私たちはこういう認識を通して、私たち自身と霊との注目すべき関係を体験します。自分を霊として認識するときの私たちは、自分がこの世にとってそれほど役に立っていない、と感じてしまいます。もしも私たちが自分のすべての機能を用いることができたなら、きっともっと役に立つ存在になれたでしょう。ですから今私たちは、霊視認識を前にしている私たち自身に、文化というこの世のもうひとつの世界を対置しなければならないと気づきます。

この点で興味ある関連が見えてきます。私たちは、自分を霊視するとき、周囲の世界に対して、自分を偉大な、崇高な存在であると思うことはできないのです。このことを深く心にとめておかなければなりません。自分が高次の世界の住人であって、この世では地上の牢獄に囚えられているかのように思うわけにはいかないのです。私たちは、この地上の牢獄にさえふさわしくない存在なのです。ああ、何ということでしょう。私たちは身体を行使して無限に多くのことを、やろうと思えばやれたのです。それが真実なのです。

ですから霊視する人間に、ひとつの世界が相対するのでなければなりません。人間が自分の身体をまったく活用できずに失敗してしまう事柄を、その世界が訂正してくれるのです。それが「文化の世界」です。霊視する人間に対して、地上の始まりから終りに到るまでの人類文化の進歩全体が向い立っています。霊視世界と文化世界という、この二つの世界の対応を、そのすべての拡がりにおいて述べることができたら、きっと興味深いことでしょう。なぜ地上の始めから終りまで続くこの文化世界は、誕生から死まで続くこの人生の霊視に現れる人間と対比されるのでしょうか。

なぜなら、私たちは一回限りの人生では達成できないものを、転生を重ねることによって、地上の文化発展の過程で達成しなければならないからです。人間は繰り返して生まれて来なければならないのです。人間は、一回の人生ではわずかなものにしかなりえません。しかし次第に、常に新たな人生を願い求めることによって、一回の人生ではありえないものになることができるのです。

この世での人間は、本来、どんな人間でありうるのか、今は自分の内面性の故に、どんな人間でしかありえないのか、私たちがそのことの認識と実感とをもつことができたときにこそ、私たちは自分が死の門を通るときにどんな感慨を心の中に抱くのかが分かるのです。

その感慨とは、次の、そしてより更なる地上生活を過すことで、一回限りの人生では達成できなかったものを生じさせたい、そのためにまた生まれて来たい、と思う気持ちのことです。この気持ちはこの上なく強い力にならなければなりません。地上の文化生活の中に何度でも生まれ変りたい、という強い憧れにならなければなりません。

この思いは、持とうとしなければ持てませんが、それを大切に持ち続けると、そこから来世に生まれ変るためのもっとも強い力づけが得られます。そして、この思いが転生へのもっとも強い力づけを与えるということは、更に別な結果を生じさせるのです。

私たちが霊界へ参入しようと努力するとき、自分自身を霊視するために一切の外的知覚から離れて、イメージの働きに没頭する必要がありました。しかしもっと別の仕方で、瞑想という内的集中に向う行法もあります。それは、自分の想起力を真剣に、良心的に働かせる方法です。少しの時間で十分ですが、真剣に行わなければなりません。

日常生活においては、どうしているでしょうか。もちろん思索により、論理的に自分のことを知ろうとしていますが、とても疑わしいやり方しかしていません。日常生活においては、非常に疑わしい仕方で、自我と向き合っています。つまり、日常生活から受けとる印象が、そのときそのときの自分そのものになっているのです。誰かとトランプをするときは、トランプの印象が私の心を占めています。そのときの私は、もちろん自我の存在ですが、その自我意識は、自我的ではないのです。なぜなら、そのときの私の意識は日常生活の印象に充たされているのですから。

私たちは自我で生きようとしていますが、その時どきの自我は、非常に変化しやすく、皮相で、つかの間の存在なのです。本当の意味での自我を知るには、思い出すことに没頭して、いつもは自分の背後にある記憶内容を、自分の前にあるようにしなければなりません。この移行は非常に重要な意味をもっているのです。

基本的に、人間はいつでも、自分の記憶の中に生きている過去の諸体験の所産なのです。人がどれほど自分の記憶の産物であるか、ごくありふれた出来事からも知ることができます。私たちが或る日不愉快なことを経験したとします。そうすると、その日は夜になっても心が妙に落ち着かず、いらいらして、いやな気分を発散しています。ところが別の日、満足のいく経験をすることができたとしますと、多分私たちは明るい表情を浮かべ、周囲に対しても好意的な、気持ちのいい態度をとることでしょう。そういう風に、人は誰でも、そのときそのときで、いろいろな態度をとっています。なぜなら基本的に私たちは、過去に体験したことに左右されているからです。

そこで、もしも私たちが体験したことを、過ぎ去ったこととしてではなく、その経過を記憶の中で遡行させ、そうすることによって眼の前に持つことができたとしたら、過去の体験と新しい仕方で向き合うことができるようになります。図式的に事務的に思い出すのではなく、真剣に、生きいきと、体験した事柄に没頭して、ごくわずかな時間でも、その思い出を自分の前に現出させることができたなら、そしてそのとき魂が十分に集中して自己に眼を向けることができたなら、霊的な体験にとってとても大切な魂の状態を生じさせることができます。その状態が現れるのは、私たちが自分の魂の一種の基調に意識を集中させることができたときです。けれどもその基調は、辛いものであることの方が多いのです。

このことは私たちの進歩の度合にかかっているのですが、私たちが真剣な態度で自分に向き合うとき、私たちの魂の基調が甘美なものであることはめったにないのです。私たちは、自分を辛い存在であると感じないわけにはいかないのです。なぜなら、集中して自分に注意を向けますと、次第に「自分の霊聴認識」に到るからです。認識は辛い自分を通っていくのです。そのときの私たちは、自分が調子の狂った楽器であると思わざるをえません。宇宙音楽の世界での私たちは、通常は不協和音しか出すことができないのです。

この自己認識をもっと徹底させていくと、崇高な神性にはまったく手がとどかない、とますます思い知らされるようになります。もしも私たちがこの崇高な神性に少しでもふさわしい存在でありえたなら、そこから多くを汲み取ることができたでしょうけれども。

人生が下降線を辿りはじめる時期に——三十五歳過ぎると、すでにそれが始まります——こういう修行を繰り返して行うとき、この基調がはっきり響いていきます。そのときの私たちは、今の人生において始まった事柄をいろいろと改善しなければならないと強く感じます。そしてこの人生でなおざりにしてきたことをやり直すために、ふたたびこのような肉体に包まれて生きたいと心の底から願わざるをえないのです。人生に対するそういう基本的な思いがはっきりと響いてくるのです。ふたたび生まれ変って来たいという願いは、私たちの自己認識のもっとも重要な帰結なのです。

もしも、ふたたび生まれ変って来たいという願いに不快感をもつ人たちがいるとしたら、そう感じることで、その人たちは、私たちの目標である壮麗な神性に自分が無縁な存在であることを告白しているにすぎないのです。

私たちの獲得する第二の能力は、霊聴です。私たちがすでに述べた仕方で霊聴に到りますと、霊的な音響世界の中にいる自分を見出しますが、しかし私たちがいわば自分の固有音を知るようになると、自分がどんなに外なる大宇宙にふさわしくないかをあらためて思い知らされるのです。

そのとき私たちは、単なる道徳的な立場から運命的な立場へ身を移すのです。そのときはまた、人生において獲得しようとしている内的な平静、内的な調和に到ることがどんなに困難であるかを実感せざるをえないのです。

自己認識の力を持つ人たちは、その自己認識を通して、しばしば次のように思い知らされるのです。——「お前は本来内的な平静と内的な確かさを求めているのに、それを見出すことがこんなにも困難だとは思わなかった。」

このときの魂の在りようをよく知るために、ゲーテの著作の中の美しい箇所［「花崗岩について」一七八四年のこと」を思い出してみましょう。ゲーテは地球の合法則的な地質を示している山の頂に立って、「自然のあの最年長の息子」である足下の花崗岩に眼を向けます。ゲーテは偉大な自然法則の内的首尾一貫性をその花崗岩から感じとるのです。そして人間本性の内的な基調が、「天の高みへ喜びの声を上げ」、「死ぬほどに気を滅入らせる」〔ゲーテの戯曲『エグモント』の女主人公の言葉〕快と苦の間を、大きくゆれ動くのに対して、自然の合法則性がなんという安らぎを示していることか、と感じます。

私たちはこの気分の下に、太古の異った文化条件下の時代から現在に到るまで一貫して存在している自然法則に眼を向けます。そして文化の発展が霊視上の人間像の正反対であること、自然の法則が霊聴上の人間の正反対であることを強く実感し、そしてなぜそうなのかの理由を知るようになるのです。しかしこのことについて詳しくお話しするには、更に十回、二十回の講義が必要になるでしょう。

霊界の現実は、あの内的平静と首尾一貫性を示していますが、その現実がマーヤー(幻影)を通すと、自然法則になって現れるのです。そしてこの同じ霊的現実の世界が私たちの内部では、私たちの誤謬を通して、不安と不調和になって働いています。ですから私たちが自分を霊聴するときは、自分の中に不安と不調和しか認識することができずに、こういう思いが湧いてくるのです。——「自然法則を現実として、本質として認識してみよう。そうすれば、地球の進化がその自然法則を通して形姿から形姿へ、形成から形成へと形を変えていくのが分かる。しかし自然法則の中には、人間が輪廻転生を重ねつつ、可能性としては一度だけの人生においても、地球文化の進歩のために、受容すべきものを受容していくのだ、と確信させるものも含まれている。なぜなら、自然法則は、霊聴に関してまだ未発達の人間が駄目にしてしまった外界の状況を、地球紀の終りにはきっと調整し、いわば収支決算してくれるだろうから。」

外界の自然法則、つまり自然霊の働きと、その反対像である私たちの深層の人間、――それは霊聴によって見出される人間ですが――、この自然と人間との間には、深い関連があるのです。

古来、どの秘教、どの秘儀においても、自然の合法則性の内的平静、内的調和が人間自身の内的合法則性のための手本とされてきました。秘儀の第六段階に達した人が「太陽の英雄」と呼ばれたのは、理由のあることだったのです。この名称は、その人の内面が、軌道上を巡る太陽と同じ合法則性に達していることを示しているのです。ですから「太陽の英雄」は、その内的な合法則性と内的な確かさによって、自分の道を迷うことなく歩み続けることができたのです。軌道上の太陽が道を迷うことなく歩み続けるようにです。実際、もしも太陽が一瞬でも軌道からはずれてしまったら、宇宙に無数の破壊

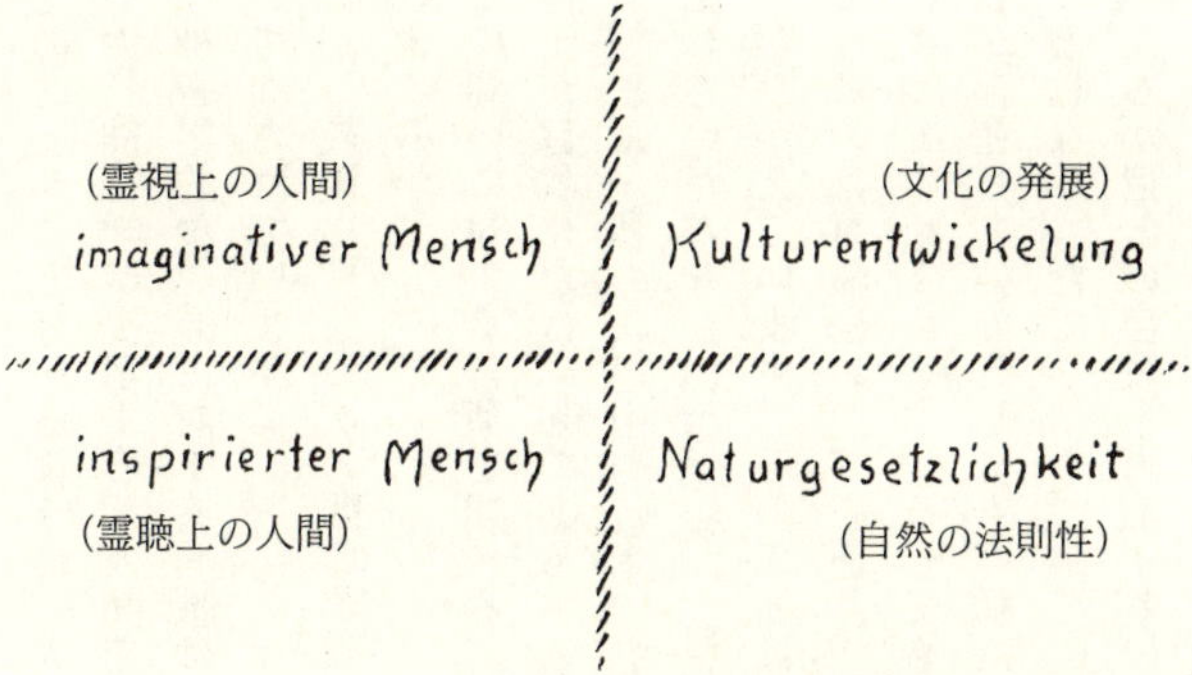

と混乱を生じさせてしまうでしょう。

もちろん人間の自己認識はもっと先まで進んでいきます。私たちは霊的合一による認識によって、人間を更に深く把握することができます。しかし、その場合は、あまりにも高く霊的合一の領域へ上っていくので、その事情を性格づけるのがとても困難になってしまいます。霊的合一上の人間に対する外界の反対像を性格づけることはとても難しいのです。

しかし、今私たちがよく知っていなければならないのは、上の図の中に示されている人間が「閉じ込められている」のは、あの壮麗な世界の中なのだ、ということです。人間が自分らしくありえないのは、この外界が悪いからではなく、人間がこの外界にふさわしくないからなのです。

このことからも分かるように、大切なのは、宇宙の状況全体を正しく評価することなのです。神智学が提示する、人間を含んだ宇宙の霊的認識の本質を洞察することなのです。神智学的な認識に対する異議は、通常、宇宙の状況を完全に誤解している原理に基づいてなされています。

しかし最後に、なお次の問いが残ります。——一体人間はなぜ、物質的な身体性を必要とするのか。

この問いに対する言葉を述べる前に、思い出していただきたいのは、カール・ウンガー博士が自我または「私である」と人間の内面生活全体との関係を論じた講演についてです。また、私の『自由の哲学』〔ちくま学芸文庫〕と『真理と科学』で述べたことも思い出していただきたいのです。「自我」もしくは「私である」の背後には、重要な本性たちがひかえています。そのことは、少し考えてみれば、すぐ分かるのですが、人が体験できるのは意識においてであり、自我意識においてです。この意識は、夜ごとに、眠りによって中断されます。そしてもしも私たちが眠るだけで目覚めることがなかったら、自我が存在しているとしても、私たちは自分がその自我の存在であることに決して気づくことはなかったでしょう。

私たちが自分の自我を意識するのは、何によるのでしょうか。覚醒時に自分の自我を体験するのは、自分の身体を用いて、自分の身体器官で、外界に向き合っているからなのです。私たちは自分の自我を身体の中でしか体験できないのです。実際、私たちが身体を用いるために地上に降りてくるのでなかったら、永遠に、例えば天使か大天使の一部としてしか自分が感じられなかったでしょう。丁度手が自分を生体の一部として感じるようにです。私たちが自分の独自性を意識することはまったく不可能だったでしょう。

そのときの私たちはあらゆる種類の意識内容を手に入れ、あらゆる種類の偉大な真実を知ることができたかも知れませんが、地上の身体に組み込まれていない限りは、自意識に到ることはなかったでしょう。自意識はこの地上の身体から受けとるのでなければなりません。睡眠状態を研究し、夢を分析する人は、その世界が自我と共同で生み出されているのではないことに気づきます。自我意識をもつには、身体に閉じ込められて感覚器官を用い、脳という道具を用いることが必要なのです。

けれどもすでに述べたように、一回限りの人生では、身体の与えるすべてを用いることができず、そのごくわずかな部分しか使うことができません。だからこそ、見霊意識は次のように語るのです。――「人間自我の本質、人間自我の真の形姿の中には、特別の力と衝動が働いている。繰り返して地上の新しい身体の中に入っていくことのできる力と衝動がである。その力と衝動が働いているのは、自我意識をますます育て、ますます豊かにしていくためなのだ。」

人間は転生を通して自分の個性を創っていくのです。十八世紀の神智学者たちは、いつもこの個性について語っていました。ですからその発言は、私たちの霊の認識である「霊智学」を学ぶとき、非常に役に立ってくれるのです。十八世紀の神智学者たちの発言が現在の私たちの神智学に較べて、どんなに不完全に見えようとも、エーティンガー、ベンゲル、フェルカーたちは、神霊たち、もしくは一神論的な立場で語られたときの「神霊」の根本性質を表現するすばらしい言い方を知っていました。その人たちは、「身体（物体）の世界は、神の道の終りである」、と語りました。

これはすばらしい言葉です。神性は、その中に働く衝動のおかげで多くの霊的世界を通過し、そして一種の終りに到るために降下し、終りに達します。そしてそこから逆に、ふたたび上昇していくのです。

そしてこの「終り」は、神的本性たちが身体の形姿となって現れたことを意味します。十八世紀の神智学者たちが語ったことを、もっと私たちの心情の動きに即して言えば、次のように言えるでしょう。――「霊的存在は、身体に受肉することを烈しく求める。そして神の道の終りに達したときになってはじめて、もはや身体的存在になりたいと熱望することがなくなる。そして来た道をふたたび逆に辿ろうとする。」

十八世紀の神智学者たちの語ったこの美しい言葉は、十九世紀の哲学に現れた多くの言葉よりも、もっと明るい光となって、解明すべき事柄を深くえぐり出し、人間本性をもっと見えるものにしてくれるのです。

神智学者の働きは、十九世紀前半から十九世紀六〇年代、七〇年代にいたるまで、まったく見られませんでしたが、十八世紀の前半には、古い神智学者たちがまだ活躍していました。そしてこの人たちが不十分な発言しかできなかったのは、キリスト教が西洋で停滞を続けていて、繰り返される地上生活の法則を認識することができなかったからです。しかし、十八世紀のこの神智学者たちは、神性にとっての身体性が霊の道の終りであるのを知っていましたけれども、人間にとっての霊の道は認識していませんでした。人間は、どの受肉においても、その本性のすべてによって、更なる受肉への憧れが生じるに違いないのです。もしも彼らがこのことを洞察していたなら、転生を通してこそ人間を成熟させてくれるすべてが働き、それによって人間が更なる生存形態へ高まっていけるようになる、と語れたに違いありません。

これまで以上に私は今、この霊智学の講義の終りに、この四回の時間内ではすべてが素描に留まるしかなかったのを感じています。人智学と心智学という先行する二つの連続講義について述べたことが、今回にもあてはまります。――つまり若干の刺戟と励ましか与えることができませんでした。

しかし、皆さんがこれらの刺戟を真剣に受けとめて下さるなら、いろいろな分野で問題を深めることのできる観点を見つけて下さると思います。そのためにも、できるだけ多くを、この連続講義の中から取り出して下さい。木炭の素描のような、ごく短く、何気なく引かれた描線の表現を通して、世界を見廻していただきたいのです。完全な像を皆さんに提供しようとしたら、長い時間がかかってしまうのですから。

神智学の分野は包括的ですので、それを体系化して、現代の諸科学が行っているような扱い方をしようとしたら、私たちの支部の活動が始まってから十年経った今でも、私たちは、今立っている地点にではなく、多分最初の三ヶ月が終った頃の地点に立っていたでしょう。

今、この連続講義の終りに申し上げたいのですが、私たちの共同体では、自立しようとする意志と衝動をもった魂たち同士が互いに出会っています。この魂たちは、私が示唆することしかできなかった内容を独自に深めて研究していこうとする真剣な意志をもっています。ですからこの自立した魂たちの作業は、示唆することさえできなかったような諸分野においても、多くの成果を上げてくれるでしょう。銘々が自分なりのやり方で働くきっかけを見つけてくれるでしょう。銘々が本当に独立した魂の働きに向き合おうとするとき、そして自分の内的に独立した感情をますます大きく育てていくとき、私たちの共同体は真価を発揮できるようになるのです。これまで「神智学」の名で呼ばれてきた私たちの大切な精神潮流によって、人類に開示されるべき諸世界をますます共体験しようと努めて下さい。そのためにも、銘々が自立して下さい。そうすれば何かを受けとりたいと願う感情そのものが私たちの活動を支えてくれるのです。

――第四講終り

人智学・心智学・霊智学　解説

生命の成長、発展を七つの周期に分けるのは、ブラヴァツキー以来の神智学の時代区分の基本であるが、ルドルフ・シュタイナー（一八六一―一九二五年）はこの原則を人間の一生にも適用し、特に教育のために零歳から七年周期で子どもの成長を考え、それに対応する教授法を教えた。この七年周期をシュタイナーは、一九〇二年、四一歳で、みずからの主導権の下に始めたドイツ神智学運動の七年間にもあてはめ、そのことを非常に真剣に受けとめた。本書の冒頭がそのことをよく示している。――発足以来七年経った今こそ、「この精神潮流（神智学運動）を理論的にどう基礎づけたらいいのか、という真剣な、そして当然の要求」に応えるときであり、この総会（神智学協会ドイツ支部総会）の場こそ「私たちの運動のより確かな理論的な基礎づけを行うにふさわしいところ」だというのである。

実際、同じく本書の冒頭（八―九頁）でシュタイナー自身が述べているように、この七年間にヨハネ福音書、ルカ福音書をはじめとする聖書研究、ヒエラルキア論を含む壮大な宇宙論、霊、魂、体の人性三分説に従った人間論、インド、ペルシア、エジプト、ギリシアの秘儀、輪廻転生とカルマ等々、彼が「アカシャ年代記」と呼ぶ前代未聞の内容を次々に発表してきた。今、そういう個々の認識内容、霊視内容をもつことのできる、人間という不可思議な存在の謎に光を当て、アカシャ年代記を確かな理論的基盤の上に置こうというのである。

ちょうど同じこの時期に、彼はこの試みを『神智学』、『神秘学概論』に続く著作『人智学』として発表しようとして、一九一〇年にはその刊行の予告までしていたのに、どうしても納得のいく表現を見出すことができず、中断せざるをえなかった。彼はこの三年に亘る一二回の連続講義で、このことをふまえ、おそらくは聴講者たちからの熱気に助けられて、本書の内容を構想し、発表することができたのだと思う。

興味があるのは、一九〇九年十月の総会での四回の講義のテーマを「人智学」、一九一〇年十一月の総会でのテーマを「心智学」、一九一一年十二月の総会でのテーマを「霊智学」と呼んでいることで、心智学と霊智学という用語はその後用いられることがなく、いずれも後のシュタイナーの思想全体を表す「人智学」の中に解消されてしまったが、以上の三つの言葉による区分によって、この「人智学」全体の構造が、非常に見通しやすいものになっている。

第一部人智学では、感覚論を中心に話が展開していく。この四回の講義でシュタイナーははじめて感覚の問題を包括的に論じているが、後の十二感覚論としてまとめられる以前の、感覚論構築の現場に立ち合わされているようなスリルを感じさせられる。まだ触覚を独立した感覚として認めていないだけでなく、後にはまったく触れられていない霊視感覚、霊聴感覚、霊的合一感覚までも立ち入って論じられている。また、感覚体験が一種の自我体験であるだけではなく、未来の人間進化のための課題である霊我、生命霊、霊人という、個人の内なる霊性の個体化も、現在の感覚体験を通して可能になるという観点も、はっきりと打ち出されている。

第一部の後半では、この地上の世界と私たちの個性とを、感覚を通して深く結びつけてくれている人体そのものが、決して機械のように静的には存在しておらず、肉体、エーテル体、アストラル体＝感覚体と内なる魂との激しく交流する動的な場であることを図例を示して説明しつつ、私たちの霊、魂、体がこの地上の現実とどれ程深く結びついているかを、まさに地上での日常生活こそが本来の秘儀の場であることを、心臓の鼓動や眼や顔の表情にいたるまで、さまざまな例をあげて述べている。

第二部では、物質界と霊界の間に立って、ひたすら内なる世界を生きる人間の魂が、いわば外的に、客観的に働きかけてくる物質界と霊界とを、どのように自分の中に受容して体験し、どのようにこの二つの客観世界を自分のものにまで内在化するのかを明らかにしようとしている。そのときの内在化の働きを、一、イメージを作る、二、判断する、三、快苦、愛憎を体験する、四、三を生み出す衝動、欲望、に分け、このような分類と彼の尊敬するフランツ・ブレンターノの心理学との関係を述べている。

心智学第三講では、外と内との関係を追求する中で、美的判断が人間の魂にとってどれ程大切な、本質的ないとなみであるかが、いわば美学が詳論されている。そして第四講では、意識そのものの成り立ちを取り上げる。過去と未来が意識の成立との関係で論じられ、記憶を担っているエーテル体の流れが過去から現在へ向い、欲望、感情を担っているアストラル体の流れが未来から現在へ向かい、この二つの時間の流れの渦巻く現在に、上から、霊界から自我を通して判断力が働き、下から、物質界から物質的、身体的事情が制約を加えてくるとき、その都度、これらすべてを含んだ意識が現れてくるという。第四講の後半では、記憶の意味、記憶力を強める方法、更には無意識を意識化することの意味、そのこととフロイトの精神分析との関係、ブレンターノの心理学との関係にまで話が発展していく。

第三部の霊智学では、第一講で今日の西洋の思想的状況の中で、人間の魂を霊から区別することがどんなに困難かにふれ、ブレンターノの心理学とアリストテレスの魂《たましい》論を比較しながら、人間の霊を肯定する立場に立つときにも、その霊が人間の誕生に際してその都度神によって創造されるのか、それとも同一の霊が輪廻転生を繰り返すのかによって、人間観がまったく違ってくる、と述べている。

第二講では、大自然の中には誤謬が存在しえないこと、誤謬は人間内部だけの問題であること、しかも誤謬を通過するのでなければ、霊的体験に到りえないことが詳しく説明されている。だからこそ、霊的体験に到る道は平坦ではない。けれども誤謬に似て誤謬を超えたイメージ、この宇宙の現実には存在しない何かを要請するイメージ、それをシュタイナーは象徴と呼び、象徴を通して高次の直観（霊視）に到る道すじを非常に分かり易く述べている。そしてこの困難な道を歩むのに必要な「意志」に触れ、最後に霊的体験の本質を次のようにまとめている。――「自分が高次の世界の住人であって、この世では地上の牢獄に囚われているかのように思うわけにはいかないのです。私たちは、この地上の牢獄にさえふさわしくない存在なのです。ああ、何ということでしょう。私たちは身体を行使して無限に多くのことを、やろうと思えばやれたのです。」

さて、最終講では、『神秘学概論』で詳論されている瞑想の個々の具体的な方法が、人間本性のどの部分に、どのように関わっているのか、そしてどのような魂の働きが霊界への道に通じるのかについて、他では類を見ないような具体的で説得力をもった仕方で語られている。

なおここで訳者の個人的な感想をつけ加えるなら、第三部第三講で取り上げられているヴィジョン論、特に夢についての解釈を読んで、はじめて納得のいく夢の説明に出会ったような気がした。

最後に本書で取り上げられている人智学の基礎概念で、特に説明なしに用いられているいくつかに触れておきたい。

先ずシュタイナーは、本書の第三部の冒頭で説明しているように、人性三分説の立場に立ち、人間の本性を、体、魂、霊に分けている。そして体を物質体としての肉体、肉体に反物質的な発展、進化、再生を可能にしている生命体（エーテル体）、その肉体と生命体の結合体に快・不快という主観的な在り方を可能にしているアストラル体（感覚体）の三つに分け、魂も同様に、感覚によって物質界と内面生活との関係をつける感覚魂、魂そのものの自己同一性を確保する悟性魂＝心情魂、霊界と内面生活との関係をつける意識魂の三つに分けている。そして人間が自分を「私」と呼べること、かけがえのない自分を意識できることの中に、まぎれもない霊性の働きが、一人ひとりの魂の中に組み込まれていることの証しを見ている。さて人間の霊はまだ未発達である。シュタイナーはそれを魂と同じくらい成熟させることが、地球紀の課題だと見ているが、そのような未来に成熟すべき人間の霊性も、霊我、生命霊、霊人の三つに分けている。以上の詳細については、同じ「ちくま学芸文庫」の『神智学』と『神秘学概論』を参考していただきたい。なお『神秘学概論』には、地球そのものの進化の過程を辿った重要な一章があり、それによると、地球そのものも四回の壮大な転生を経験しているという。まだ霊界から熱の流出を受けたばかりの原初の状態の土星紀、それに光と空気と生命が加わった太陽紀、水と内面生活（アストラル性）が加わった月紀、内面生活に自我が働くようになった地球紀で、現在はこの地球紀の発展の全七段階の五段階目に相当する、という。

末筆ながら、本書をちくま学芸文庫に入れる機会を与えて下さった筑摩書房編集部の大山悦子さん、天野裕子さんに心から感謝している。

二〇〇七年八月一九日　町田にて

高橋　巖

本書は「ちくま学芸文庫」のために新たに訳出されたものである。

交易の世界史（上）　ウィリアム・バーンスタイン　鬼澤忍訳

絹、スパイス、砂糖……。新奇なもの、希少なものへの欲望が世界を動かし、文明の興亡を左右してきた。数千年にもわたる交易の歴史を一望する試み。

交易の世界史（下）　ウィリアム・バーンスタイン　鬼澤忍訳

交易は人類そのものを映し出す鏡である。圧倒的な繁栄をもたらし、同時に数多の軋轢と衝突を引き起こしてきたその歴史を圧巻のスケールで描き出す。

フランス革命の政治文化　リン・ハント　松浦義弘訳

フランス革命固有の成果は、レトリックやシンボルによる政治言語と文化の創造であった。政治文化とそれを生み出した人々の社会的出自を考察する。

戦争の起源　アーサー・フェリル　鈴木主税／石原正毅訳

人類誕生とともに戦争は始まった。先史時代からアレクサンドロス大王までの壮大なるその歴史をダイナミックに描く。地図・図版多数。　（森谷公俊）

近代ヨーロッパ史　福井憲彦

ヨーロッパの近代は、その後の世界を決定づけた。現代をさまざまな面で規定しているヨーロッパ近代の歴史と意味を、平明かつ総合的に考える。

イタリア・ルネサンスの文化（上）　ヤーコプ・ブルクハルト　新井靖一訳

中央集権化がすすみ緻密に構成されていく国家あってこそ、イタリア・ルネサンスは可能となった。ブルクハルト若き日の着想に発した畢生の大著。

イタリア・ルネサンスの文化（下）　ヤーコプ・ブルクハルト　新井靖一訳

緊張の続く国家間情勢の下にあって、類稀な文化と個性的な人物達は生みだされた。近代的な社会に向かう時代の、人間の生活文化様式を描ききる。

はじめてわかる　ルネサンス　ジェリー・ブロトン　高山芳樹訳

ルネサンスは芸術だけじゃない！　東洋との出会い、科学と哲学、宗教改革など、さまざまな角度から光をあてて真のルネサンス像に迫る入門書。

増補　普通の人びと　クリストファー・R・ブラウニング　谷喬夫訳

ごく平凡な市民が無抵抗なユダヤ人を並べ立たせ、ひたすら銃殺する――なぜ彼らは八万人もの大虐殺に荷担したのか。その実態と心理に迫る戦慄の書。

叙任権闘争
オーギュスタン・フリシュ
野口洋二訳
十一世紀から十二世紀にかけ、西欧では聖職者の任命をめぐり教俗両権の間に巨大な争いが起きた。この出来事を広い視野から捉えた中世史の基本文献。

大航海時代
ボイス・ペンローズ
荒尾克己訳
人類がはじめて世界の全体像を識っていく大航海時代。その二百年の膨大な史料を、一般読者むけに俯瞰図としてまとめ上げた決定版通史。（伊高浩昭）

20世紀の歴史（上）
エリック・ホブズボーム
大井由紀訳
第一次世界大戦の勃発が20世紀の始まりとなった。この「短い世紀」の諸相を英国を代表する歴史家が渾身の力で描く。全二巻、文庫オリジナル新訳。

20世紀の歴史（下）
エリック・ホブズボーム
大井由紀訳
一九七〇年代を過ぎ、世界に再び危機が訪れる。不確実性がいやますなか、ソ連崩壊が20世紀の終焉を印した。歴史家の考察は我々に何を伝えるのか。

アラブが見た十字軍
アミン・マアルーフ
牟田口義郎／新川雅子訳
十字軍とはアラブにとって何だったのか？　豊富な史料を渉猟し、激動の12、13世紀をあざやかに、しかも手際よくまとめた反十字軍史。

バクトリア王国の興亡
前田耕作
ゾロアスター教が生まれ、のちにヘレニズムが開花したバクトリア。様々な民族・宗教が交わるこの地に栄えた王国の歴史を描く唯一無二の概説書。

ディスコルシ
ニッコロ・マキァヴェッリ
永井三明訳
ローマ帝国はなぜあれほどまでに繁栄しえたのか。その鍵は〝ヴィルトゥ〟。パワー・ポリティクスの教祖が、したたかに歴史を解読する。

戦争の技術
ニッコロ・マキァヴェッリ
服部文彦訳
出版されるや否や各国語に翻訳された最強にして安全な軍隊の作り方。この理念により創設された新生フィレンツェ軍は一五〇九年、ピサを奪回する。

マクニール世界史講義
ウィリアム・H・マクニール
北川知子訳
ベストセラー『世界史』の著者が人類の歴史を読み解くための三つの視点を易しく語る白熱の入門講義。本物の歴史感覚を学べます。文庫オリジナル。

古代ローマ旅行ガイド
フィリップ・マティザック
安原和見訳
タイムスリップして古代ローマを訪れるなら？ そんな想定で作られた前代未聞のトラベル・ガイド。必見の名所・娯楽ほか情報満載。カラー頁多数。

古代アテネ旅行ガイド
フィリップ・マティザック
安原和見訳
古代ギリシャに旅行できるなら何を観て何を食べる？ そうだソクラテスにも会ってみよう！ 神殿等の名所・娯楽ほか現地情報満載。カラー図版多数。

古代ローマ帝国軍非公式マニュアル
フィリップ・マティザック
安原和見訳
帝国は諸君を必要としている！ ローマ軍兵士として必要な武器、戦闘訓練、敵の攻略法等々、超実践的な詳細ガイド。血沸き肉躍るカラー図版多数。

世界市場の形成
松井透
世界システム論のウォーラーステイン、グローバルヒストリーのポメランツに先んじて、各世界が接続される過程を描いた歴史的名著を文庫化。（秋田茂）

オリンピア
村川堅太郎
古代ギリシア世界最大の競技祭とはいかなるものであったのか。遺跡の概要から競技精神の盛衰まで、綿密な考証と卓抜な筆致で迫った名著。（橋場弦）

アレクサンドロスとオリュンピアス
森谷公俊
彼女は怪しい密儀に没頭し、残忍に邪魔者を殺す悪女なのか、息子を陰で支え続けた賢母なのか。大王母の激動の生涯を追う。（澤田典子）

古代地中海世界の歴史
本村凌二
中村るい
メソポタミア、エジプト、ギリシア、ローマ――古代に花開き、密接な交流や抗争をくり広げた文明を一望に見渡し、歴史の躍動を大きくつかむ！

大衆の国民化
ジョージ・L・モッセ
佐藤卓己／佐藤八寿子訳
ナチズムを国民主義の極致ととらえ、フランス革命以降の国民主義の展開を大衆的儀礼やシンボルから考察した、ファシズム研究の橋頭堡。（板橋拓己）

増補 十字軍の思想
山内進
欧米社会にいまなお色濃く影を落とす「十字軍」の思想。人々を聖なる戦争へと駆り立てるものとは？その歴史を辿り、キリスト教世界の深層に迫る。

大名庭園　白幡洋三郎

小石川後楽園、浜離宮等の名園では、多種多様な社交が繰り広げられていた。競って造られた庭園の姿に迫りヨーロッパの宮殿とも比較。（尼崎博正）

東京の地霊《ゲニウス・ロキ》　鈴木博之

日本橋室町、紀尾井町、上野の森……。その土地に堆積した数奇な歴史・固有の記憶を軸に、都内13カ所の土地を考察する「東京物語」。（藤森照信／石山修武）

空間の経験　イーフー・トゥアン　山本浩訳

人間にとって空間と場所とは何か？　それはどんな経験なのか？　基本的なモチーフを提示する空間論の必読図書。（A・ベルク／小松和彦）

個人空間の誕生　イーフー・トゥアン　阿部一訳

広間での雑居から個室住まいへ。回し食いから個人用食器の成立へ。多様なかたちで起こった「空間の分節化」を通覧し、近代人の意識の発生をみる。

自然の家　フランク・ロイド・ライト　富岡義人訳

いかにして人間の住まいと自然は調和をとりうるか。建築家F・L・ライトの思想と美学が凝縮された名著を新訳。最新知見をもりこんだ解説付。

マルセイユのユニテ・ダビタシオン　ル・コルビュジエ　山名善之／戸田穣訳

近代建築の巨匠による集合住宅ユニテ・ダビタシオン。そこには住宅から都市まで、ル・コルビュジエの思想が集約されていた。充実の解説付。

都市への権利　アンリ・ルフェーヴル　森本和夫訳

都市現実は我々利用者のためにある！——産業化社会に抗するシチュアシオニスム運動の中、人間の主体性に基づく都市を提唱する。（南後由和）

場所の現象学　エドワード・レルフ　高野岳彦／阿部隆／石山美也子訳

〈没場所性〉が支配する現代において〈場所のセンス再生の可能性〉はあるのか。空間創出行為を実践的に理解しようとする社会的場所論の決定版。

シュルレアリスムとは何か　巖谷國士

20世紀初頭に現れたシュルレアリスム——美術・文学を縦横にへめぐりつつ「自動筆記」「メルヘン」「ユートピア」をテーマに自在に語る入門書。

マタイ受難曲　礒山雅

罪・死・救済を巡る人間ドラマを圧倒的なスケールで描いたバッハの傑作。テキストと音楽の両面から、秘められたメッセージを読み解く記念碑的名著。

バロック音楽　礒山雅

バロック音楽作品の多様性と作曲家達の試行錯誤。バッハ研究の第一人者が、当時の文化思想的背景も踏まえ、その豊かな意味に光を当てる。（寺西肇）

仏像入門　石上善應

仏像は観賞の対象ではない。仏教の真理を知らしめてくれる善知識なのである。浄土宗学僧のトップが出遇い、修行の助けとした四十四体の仏像を紹介。

岡本太郎の宇宙（全6巻）　岡本太郎　山下裕二／椹木野衣／平野暁臣編

20世紀を疾走した芸術家、岡本太郎。彼の言葉と作品は未来への強い輝きを放つ。遺された著作を厳選編集し、その存在の全貌に迫った、決定版著作集。

対極と爆発　岡本太郎の宇宙1　岡本太郎　山下裕二／椹木野衣／平野暁臣編

彼の生涯を貫いた思想とは。「対極」と「爆発」をキーワードに、若き日の詩文から大阪万博参加への決意まで、そのエッセンスを集成する。（椹木野衣）

太郎誕生　岡本太郎の宇宙2　岡本太郎　山下裕二／椹木野衣／平野暁臣編

かの子・一平という両親、幼年時代、鬱屈と挫折、パリでの青春、戦争体験……。稀有な芸術家の思想を形作ったものの根源に迫る。（安藤礼二）

伝統との対決　岡本太郎の宇宙3　岡本太郎　山下裕二／椹木野衣／平野暁臣編

突き当たった「伝統」の桎梏。そして縄文の美の発見。彼が対決した「日本の伝統」とははたして何だったのか。格闘と創造の軌跡を追う。（山下裕二）

日本の最深部へ　岡本太郎の宇宙4　岡本太郎　山下裕二／椹木野衣／平野暁臣編

東北、熊野、沖縄……各地で見、聴き、考えるなかで岡本太郎は日本の全く別の姿を摑みだす。文化の基層と本質に迫る日本文化論を集成。（赤坂憲雄）

世界美術への道　岡本太郎の宇宙5　岡本太郎　山下裕二／椹木野衣／平野暁臣編

殷周、縄文、ケルト、メキシコ。西欧的価値観を突き抜け広がり深まるその視線。時空を超えた眼差しの先の世界美術史構想を明らかに。（今福龍太）

太郎写真曼陀羅 岡本太郎の宇宙 別巻

岡本太郎

山下裕二／椹木野衣／平野暁臣／ホンマタカシ編

ここには彼の眼が射た世界が焼き付いている！人々の生の感動を捉えて強烈な輝きを放つ岡本太郎の写真から320点余りを厳選収録。（ホンマタカシ）

茶の本 日本の目覚め 東洋の理想

岡倉天心

櫻庭信之／斎藤美洲／富原芳彰／岡倉古志郎訳

茶の哲学を語り（茶の本）、東洋精神文明の発揚を説き（日本の目覚め）、アジアは一つの理想を掲げた（東洋の理想）天心の主著を収録。（佐藤正英）

日本の建築

太田博太郎

日本において建築はどう発展してきたか。伊勢神宮・法隆寺・桂離宮など、この国独自の伝統の形を通覧する日本文化論。（五十嵐太郎）

シーボルト 日本植物誌

大場秀章監修・解説

シーボルトが遺した民俗学的にも貴重な『日本植物誌』よりカラー図版150点を全点収録。オリジナル解説を付した、読みやすく美しい日本の植物図鑑。

点と線から面へ

ヴァシリー・カンディンスキー

宮島久雄訳

抽象絵画の旗手カンディンスキーによる理論的主著。絵画の構成要素を徹底的に分析し、「生きた作品」の構築を試みる。造形芸術の本質を突く一冊。

眼の神殿

北澤憲昭

高橋由一の「螺旋展画閣」構想とは何か――。制度論によって近代日本の「美術」を捉え直し、美術史研究を一変させた衝撃の書。（足立元／佐藤道信）

名画とは何か

ケネス・クラーク

富士川義之訳

西洋美術の碩学が厳選した約40点を紹介。なぜそれらは時代を超えて感動を呼ぶのか。アートの本当の読み方がわかる極上の手引。（岡田温司）

官能美術史

池上英洋

西洋美術に溢れるエロティックな裸体たち。そこにはどんな謎が秘められているのか？　カラー多数！200点以上の魅惑的な図版から読む珠玉の美術案内。

残酷美術史

池上英洋

魔女狩り、子殺し、拷問、処刑――美術作品に描かれた身の毛もよだつ事件の数々。カラー多数。200点以上の図版が人間の裏面を抉り出す！

道元禅師の『典座教訓』を読む　秋月龍珉

「食」における禅の心とはなにか。道元が禅寺の食事係である典座の心構えを説いた一書を現代人の日常の視点で読み解き、禅の核心に迫る。（竹村牧男）

原典訳 アヴェスター　伊藤義教訳

ゾロアスター教の聖典『アヴェスター』から最重要部分を精選。原典から訳出した唯一の邦訳である。比較思想に欠かせない必携書。（前田耕作）

書き換えられた聖書　バート・D・アーマン　松田和也訳

キリスト教の正典、新約聖書。聖書研究の大家がそこに含まれる数々の改竄・誤謬を指摘し、書き換えられた背景とその原初の姿に迫る。（筒井賢治）

カトリックの信仰　岩下壮一

神の知恵への人間の参与とは何か。近代日本カトリシズムの指導者・岩下壮一が公教要理を詳説し、キリスト教の精髄を明かした名著。（稲垣良典）

十牛図　上田閑照　柳田聖山

禅の古典「十牛図」を手引きに、自己と他、自然と人間、自身への関わりを通し、真の自己への道を探る。現代語訳と詳注を併録。（西村惠信）

原典訳 ウパニシャッド　岩本裕編訳

インド思想の根幹であり後の思想の源ともなったウパニシャッド。本書では主要篇を抜粋、梵我一如、輪廻・業・解脱の思想を浮き彫りにする。（立川武蔵）

世界宗教史（全8巻）　ミルチア・エリアーデ

宗教現象の史的展開を膨大な資料を博捜し著された人類の壮大な精神史。エリアーデの遺志にそって共同執筆された諸地域の宗教の巻を含む。

世界宗教史1　ミルチア・エリアーデ　中村恭子訳

人類の原初の宗教的営みに始まり、メソポタミア、古代エジプト、インダス川流域、ヒッタイト、地中海地域、初期イスラエルの諸宗教を収める。

世界宗教史2　ミルチア・エリアーデ　松村一男訳

20世紀最大の宗教学者のライフワーク。本巻はヴェーダの宗教、ゼウスとオリュンポスの神々、ディオニュソス信仰等を収める。（荒木美智雄）

世界宗教史3　ミルチア・エリアーデ　島田裕巳訳

仰韶、竜山文化から孔子、老子までの古代中国の宗教と、バラモン、ヒンドゥー、仏陀とその時代、オルフェウスの神話、ヘレニズム文化などを考察。

世界宗教史4　ミルチア・エリアーデ　柴田史子訳

ナーガールジュナまでの仏教の歴史とジャイナ教から、ヒンドゥー教の総合、ユダヤ教の試練、キリスト教の誕生などを収録。（島田裕巳）

世界宗教史5　ミルチア・エリアーデ　鶴岡賀雄訳

古代ユーラシア大陸の宗教、八―九世紀までのキリスト教、ムハンマドとイスラーム、イスラームと神秘主義、ハシディズムまでのユダヤ教など。

世界宗教史6　ミルチア・エリアーデ　鶴岡賀雄訳

中世後期から宗教改革前夜までのヨーロッパの宗教運動、宗教改革前後における宗教、魔術、ヘルメス主義の伝統、チベットの諸宗教を収録。

世界宗教史7　ミルチア・エリアーデ　奥山倫明／木塚隆志／深澤英隆訳

エリアーデ没後、同僚や弟子たちによって完成された最終巻の前半部。メソアメリカ、インドネシア、オセアニア、オーストラリアなどの宗教。

世界宗教史8　ミルチア・エリアーデ　奥山倫明／木塚隆志／深澤英隆訳

西・中央アフリカ、南・北アメリカの宗教、日本の神道と民俗宗教。啓蒙期以降ヨーロッパの宗教的創造性と世俗化などを収録。全8巻完結。

回教概論　大川周明

最高水準の知性を持つと言われたアジア主義者の力作。イスラム教の成立経緯や、経典などの要旨が的確に記された第一級の概論。（中村廣治郎）

神社の古代史　岡田精司

古代日本ではどのような神々が祀られていたのか。《祭祀の原像》を求めて、伊勢、宗像、住吉、鹿島など主要な神社の成り立ちや特徴を解説する。

中国禅宗史　小川隆

唐代から宋代において、禅の思想は大きく展開した。各種禅語録を思想史的な文脈に即して読みなおす試み。〈禅の語録〉全二〇巻の「総説」を文庫化。

倫理問題101問
マーティン・コーエン
榑沼範久訳
何が正しいことなのか。医療・法律・環境問題等、私たちの周りに溢れる倫理的なジレンマから101の題材を取り上げて、ユーモアも交えて考える。

哲学101問
マーティン・コーエン
矢橋明郎訳
全てのカラスが黒いことを証明するには？ コンピュータと人間の違いは？ 哲学者たちが頭を捻った101問を、譬話で考える楽しい哲学読み物。

解放されたゴーレム
ハリー・コリンズ／トレヴァー・ピンチ
村上陽一郎／平川秀幸訳
科学技術は強力だが不確実性に満ちた「ゴーレム」である。チェルノブイリ原発事故、エイズなど7つの事例をもとに、その本質を科学社会的に繙く。

存在と無（全3巻）
ジャン＝ポール・サルトル
松浪信三郎訳
人間の意識の在り方（実存）をきわめて詳細に分析し、存在と無の弁証法を問い究め、実存主義を確立した不朽の名著。現代思想の原点。

存在と無Ⅰ
ジャン＝ポール・サルトル
松浪信三郎訳
Ⅰ巻は、「即自」と「対自」が峻別される緒論「存在の探求」から、「対自」としての意識の基本的在り方が論じられる第二部「対自存在」まで収録。

存在と無Ⅱ
ジャン＝ポール・サルトル
松浪信三郎訳
Ⅱ巻は、第三部「対他存在」を収録。私と他者との相剋関係を論じた「まなざし」論をはじめ、愛、憎悪、マゾヒズム、サディズムなど具体的な他者論を展開。

存在と無Ⅲ
ジャン＝ポール・サルトル
松浪信三郎訳
Ⅲ巻は、第四部「持つ」「為す」「ある」を収録。この三つの基本的カテゴリーとの関連で人間の行動を分析し、絶対的自由を提唱。（北村晋）

公共哲学
マイケル・サンデル
鬼澤忍訳
経済格差、安楽死の幇助、市場の役割など、私達が現代の問題を考えるのに必要な思想とは？ ハーバード大講義で話題のサンデル教授の主著、初邦訳。

パルチザンの理論
カール・シュミット
新田邦夫訳
二〇世紀の戦争を特徴づける「絶対的な敵」殲滅の思想の端緒を、レーニン・毛沢東らの《パルチザン》戦争という形態のなかに見出した画期的論考。

政治思想論集
カール・シュミット
服部平治／宮本盛太郎訳

現代新たな角度で脚光をあびる政治哲学の巨人が、その思想の核を明かしたテクストを精選して収録。権力の源泉や限界といった基礎もわかる名論文集。

神秘学概論
ルドルフ・シュタイナー
高橋巖訳

宇宙論、人間論、進化の法則と意識の発達史を綴り、シュタイナー思想の根幹を展開する――四大主著の一冊、渾身の訳し下し。（笠井叡）

神智学
ルドルフ・シュタイナー
高橋巖訳

神秘主義的思考を明晰な思考に立脚した精神科学へと再編し、知性と精神性の健全な融合をめざしたシュタイナーの根本思想。四大主著の一冊。

いかにして超感覚的世界の認識を獲得するか
ルドルフ・シュタイナー
高橋巖訳

すべての人間には、特定の修行を通して高次の認識を獲得できる能力が潜在している。その顕在化のための道すじを詳述する不朽の名著。

自由の哲学
ルドルフ・シュタイナー
高橋巖訳

社会の一員である個人の究極の自由はどこに見出されるのか。思考は人間に何をもたらすのか。シュタイナー全業績の礎をなしている認識論哲学。

治療教育講義
ルドルフ・シュタイナー
高橋巖訳

障害児が開示するのは、人間の異常性ではなく霊性である。人智学の理論と実践を集大成したシュタイナー晩年の最重要講義。改訂増補決定版。

人智学・心智学・霊智学
ルドルフ・シュタイナー
高橋巖訳

身体・魂・霊に対応する三つの学が、霊視霊聴を通じた存在の成就への道を語りかける。人智学協会の創設へ向け最も注目された時期の率直な声。

ジンメル・コレクション
ゲオルク・ジンメル
北川東子編訳
鈴木直訳

都会、女性、モード、貨幣をはじめ、取っ手や橋・扉にまで哲学的思索を向けた「エッセーの思想家」の姿を一望する新編・新訳のアンソロジー。

私たちはどう生きるべきか
ピーター・シンガー
山内友三郎監訳

社会の10%の人が倫理的に生きれば、政府が行う社会変革よりもずっと大きな力となる――環境・動物保護の第一人者が、現代に生きる意味を鋭く問う。

ちくま学芸文庫

人智《じんち》学《がく》・心智《しんち》学《がく》・霊智《れいち》学《がく》

二〇〇七年十月 十日 第一刷発行
二〇二四年五月十五日 第五刷発行

著 者 ルドルフ・シュタイナー
訳 者 高橋 巖（たかはし・いわお）
発行者 喜入冬子
発行所 株式会社 筑摩書房
東京都台東区蔵前二―五―三 〒一一一―八七五五
電話番号 〇三―五六八七―二六〇一（代表）
装幀者 安野光雅
印刷所 株式会社精興社
製本所 株式会社積信堂

ISBN 978-4-480-09104-8 C0110